公关理论与实务文库

危机公关（下）

赵麟斌　主编

王少萍　王英灵　王昌逢　副主编

图书在版编目(CIP)数据

危机公关.下/赵麟斌主编.—北京：北京大学出版社，2010.5
（公关理论与实务文库）
ISBN 978-7-301-17071-7

Ⅰ.危… Ⅱ.赵… Ⅲ.公共关系学－技术培训－教材 Ⅳ.C912.3

中国版本图书馆 CIP 数据核字（2010）第 052519 号

书　　　名：	危机公关（下）
著作责任者：	赵麟斌　主编
策 划 编 辑：	黄庆生
丛 书 主 持：	栾　鸥
责 任 编 辑：	栾　鸥
标 准 书 号：	ISBN 978-7-301-17071-7/F·2494
出 版 发 行：	北京大学出版社
地　　　址：	北京市海淀区成府路 205 号　100871
网　　　址：	http://www.pup.cn
电 子 信 箱：	xxjs@pup.pku.edu.cn
电　　　话：	邮购部 62752015　发行部 62750672　编辑部 62756923
	出版部 62754962
印　刷　者：	三河市北燕印装有限公司
经　销　者：	新华书店
	720 毫米×1020 毫米　16 开本　15.75 印张　274 千字
	2010 年 5 月第 1 版　2010 年 9 月第 2 次印刷
定　　　价：	38.00 元

未经许可，不得以任何方式复制或抄袭本书之部分或全部内容。
版权所有，侵权必究
举报电话：(010)62752024　电子信箱：fd@pup.pku.edu.cn

公关理论与实务文库

编委会名单

顾　　　问　方忠炳
主 任 委 员　赵麟斌
副主任委员　黄诗筠　魏章官　陈　健　洪建设　吴贤军
委　　　员　（按姓氏笔画排序）
　　　　　　　王少萍　王昌逢　王英灵　刘　云　陈一收
　　　　　　　陈　健　陈菊香　陈燕青　李　冬　李恭园
　　　　　　　苏素琼　吴贤军　周俊森　洪建设　赵　娴
　　　　　　　赵麟斌　桑付鱼　龚　娴　黄诗筠　黄洪旺
　　　　　　　康红蕾　曾　锋　魏章官
总 主 编　赵麟斌

序

——中国公共关系协会会长 苏秋成

中国公共关系事业,顺应改革开放潮流而生,随着中国经济与社会的发展而日益展现其作为无形战略资源的独特魅力。经过二十多年的发展和积淀,在中华五千年文明和中国特色社会主义的土壤里,公共关系这一崭新事业的发展已经初具规模,公共关系理论在实践中已得到越来越多、越来越有效的应用。虽然现代公共关系作为一项事业、一种职业,在中国发展的时间只有短短的二十多年,但公共关系的思想和实践一直融合在中华民族几千年的优秀文化之中。也正因为如此,有如久旱逢甘霖一般,公共关系的幼苗迅速地在改革开放的百花园中茁壮成长起来,并绽放出亮丽的色彩。

如今,公共关系已经融入各行各业的诸多领域,在品牌推广、企业传播、危机管理、政府形象、城市建设等诸多方面都发挥着日新月异的积极作用。在中国入世、文化申遗、北京申奥、上海申博、抗击非典、汶川抗震救灾等一次次重大事件中,愈发彰显了公共关系独特的功能。

当前,中国的公关事业在科学发展观的引领下,融入了党中央提出的构建和谐社会的整体战略部署,进一步明确了自身的价值追求、政治方向和最终目标,正意气风发地迈向新的更高的起点。中国举办的一系列国际性活动更是为公共关系服务提供了极好的舞台和巨大的商机。可以这样认为,中国公共关系业迎来了最佳的战略发展机遇期,必将大展宏图。

行业的可持续发展,必须建立在专业化、规范化的基础上。唯有不断进行理论研究和学术探讨,总结经验,开拓领域,才能保持蓬勃生机。一直以来,公共关系事业得到一大批有识之士的大力支持,许多教育工作者和公共关系的爱好者为普及公关知识,开展公关教育,传播公关理论,培养公关人才付出了辛勤的劳动,用知识和智慧哺育公关事业的健康发展。本套丛书的编委会成员及其著作者都是公关事业的热心支持者和有志者,他们具有敏锐的意识和超前的思想,致力于传播公共关系理念,探讨公关理论和实务的前沿。经过两年多的研究,形成了这套别开生面的丛书。

丛书根据公关的功能分类方式,共分为《政府公关》、《企业公关》、《大型活动公关》、《危机公关》(上、下册)等。写作体例新颖,作者根据开篇导例—史镜今鉴—三刻拍案—回味隽永的写作体例,以简短而精致的案例在文章开头提纲挈领,融会古今中外的经典案例,以史为鉴,对时效性的经典案例进行评析,最后总结经验教训,取精华,弃糟粕,耐人寻味。本书内容翔实,信息量大,手法新颖独特,理论联系实际,可读性强,能够很好的指导人们进行公关活动,同时也为公关爱好者提供了精神食粮。

写出以上文字,是为序,同时衷心祝贺丛书出版。

2010年3月26日

前　言

赵麟斌

当本书终于付梓、墨香扑鼻之时,虎年新春的气息仍在星空中弥漫着。作为对牛年丰收自然回应的鞭炮声、喜悦声仍不绝于耳,依旧在耳畔回旋激荡,唤起了我感慨的涟漪……

记得 2006 年我在加拿大布鲁克大学做国际高级访问学者时,有一位留学生凯丝蒂小姐曾向我了解中国的发展变革,尤其是企业成功案例,言及上网寻遍却收获无几。她给我这教授上了一堂公关课,也使我下决心要去做这件事:编一本乃至一套中国人自己写的、具有中国特色的公关案例专用书。毕竟祖国强大了,要更好地走向世界,与世界接轨,作为学者,应贡献自己的学识和才华于社会,报效人民。于是有了尝试初期的萌动——跃跃欲试。

起源于西方国家的公关之学,迄今已有一百多年的历史了,但对我国来说,仍是一门非常年轻的学科,至今不过二十多年的时间。它虽年轻却以后发之势迅猛发展着,并日益在国家社会生活的各个层面发挥着越来越重要的作用,成为改革开放的一种新推力。实际上,一部分人对公关之学仍存在着误解,认为这无非是类似"厚黑学"的旁门左道,甚至有人将它比为低俗流变的下作之功。故此,公关之学正面形象的树立首先必须致力于为公关正名,欲行有效传播,必先正本清源,实则才有宣传的底气,使之朝着健康轨道且能发挥更大作用力的方向发展,达到为学习者开阔视野、扩充新知、加深了解、释疑解惑之目的。正是这一学术诉求孕育了我们思想的冲动,冲动之行便始于尝试……

这是一种尝试,从团队、研究领域到体系范式的构建都是一种全新的尝试。

我们的团队,是由非公关的研究人员组成的,学科背景几乎涵盖了人文社科的所有方面,是一支大而全的"杂牌军",但它又与公关案例写作所需的学科背景紧密相连,诚然也有来自公关专家对写作的具体观照。试图通过不同的学科,全方位、新视角、多维度地审视公关,使之脱离窠臼,不仅仅局限于公关人的孤芳自赏中,而力求成为公关利益相关者们共同关注的焦点,这是我们的初衷,也是我们的尝试。

本丛书根据公关功能分类方式,采用分期完著的形式,奉献给读者的是第一期成果:主要包括《政府公关》、《企业公关》、《大型活动公关》和《危机公关》(上、下册)。这些公关类型是当前公关活动中最为常见和常用的,故先期出版。倘有能力,在以后第二、第三期将进一步陆续撰写其他类型公关理论与实务案例集。由于我们的研究团队大多首次接触公关,欲窥公关之实质,把握公关之精髓,展现公关之魅力,无疑是一次重大的挑战,同时由于对该领域陌生,为开发处女地,遂决计开始以"白板"方式探骊公关的"破冰之旅"。如此,较易生成自身的判断,也力图以全新的面目呈现给读者,因而也算是一种尝试。

我们的写作体例,近乎是一种首创。本书沿着开篇导例—史镜今鉴—三刻拍案—回味隽永的逻辑指向,以主案例为核心,激扬文字,直抒胸臆。开篇导例重点在于以开门见山的方式阐扬文章的旨归,并将主案例切入,统摄全文。史镜今鉴则是采撷了古今中外的经典案例,托衬公关,摒弃了当今案例"单打独斗"的写作范式,力争达到材料历久弥新,内容精益求精,思想蕴含深远之效。亦如古训所言:"夫,以铜为镜,可以正衣冠;以史为镜,可以知兴替;以人为镜,可以知得失。"三刻拍案是以正反比较的方式编撰,篇幅各异,配以错落有致的例子,具有较强的针对性和现实感,意在激起共鸣。拍案之时正是公关所应吸收经验教训之际,而三刻之后则是公关意识入脑之用。回味隽永是一种反思式的阅读,使读者能够从中获取于自身有益之物,这是我们的理想奢望。立此体例,是一种尝试,是再现层次清、意识明、脉络通思维方式的一种大胆的尝试。

在某种程度上,公关能力的强弱决定着事业的成败得失。遵循这一逻辑理路,我们精选了成功与失败交织、经验与教训共生、理论与实践并行的公关案例。坚持古今中外、兼收并蓄的原则,以梳理、反思、前瞻为导向,使读者能够从案例中获取对新的公关实践有所裨益的"活性因子"。

一年多来,本套丛书从构思到动笔再到开印,此间,得到了中国公共关系协会、福建省国际国内公共关系协会、福建师范大学、福州大学、闽江学院等单位的大力支持,特别感谢福建省国际国内公共关系协会会长、原福建省高级人民法院院长、福建省人大常委会副主任、中国大法官方忠炳同志,他始终支持我们的写作并欣然出任丛书顾问;还要感谢福建省国际国内公共关系学会副会长黄诗筠、魏章官,副秘书长陈健、刘云等同志的关心帮助。同时感谢中国公共关系协会会长苏秋成先生、北京大学出版社党委书记金娟萍女士,策划编辑黄庆生先生慧眼识珠,丛书主持栾鸥女士热忱帮助,为本丛书所付出的辛勤努力,让本丛书得以顺利出版。

这是一种尝试,是挂一漏万的尝试,然而探颐索隐,怀揣慎思勤学的治学之心,秉承"书山有路勤为径,学海无涯苦作舟"的理念,祈盼着能不辜负读者的殷殷期望。

既是一种尝试,不足之处在所难免,恳请方家不吝赐教。

庚寅年孟春于己得斋

目　　录

第十七篇　以真诚化危机
　　——"汶川"所体现的危机……………………………………（1）

第十八篇　军事危机博弈
　　——利益天枰的摇摆……………………………………………（15）

第十九篇　PX事件
　　——政府危机公关案例…………………………………………（33）

第二十篇　重德为企业本真的公关之法
　　——浅析"三鹿奶粉"事件中的道德缺失………………………（45）

第二十一篇　当机立断　迅速反应
　　——毒饺子事件的危机公关案例………………………………（57）

第二十二篇　真诚沟通　消除误解
　　——某知名汽车品牌事件………………………………………（73）

第二十三篇　责任装心中　防患于未然
　　——"12·5矿难"引出的责任以及防患的必要性……………（85）

第二十四篇　真诚沟通
　　——某著名化妆品危机公关……………………………………（101）

第二十五篇　攻心为上——品牌形象重塑
　　——"后三鹿时代"蒙牛品牌的危机公关案例…………………（115）

第二十六篇　真诚点燃品牌的亮度
　　——丰田霸道品牌公关案例……………………………………（131）

第二十七篇　积极主动　勇于承担
　　——中美史克PPA风波的处理…………………………………（145）

第二十八篇　言路畅通　杞人不忧天
　　——杞县卡源事件·····················(159)

第二十九篇　金秋十月的黑色幽默
　　——"黑屏"事件企业危机公关·············(177)

第三十篇　沉着应对　真心贴住
　　——苏泊尔不粘锅危机公关案例·············(193)

第三十一篇　公开处理　释疑于众
　　——杭州的政府危机公关···················(207)

第三十二篇　权威发布　遏制谣言
　　——海洋浪花公司克兰梅风波···············(217)

后记···(231)

参考文献···(232)

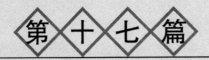

第十七篇

以真诚化危机
——"汶川"所体现的危机

  当前，我国正处于社会的发展和转型期，各种自然、人为灾害和社会事件时有发生。对官员而言，执政的考量不仅在于平时的运筹帷幄，更需要体现为危机时的沉着冷静，迅速应对。2008年的"汶川大地震"可谓是近年来少有的重大危机事件，我国政府经受住了考验，向全世界展现了一个有勇气、敢负责的现代政府形象。本案例就以"汶川大地震"为主线，辅之以其他政府危机事件进行评析。

开篇导例

从自然灾害的角度看,"汶川大地震"里氏8.0级的强度确实是人力所难以抗拒的空前浩劫,与32年前的"唐山大地震"相比,其山区的地形给救灾带来的难度更是显著得多。

地震发生的当天下午,国务院在获悉的第一时间就高度重视,迅速对灾情进行测评,并成立了以温家宝为总指挥,李克强、回良玉为副总指挥的抗震救灾指挥部,设立救援组、预报监测组等8个工作组。同时,党中央、国务院马上任命工业和信息化部部长李毅中领衔抗震救灾应急指挥领导小组,对相关行业抗震救灾做出紧急部署。能够如此及时成立危机管理小组,绝非某一领导人灵机一动所致,事实上,这是政府一直以来关于危机管理机制建设的成果。有了应急预案,在危机一旦发生时方能有所应对,有法可依则政令畅通,无法可依则易导致群龙无首,虽令不行。

到了地震当晚20点,温家宝总理便已经带领抗震救灾指挥部一行人员,乘专机奔赴灾区。此前,四川武警边防总队官兵兵分数路,直插灾区心脏地带。尽管人力有限,尽管冒着余震、塌方、泥石流等威胁,但国家领导人的出现、军队的快速行动表明了中国政府急于掌握危机造成损害的真实情况。上述政府行为,通过公共传媒予以报道,就是全国人民的一粒定心丸,危机公关的初期效应就能第一时间发挥。

公共危机与企业危机不同,其特殊的性质和严重的危害性,决定了受灾群众以至全国人民都会笼罩在难以言状的恐惧、担心、疑惑等消极情绪中。此时政府已经展开行动并使这一信息传达到公众心中,就要发挥公共传播的积极作用。政府作为公众传媒的把关人,需要及时通过现场指挥部、国务院办公厅以及官方媒体,迅速将全国面对自然灾害展现的巨大战斗力和凝聚力展现给全世界人民。因此,不仅收集的信息要全面、人性化,而且要将舆论重心引导到积极的方向。

此次地震和以往自然灾害中国媒体报道的方式有所不同。首先还是迅速。不仅表现在信息的及时发布和更新,不论是死伤人数、灾情简报还是专家的分析和判断,均更为及时和客观。其次是更为人性化。人非草木,面对大灾,生命显得如此脆弱,媒体也从不同角度,以照片、访谈等形式,充分展现了逝者之殇,生者之痛。人不再是以往报道中拥有战天斗地无限豪情的战士,而是实实在在、拥有七情六欲的人。这样的报道,反而能够激发世界人民的共鸣,更容易产生切肤之痛的感情。其结果是赈灾募捐短短9日内已经超过130亿元人民币,这和媒体准确而迅速地把握公众情绪,因势利导加以报道是分不开的。再次,从危机处理的核心环节来看,各项措施的落实也是很迅速到位的。最典型的例子要算军方在灾后24小时的"闪电集结"和"雷霆调拨",从出动成都军区扩展到其他军区,从动员武警部队扩展到多兵种部队,所有这些都在向世人展示中国政府强大的行动效率。

任何灾祸都是人们不希望看到的,闭目塞听并不能将灾难抹杀。尊重公众知情权,把真相大白于天下,既是新闻媒体的职责,也是政府的义务和责任。通过"汶川大地震"的危机公关行动,我们看到中国政府已然具备完善、合理的公关程序,并能严格、科学地按照程序开展公关工作。

点 评

总结此次"大灾之后有大爱"的危机公关,我国政府的表现是极其符合公关传播的多项原则的,主要展现在以下几个方面。

首先,权威部门迅速反应。地震后,胡锦涛总书记立即做出重要指示,要求尽快抢救伤员,保证灾区人民生命安全。国务院总理温家宝亲赴灾区指挥救灾,慰问灾民。总参谋部立即发出指示,要求成都军区、空军和武警部队坚决贯彻落实胡锦涛主席的重要批示,迅速组织灾区驻军全力投入抗震救灾,最大限度地减少地震所带来的损失,挽救人民生命财产安全。国家各部委紧急调拨救灾物资,保障灾区人民的日常生活,积极做好灾后重建和安置工作。在救灾过程中,新闻媒体透明、公开、公正地报道了地震灾区的情况,让广大人民了解灾情,让灾民感受到全国人民都在关注汶川,关心他们,他们并不孤独。面对已经发生的灾难,中国政府迅速采取的一系列措施赢得了广大老百姓的赞扬,在国际上树立了良好的形象。这一系列的措施让我们看到了一个成熟、稳健的政府，让我们感受到了它在大难面前的无所畏惧，更让我们明白了一个国家对人民"不抛弃不放弃"的高度责任。

其次，人性关怀的迅速到位。地震后两小时，国务院总理温家宝就赶赴灾区，不顾余震的威胁亲自在一线指挥工作，于是那一幕幕感人的瞬间便浮现在我们的眼前。5月14日，总理第一次前往北川，他遥望着震后的北川，眼角噙着泪水，伫立了很久……在伫立的这一瞬间，面对这满是废墟的北川，总理的心里最多的是一种焦虑和牵挂。正是这种情感，才使更多的人有了面对灾难的信心，才使他们产生了由衷的感谢。可以说"感谢"是"汶川大地震"中的总旋律，这种感谢鼓舞着汶川灾民，鼓励着战斗在一线的各界人士。哪里有灾难，哪里就有我们的人民子弟兵。在"汶川大地震"救援工作中，人民子弟兵一直是援救队伍的主力，连日来从电视画面中或者是网络图片中，人民目睹了他们始终走在地震废墟的最前面。为了争取在生存黄金时间内抢救灾民，空降部队伞兵冒着生命危险，在空降条件不足的情况下强行降落；地面部队，长途跋涉，经历上百次5~6级的余震、洪水、泥石流、房屋倒塌等，接受着生与死的严峻考验……场面非常震撼感人。他们大部分都是非常年轻的战士，据悉出发前每个人都签下了生死状，在人民最需要他们时，他们抱着付出一切包括宝贵生命的决心前赴。感动之余，令人心怆……

再次，凝聚力量的迅速宣传。灾后第一时间，社会各界纷纷向灾区献出了自己的爱心，各种捐赠源源不断地向灾区汇集。老人捐出了他们的退休金，小孩拿出了他们的压岁钱，党员交出了特殊党费，有的人捐完了又捐，希望用自己微薄的力量为灾区的人民作出贡献。除了各种物资捐赠以外，来自世界各地的志愿者来到灾区，抚慰灾民们的心理创伤。正如温家宝总理说过的："这是一场灾难，人们的心理创伤是相当大的，是无法弥补的，所以我们要想尽各种办法使他们从灾难当中恢复过来。"

政府的舆论导向，对于灾难中调动全国各地乃至世界的帮助，以及发动灾区人民自己的力量起到重要作用。如女警蒋敏在地震发生后，顾不得失去父母和两岁女儿的悲痛，奋力投入到自己的工作中，抢救伤员，为被救出的婴儿喂奶，连续十几日的工作，直至昏倒。这样的救灾典型在最快时间的挖掘，反过来也促进了政府宣传公信力的提高。

最后，主题信念的迅速确立。这场灾难无疑是一场天灾，是人无法控制的，但是灾后的各项工作却是需要发挥人的主动性的。在这场灾难中，将危机处理情况全面检查、评估，并将危机处理结果及时向公众公布，这表明政府敢于承担责任，一切从公众利益出发，认真做好善后处理工作。尽管面对每天上升的死亡人数，举国人民感到无比悲痛，但从另外一方面考虑，政府每天公布死亡人数，实际上传达的是"我们仍未放弃搜救"的信息。对于尚未从地震的恐惧中走出来、亲友仍生死未卜的受灾群众，最渴望看到的就是政府"不抛弃、不放弃"的努力，最害怕的就是政府宣布停止救援。因此，本着实事求是的态度，积极搜救，认真统计；并且在报道时，从正面报道有多少被困群众被及时解救——从积极方向报道，才是正确的做法。

史镜今鉴

突发事件公关危机不仅对于今人颇为棘手，对古人来讲也甚是重要。或许古人的公共意识并未形成，但如果面对突发事件措施不到位，手段不及时，仍然有可能损失巨大，以至危及政权。下面两个古代反面案例，正是以史为鉴，回顾欧洲大陆上统治者们的不作为，造成的社会和政治的灾难。

第一个故事发生在两千多年前的罗马，当时这座无比繁荣的城市突然发生了一起空前的大火。火灾是从罗马城内的圆形竞技场附近燃起的，火势如此凶猛以至持续燃烧了整整九天，吞噬了城内成千上万的生命财产，许多宏伟壮丽的宫殿、神庙及公共建筑物一瞬间也被烧成灰烬。更让人心痛的是罗马人在无数次战争中掠夺来的奇珍异宝、典章文集等有价值的文献资料也毁于此劫，史书称其为"罗马城的大灾难"。除此之外，这场大火导致全城14个区仅保存下来4个。有3个区化为焦土,片瓦无存,其余各区也只剩下断壁残垣,一片废墟。

面对这场突如其来的天灾人祸,当时罗马帝国的统治者是怎么做的呢?大火发生以后,时任罗马帝国皇帝的著名暴君尼禄,先是没有迅速调动政府力量帮助救援,后是为了平息民众中的不满情绪,简单地逮捕纵火嫌疑犯。据史学家记载,尼禄对这些可能的"纵火犯"施以了最残酷的刑罚,令人发指,也使仇恨的种子埋藏在公众的心里。整个罗马城不仅没人相信尼禄抓住了纵火者,反而使得更多的人把怀疑的矛头指向他本人,同时对政府能力的怀疑也陡然增加,社会更加动荡,各地起义不断,最终导致罗马王权的统治岌岌可危。

点 评

大火的来临是不可改变的事实,灾后的恢复成为亟待解决的问题。但是尼禄却违背民意,任意地杀戮无辜百姓,导致灾后更加混乱。如果我们从公共危机的层面来分析这次大火发生后的处理方式和结局,会发现如此惨重的政权形象损失背后是统治者没有清醒地意识到问题的严重性,没有妥善地处理危机,更没能很好地安抚民心。

回顾这场危机,至少有三个明显的公关败笔。第一,火灾发生之时,统治者没有采取救火措施,而是简单地处理,所以才有为期九天的大火。这也就是说,当火灾没有对城堡构成威胁,没有影响到自己的生活时,统治者不愿耗费过多的精力去理会。第二,火灾之后,统治者以"道貌岸然"的方式来安抚民心。表面上去抓纵火元凶,并给予最严酷的处罚,让人们相信他。可是事与愿违,人民不信任他,反而将矛头指向他,使得社会动荡不堪。这就是民意的力量。或许尼禄根本就不懂"顺应民意德已成,违背民意则及于惑"的道理。第三,公众并没有被调动起来,共同在第一时间参与到突发事态的应对之中,而只是与政府同样处在极为被动的状态。以上启示我们:危机的发生有时虽然不受我们的控制,但是其处理却是在可控范围内。为此,达到"让危机化解,让损失降低,让公众满意"的目标是有可能的。

第十七篇 —— 以真诚化危机

在14世纪中期,欧洲受到一场具有毁灭性影响的瘟疫侵袭,即一般人所称的黑死病。它从中亚地区向西扩散,并在1346年出现在黑海地区。它同时向西南方向传播到地中海,然后就在北太平洋沿岸流行,并传至波罗的海。约在1348年,黑死病在西班牙流行,由于它具有极强的传染性,很快传播到各个地区。仅剩路途遥远和人口疏落的地区未受伤害。根据今天的估算,当时在欧洲、中东、北非和印度地区,大约有三分之一到二分之一的人因黑死病而死亡。

瘟疫发生后,当时的皇帝、大贵族们只顾维护自己的利益,对生活在社会最底层的平民的死活没有太多的重视,对瘟疫也没有采取有力、得当的防治措施。在缺乏有力组织和较强的医疗手段的情况下,人们对死者尸体的处理方式也很简单,只是简单的埋葬,为此更加重了瘟疫的蔓延。虽然人们也想了很多避免感染瘟疫的办法,但是都没有效果,死亡还是不断地降临。顿时,整个城内出现了恐慌与不安。人们开始逃离,逃离的过程中又被感染,同样面临着死亡。这时的统治根基也开始摇摇欲坠,岌岌可危。

点 评

纵观该案例,我们不难看出:在公共危机发生后因为没有及时采取措施导致了全欧洲的大瘟疫,其影响之大、损失之严重在全人类的历史上书写了浓重而悲惨的一页。这悲惨的一页给了我们重要的启示,从中我们可以找到"亡羊补牢"的方案。首先,我们知道瘟疫有极强的传染性,所以在面对像瘟疫这类传染病时一定要有有效的措施。比如可以研发草药,并做好隔离措施。这样最起码可以降低损失和保障生命安全。不要像案例中的统治者那样,遇到瘟疫,为了自己的利益,采取杀戮感染瘟疫的百姓,并将尸体草草埋之的做法。此举只能使瘟疫更加严重。这也对我们预防禽流感、甲型H1N1流感等都有一定的借鉴作用。

其次,瘟疫这类疾病的爆发是突然的,但瘟疫之后的妥善处理至关重要。只有从人民的根本利益出发,以民为本,寻找出有效措施来应对才是万全之策。尤其是不能践踏已感染人员的生命,而应该重视他们,方可有效地控制疫情。为此,我们可以从宣传上多做文章,再加上政府的强力支持,再大的疫情都可以挺得过去。

最后,要做到预防与治疗相结合。即在疫情发生前,就要让民众了解疾病的存在与危害,让他们提早有心理准备。一旦发生疫情,他们便会有及时的救急措施,可以防止瘟疫大片蔓延。当然疫情不会随我们的心意,但是一旦来临后也不要恐慌,要相信它可防、可治,并及时满足人民求治的需要,及时化解他们的不安,灾难的损失自然会降到最低程度。

对比古今,我们知道公共危机的危害是多么的巨大,而怎样在危机发生后及时有效地处理危机是多么的重要和迫切。如果在危机发生前就能够做好有关预防工作的宣传,在灾难发生后又能够采取有效措施,那么当灾难发生的那一刻,我们就能使灾难带来的危害降到最低。虽然不能阻止危机的发生,但是我们可以使自己在危机中的损失降到低点。综合以上案例,我们看到危机发生后,由于准备不足、认识不清、措施不到位会带来严重的危害,所以,在危机中一个好的公关应对措施非常重要。

三刻拍案

拍案一 信息速传,威信速达

2008年4月,安徽某市初春的太阳正明媚,然而在这温暖的日子里,这座城市上空却因为"手足口病"的传言而阴霾笼罩,飘着几丝寒意。

其实从 2008 年 3 月上旬起，该市几家医院就陆续收治了以发热伴有口腔、手、足、臀部皮疹为主的疾病患者，但当时他们还不能确诊。于是，他们寻求卫生厅帮助，最终在专家的临床观察下，将该病确定为肠道病毒 EV71 感染所致的疾病，伴随着这一病毒经常会引起儿童手足口病、病毒性咽峡炎，重症患儿可出现为肺水肿、脑炎等，我们将之统称为肠道病毒 EV71 感染疾病（俗称"手足口病"）。

该病经常见于儿童，特别是 4 岁以下的婴幼儿，发病时无明显性别差异，以春秋季较为多见。此外，此病具有较强的传染性，唾液飞沫中的病毒可悬浮在空气中经呼吸道吸入在人群中传播。所以在春秋季节常可见到手足口病在幼儿园或小学校中流行。

由于较强的传染性，"手足口病"开始向其他省份蔓延。到 5 月份的时候，"手足口病"达到了高峰期，死亡率也在不断的攀升。面对上升的死亡率，各级政府立即行动起来，采取有效的措施，使病情得到了有效的控制。与此同时，进一步抑制病情的蔓延，从而使各个省份的病例大大减少。

此时的该市政府也经历了由群众的猜疑到信任的过渡时期。面对一系列的压力，该市政府与人民并肩作战，采取群防群治与专业防治相结合等有效措施，扎实做好"手足口病"防治工作。为此，当地政府还采取了分级分层接诊原则，不仅使患者可以及时得到救助，而且也使死亡率得到了控制。同时，医生信心满满，最终使病情得到了有效的缓解。这一切都充分证明了政府和人民的力量。在他们的互助下，不仅使病情得到控制，而且使人们看到了一个负责任的政府，看到了政府的诚心，明白它是真的在"以爱感人民，用心化危机"，懂得了它把关爱静静地包含在行动中。

点评

回头再看"手足口病"，我们不只停留在表层，而是要深入挖掘"手足口病"在两个应对阶段之中流露出的一些危机应对的细节信息。

第一阶段是 2008 年 3 月初到 4 月中旬，这一阶段主要是政府处于不确定的阶段。在这个阶段，当地已经表现出了苗头，但是由于条件的限制，地方政府不能很清楚地认识这种疾病，认为只是简单的疾病，过一段时间就会好，于是为后面的肆虐埋下了伏笔。

第二阶段是2008年4月到5月,这一阶段是开始应对阶段,从各个方面做起。从政府、社会和群众三方面上看,我们可以得到"手足口病"所给予的启示。

当"手足口病"在该市蔓延的时候,当地政府和人民没有屈服,他们拿出应有的精神应对着这次突如其来的危机。同时他们在处理和解决危机的过程中,不断克服困难,积极组织各界力量抗击疫情,最终基本取得了抗击"手足口病"的胜利。

首先,在这一阶段中,面对"手足口病"疫情的肆虐,该市政府开始重视,他们不隐瞒信息,而是同群众一起面对危机,并针对群众的恐慌积极采取有效措施。① 积极应对危机,成立领导小组,统筹部署,安排防治。② 迅速查找病因,全力救治患儿,全面开展防控工作。③ 加强疾病监测,重点对学校、幼儿园、村庄的环境卫生、饮水、食品卫生等进行治理和检查。④ 建立媒体通报制度,及时透明地向社会通报疫情治理情况。这一系列举措让孩子的家长对疫情有了深入的了解,增强了抗击"手足口病"的信心,社会上不安的情绪也得到有效控制,为危机的解决和控制创造了良好的社会环境。这就是政府迈出信息化、温暖化的第一步,让人们感受到了"爱"的存在。

其次,"手足口病"的来临,不仅使患儿的生命受到威胁,而且使社会出现了暂时性的不安。因为"手足口病"具有较强的传染性,幼儿的家长必须有效地防治,政府也必须给予有力的支持,为此,在一定程度上会影响经济的发展。不过,在政府和人民的有效配合下,他们很快走出了暂时的困境,使各方面都能平衡地发展,也给社会的安定注入了新的力量,使其在困境中更显和谐的魅力。

再次,"手足口病"肆虐之时,受害最严重的还是婴幼儿——因为他们的抵抗力较弱。面对疫情的传播,人们的正常生活不仅受到了影响,生命财产也相应地受到威胁。但是人们并没有屈服,经历了最初的恐慌和不安后,在政府的领导下,积极地采取了自救措施,自觉地抗击"手足口病",上下齐心,同舟共济,呈现出万众一心、共赴时艰的团结精神。在日常生活中,他们按照政府的部署,积极应对疫情,讲卫生,讲科学,合理地进行饮食,使"手足口病"的发病率降到最低程度。

最后,贯穿整个防控过程的医务工作人员不断地对家长讲授知识,使其明白此病可防、可治、可愈,从而有效地减少他们的恐慌,达到平静而安稳地抵御"手足口病"的目的。

回顾该防治过程,我们看到了政府在危机中的从容应对,经历着社会给予"手足口病"的关注,感受着人民从恐慌到安心的那份复杂的情感,我们更加明白在面对公共危机公关时,应该如何应对。换句话说,如果我们在危机爆发的初期就可以做到信息公开化,有效措施积极到位的话,那么危机的损害程度就会降到最小。为此我们要切实做到:"以爱感人民,用心化危机"。

拍案二　地方政府纠错公关

政府部门对信息之所以需要极其快速的反应,其重要原因在于当下发达的信息传播工具已经使任何危机事件的爆发都会在瞬息之间传递到世界的各个角落,而引起众多的关注。

2007年12月25日上午8点,陕西省某县职业中学校长高某为落实国家对贫困生补助款去找县长崔某签字,却赶上县长着急参加9点整的国务院电视电话会议。心急的校长两次打开车门要求县长签了字再走。为此,该县教育局决定让校长停职检查并向县长道歉,县公安局认为高某扰乱机关工作秩序,对其做出了行政拘留7天暂缓处理的处罚决定。到了7天拘留结束,此事件一经媒体披露和网络扩散后,顿时公众哗然。

事件传播出去不到两天,出差刚回来的该市市委书记便连夜赶赴当地调查了解事情经过,并主持召开四大班子领导干部会议。会议要求立即撤销县公安局、教育局的两个处分决定。该县县长、公安局局长、教育局局长要向职业中学校长道歉。县长向市委写出书面检查;公安局、教育局向该县委写出书面检查,任何人不得打击报复职中校长高某。此外,市委、市政府马上对外宣布组成调查组对该事件进行全面调查,将依法追究责任人。同时,该市市委还要求绥德县的领导干部深入学习胡锦涛总书记执政为民的论述,学习有关法律法规,提高政治素质及依法行政素质;开展"依法行政、执政为民、改进干部作风、树立公仆形象"为主的思想作风大整顿,并对全市干部作风进行一次大检查。

 点 评

这是一起典型的互联网时代公众参与社会事务判断的典型案例。回顾其整体进程,我们不难发现该市政府对危机事件迅速做出反应,化被动为主动,将危机变为转机。

被动之处在于该县政府违法拘人在前,且事件已经为大众媒体和网络媒体所获知,同时,该市市委书记出差在外,主要领导班子未做出应对。主动之处是该市市委之后的迅速会议部署,对公众意见不回避、不辩解、不遮掩,及时做出相关的处理意见,更为主动的则是其在随后展开的一系列以此为契机的教育和自查活动,再借助媒体,反而于危机之上营造了一种知错就改的良好形象。

该市之所以能因势利导,化解危机于无形,最大的精髓就在于一个"快"字,不仅反应快、思路快,最终的步子更快,从而做到以快打慢,转危为机。

拍案三 血铅超标事件

2006年3月下旬,甘肃省某县五岁的小孩周某在玩耍中不慎被电击伤,随即孩子被送到了医院进行治疗。结果在后期治疗过程中,医生通过生化检查意外发现其血铅超标。这个结果使得家长开始怀疑、迷茫、无措……

随着这一消息迅速传播,从8月中旬开始,附近几个村子里的小孩,基本上都被家长带到陕西省西安市进行了血检测,结果一致表明:孩子的血液中含有高浓度的化学物质——铅。

由于甘肃省、陇南市专家组介绍的卫生部关于儿童高铅血症和铅中毒分级标准及处理原则,与医院发放的宣传资料和大夫的解释有差异,引起了群众对专家解释内容的质疑,与专家组产生了对抗情绪,专家组遭到了部分村民的围攻和谩骂。9月1日,甘肃省的专家组前往该村现场采血时,也遭到村民的拒绝。

由于对政府的不信任,村民开始了自发的"堵门"、"轰走专家",这时的徽县出现了一片混乱局面。最终,当地政府采取对该县有色金属冶炼有限公司立即停产的措施,并使其配合工作组进行调查。在这样的状况下,村民才由原来的躁动变得平静了许多。

点评

　　这一系列冲突让我们感受颇多。从危机公关的层面来讲,可信度是处理危机的必要态度。而该县政府开始的隐瞒事实在一定程度上降低了自己的可信度。所以,在危机处理中,我们一定要将"可信度"放在首位。

　　事件中"铅毒"给人民带来了恐慌,而政府的态度,也使我们陷入了深思——深思危机的存在,深思危机的原因。还有一点,或许需要在"真诚原则"之后加上对公信力的维护。所以,危机的处理,要本着"真诚",本着"以人为本",这样才能使危机得到最好的处理。无论如何,"雪中送炭"要比"锦上添花"来得更加可贵。

回味隽永

　　以上这些案例从正反两方面证明了当危机来临时,有一个好的公关应对措施是多么的重要。由于公共危机具有突发、不可预测的特点,它给人们和社会带来的伤害是必然的,所以我们必须有一个清醒的头脑来处理此类问题。这就要求我们把危机带来的损失降到最低,让灾难对我们的影响降到最小。换个角度,如果面对危机和灾难我们没有一个好的公关策略、好的应对措施,那么在相同的危机灾难面前,受到的损失将是巨大的,无法弥补的。所以我们在危机面前一定要本着"用爱感人民,用心化危机"的原则,让危机在每个人的心中都能有另一番感受,其要点是在危机的第一时间瞬时亮出三把"利剑"。

　　利剑一:最快打造可信度。我们从汶川抗震救灾的案例中看到,在灾难突然发生时,政府作为领导者积极安排人力物力,立即积极采取措施,组织救灾和灾区人民自救,从而使灾难得到有效的控制。这让我们明白只有政府在应对危机时的措施及时到位,人民所受的灾害才能降到最低。同时在救灾过程中政府应该是主导者。因为当灾难来临时,群众往往因为恐慌而不知所措,应对危机的能力不足。如果政府作为救灾的指挥者,能够合理安排,部署得当,领导灾民积极应对,那么不仅会给人们以极大的信心,更能使群众团结起来,众志成城,战胜一切灾难。这就是一种无形的可信度。这种可信度可以使危机在很大程度上得到化解。反之,就像古罗马大火和古代欧洲瘟疫的案例,当灾难突发时,领导者只顾自己的利益,没有统一的安排部署,结果人民面对灾难乱作一团。这样,灾害不仅得不到控制,反而因为人们的慌乱不堪而变得更加严重。到那时天灾就会演变为人祸,人民的损失将会无限制地扩大。为了避免此类情况的发生,我们必须从人民的利益出发,做到处理危机时时采取对策,同时深入群众,了解灾情,调查原因,控制损失,尽快使灾区各方面工作恢复正常。

利剑二:最快践行公开。这就要求政府及时召开新闻发布会,发布正式信息,让人们看到我们的诚意,同时也向世界各国展示我国政府的态度与责任。因为现在的社会是信息化的社会,没有不透风的墙,所以我们面对危机时不能只是隐瞒,而是应该及早地公布,从而使得各方面的力量得以凝聚,把危机的危害后果控制到合理范围。此外,信息的公开也有利于帮助我们找到更多的解决危机的方案,使公众不会在慌乱中不知所措。为此,政府应该积极鼓励信息公开,从容地应对危机。

利剑三:最快实现处理。虽然危机的处理相当重要,可是预防危机同样是不可忽视的。也就是说,对一些突发危机虽然我们不能阻止,但是我们可以对这些灾害有个提早的认识。如地震,我们可以在地震未发生前,就大力地宣传地震的危害,普及防震知识,教育人们如何在震后自救,那么在灾难发生后我们就能少看到一些悲惨,多看到一些希望。提前预防和科学处理如果能够像经纬线那样有机地结合在一起,那么我们的未来就会充满爱,充满信任。危机的恐慌也会被这种力量抚平。

公众的力量是伟大的,这也就是危机公关为何始终贯穿着以人为本。危机或许可怕,然而更可怕的是在危机中充满屈服和慌乱,看不见希望和机遇。为此,面对一场危机,我们的社会和人民应该本着必胜的信念去克服困难和战胜灾难,在危机之后,我们更应该从各个角度出发,力争避免或减少危机,从而让"用爱感人民,用心化危机"落到实处。

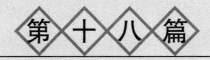

军事危机博弈

——利益天枰的摇摆

军事危机是一种特殊的社会现象,主要指国家或政治集团之间的关系处于可能发生战争或军事冲突的危险情景,也是介于和平与战争之间某种形态的特殊表现与斗争形式,属于综合性危机。军事危机将人类社会带到战争与和平的岔路口,走向战争,还是走向和平,往往取决于对军事危机的控制和处置成效。高超的军事危机控制艺术,能够把握危机控制的主动权,营造有利的安全环境,维护自身的战略利益。从公共关系的角度看,军事危机的控制实际上就是国家之间、政治集团之间调整相互关系的利益博弈过程。军事危机的公关手段是多种多样的,最常见的即赤裸裸的双方军事力量的对峙、抗衡,以期震慑对方,迫使其放弃战争意图或使其就范。此外,经济、政治和外交的斗争也是协调危机的常用公关手段,并且往往决定着军事斗争形势的发展及危机局势的变化。因此,合理组合运用各种公关手段,采用恰当的公关传播途径,引导军事危机向着有利于己方利益的方向发展,是军事危机公关的最终目的。

开篇导例

1962年夏,苏联领导人赫鲁晓夫出于提高苏联在共产国际和社会主义阵营中的威望、缩小与美国的核差距、建立新的战略平衡的目的,与古巴领导人卡斯特罗达成了在古巴安装导弹的秘密协议。古巴导弹危机就此酿成,美苏双方一有不慎便有可能引起核战争。

面对导弹危机,美国总统肯尼迪的幕僚集团迅速制定了"海上封锁"的军事策略,随后公开宣布了这一政策,并揭露了赫鲁晓夫的蓄意欺骗行为。同时,美国迅速积极地在美洲国家、西欧盟国和联合国中展开外交斡旋,以期得到广泛的支持。美苏这场核游戏,激起了国际社会的强烈抗议。为了保卫世界和平,防止悲剧发生,45个亚非国家也一致要求联合国秘书长全力调停危机事端。

面对国际社会的普遍压力,赫鲁晓夫不得不首先做出让步,通过非官方的形式向美国传递了可以从古巴撤走导弹的信号,但前提是美国要公开保证不侵犯古巴。为了让危机不再升级,双方都能体面地收场,肯尼迪也传递了同意其意见的信号。眼看事态朝着良性方向发展,但随后,为了维护大国的尊严,体现苏联强硬的、不屈服的姿态,赫鲁晓夫又提出了美国必须从土耳其撤走导弹作为苏联从古巴撤走导弹的前提,以求得等价交换,公平合理。为了防止局面朝着战争的方向发展,肯尼迪做出在保证美国目标和实际利益的前提下,给苏联一定的让步的决定,提出只要苏联先撤出导弹,美国就同意撤销对古巴的封锁和不再进攻古巴的保证。同时还表示美国不能在威胁面前从土耳其撤走导弹,但是,美国早就急切地想把这些导弹从土耳其撤走。只要苏联撤出在古巴的导弹,那么"两国可以恢复和平关系",并"在核武器控制方面取得进展"。

在美国软硬兼施的公关策略下,11月,苏联撤走了在古巴的全部导弹和飞机,美国也宣布解除对古巴的封锁。随后,苏联也对危机中动员的军队下了"解除动员令"。至此,震撼世界的古巴导弹危机终于彻底结束。为了加强对大战危机的控制,避免类似事件再次发生,在美国提议下,两国建立了直接通信联系,供紧急情况下磋商之用。这也使得古巴导弹危机成为美苏两国在冷战期间最后的"绝唱"。

点 评

1. 军事危机公关和其他危机公关活动相比,其独特性首先在于军事危机公关的影响效应和持续性是一般危机公关活动所无法比拟的。因为军事危机公关活动动辄涉及国家政治、经济、军事、外交、社会生活方方面面,关系国家安全和社会稳定,并会产生强有力的外部效应。其次,军事危机公关所涉及的因素是极其广泛而复杂的,如国家安全、公共秩序、新闻媒体、社会生活等,可谓牵一发而动全身。再次,军事危机公关策略具有独特性。军事危机公关以军事的"硬"手段为主,辅之以政治、外交、经济等"软"手段,综合运用各种公关策略组合,使危机的发展有利于本国利益。

2. 军事危机及危机公关活动的特殊性,决定了政治家在控制危机的公关策略上的曲折多样性。在本案例中,面对来自古巴的导弹危机,肯尼迪首先采用军事的公关手段,即海上封锁的政策,向赫鲁晓夫显示美国面对导弹危机的强硬姿态以及美国有足够的军事实力来应付这一事件。其次,两国相交,攻心为上。肯尼迪在做好军事力量上的充分准备的同时,积极开展外交斡旋,力图通过这种公关途径彰显美国采取军事措施的正义性及苏联安装导弹的严重后果,争取国际社会和盟国的支持。事实证明,肯尼迪的这种公关智慧取得了成效,赫鲁晓夫不得不首先做出让步。但国与国之间的较量,尤其是大国与大国之间公共关系的调整,更显露出一种反复无常、公关与反公关的特点。苏联又提出了拆除导弹的新条件。肯尼迪顺水推舟,采用外交途径的"软"手段,基本同意苏联的要求,但也不是一味的软,一味地遵从,而是柔中带刚,即苏联必须先撤走导弹。赫鲁晓夫明白也只有与美国达成妥协,追求有限利益而非"全胜",才能使矛盾得到解决。最终,苏联拆走了导弹,古巴导弹危机得到化解。

3. 古巴导弹危机形成的一个重要因素是冷战中美苏两国缺乏有效的信息沟通机制,从公共关系的角度来说,就是两国公共关系的调整没有正式的渠道。同时,国家间的公关是一个长期的过程,也需要建立稳定的公关传播途径。所以,两国建立了直接的通信联系,加强了对军事危机控制的公关力度。

史镜今鉴

军事危机公关的智慧和思想在中国古代战争史上可谓博大精深、层出不穷,是中华民族奉献给世界人民的宝贵精神财富,是中国古代思想史上的一朵奇葩。如"围魏救赵"、"金蝉脱壳"、"以逸待劳"等兵家思想都包含着丰富的军事危机公关艺术。

公元前154年,即西汉景帝三年,吴王刘濞野心勃勃,联合了七个诸侯国发动叛乱。他们首先攻打忠于汉朝的梁国。景帝派周亚夫率三十万大军平叛。这时梁国派人向朝廷求援,说刘濞大军攻打梁国,我方已损失数万人马,已经抵挡不住了,请朝廷急速发兵救援。景帝命令周亚夫发兵去梁国解危,周亚夫却说:"楚军素来剽悍,战斗力很强,如果正面决战,难以取胜。"景帝问他如何击退敌军。他说:"我打算先暂时放弃梁国,从背后断其粮道,然后伺机再击溃叛军。他们出兵征讨,粮草供应特别困难,如能断其粮道,敌军定会不战自退。"

荥阳是扼守东西二路的要冲,必须抢先控制。周亚夫派重兵控制荥阳后,分两路袭击敌军后方:一支部队袭击吴、楚供应线,断其粮道;自己则亲率大军奇袭敌军后方重镇昌邑,占领昌邑后,坚守不出。此时的梁国被叛军轮番急攻,梁王向周亚夫求援,周亚夫按兵不动。梁王再次派人求援,周亚夫还是不发救兵。最后梁王写信给景帝,景帝又下诏要周亚夫进兵增援,周亚夫还是不为所动。但他却暗中派军截断了叛军的粮道,还派兵劫走了叛军的粮食。刘濞闻报大惊,想不到周亚夫根本不与自己正面交锋,却迅速抄了自己的后路。他立即下令部队迅速往昌邑前进,攻下昌邑,打通粮道。

面对刘濞数十万大军,周亚夫避其锋芒,坚守城池,拒不出战。时间一长,周亚夫军中有些军心不稳。一天晚上,营中突然发生混乱,嘈杂声连周亚夫的大帐里都能听见,但周亚夫始终躺在床上不动。一会儿,混乱自然就平息了。几天后,叛军大举进攻军营的东南,声势浩大,但周亚夫却让部下到西北去防御。结果在西北遇到叛军主力的进攻,由于周亚夫有了准备,所以很快击退了叛军。

第十八篇 ——军事危机博弈

双方对峙几天后,刘濞大军粮草断绝,士气衰弱,毫无战斗力,只好退却。周亚夫趁机调集部队,派精兵追击。精疲力竭、软弱无力的叛军不战自乱,刘濞落荒而逃,在东越被杀。这次七国之乱的军事危机经过短短的三个月就平定了,周亚夫高超的用兵公关术起了关键性作用。

点 评

中国古代兵家的用兵之道讲求根据天时、地利、人和的客观环境和刚柔、奇正、攻防、彼己、虚实、主客等对立关系的相互转化,来确定恰当的用兵策略和计谋。从今天的眼光来看,就是依据整个战争形势的力量对比和战场环境的瞬息变化而进行的权变决策。从公共关系的角度看,就是灵活有效地运用恰当的军事危机公关术,针对具体的战场环境,不断协调敌我双方的公共关系,使形势向有利于己方的方向转化。周亚夫智平"七国之乱"的案例是一起典型的军事危机公关案例,面对七国大军压境的严峻形势,周亚夫适时运用经济、军事、外交的公关手段,在短时间内以极小的代价解除了这场危机。通观周亚夫的军事危机公关术,可以用四个字来概括——"以柔克刚",并表现为三个阶段性特征:避实就虚;以静制动;敌疲我打、敌退我追。

第一,避实就虚的战略公关。这主要体现在危机之初周亚夫出于对整个战争形势的把握而做出的战略决策。在平乱之初,周亚夫分析敌我双方形势后认为,诸侯国经过几十年休养生息,民富国强,七国叛乱是经过长期准备的,是有备而来,而非一时性起。刘濞兵源充足,足有20万之众,且"素来剽悍,战斗力很强",此时正攻打梁国,士气正盛。如果采用正面决战的军事公关策略,将会形成针尖对麦芒之势,即便最后取胜,代价也是非常大的。但叛军也有其弱点,即长途奔袭作战,后勤补给相当困难,是其一个"软肋"。周亚夫正是在全面了解敌情之后,抓住这个软肋,制定了避实就虚的解决危机的总体公关战略。这是"以柔克刚"的危机公关术在战略层面上的运用。

第二,以静制动的战术公关。以静制动的公关策略体现在军事和外交两个方面,并贯穿于周亚夫平叛的全过程。奇袭敌后方运粮重镇昌邑后,周亚夫坚守不出战。梁王二度向其求救,周亚夫不动;后景帝令其发兵救援,周仍然不动。同时,不动并不是绝对的不动,而是有针对性的"动",即截断叛军粮道,军事、经济公关手段并用,双管齐下。周亚夫"三不动",牵制刘濞军队,并迫使其回援后方解围,是以静制动公关策略的最好例证。刘濞大军围攻昌邑之时,周亚夫仍然坚持这一战术公关思想,目的是拖垮叛军的士气,消耗其元气。同时,他本人也很好地坚持了这一思想,面对营房的骚乱,头脑非常清醒;面对敌军的佯攻,断然正确指挥防御,取得了预期的军事效果,达到了公关目的。这是"以柔克刚"的危机公关术在战术层面上的运用。

第三,敌疲我打、敌退我追的战法公关。避实就虚的战略公关和以静制动的战术公关取得了成效,消耗了刘濞军队的士气,军队不战自乱,而周亚夫的部队以逸待劳,士气高涨。七国叛乱的军事危机形势急转直下,开始有利于汉军反攻。周亚夫审时度势,果断采取敌疲我打的战法公关,迫使叛军溃退,汉军又乘胜追击,致使叛军彻底覆灭。敌疲我打、敌退我追的公关策略是"以柔克刚"的危机公关术在战法层面上的运用。

周亚夫以柔克刚智平"七国之乱",而诸葛亮则巧设空城计智退司马懿。三国时期,诸葛亮因错用马谡而失掉战略要地——街亭,魏将司马懿乘势引大军15万向诸葛亮所在的西城进攻。当时,诸葛亮身边没有大将,只有一班文官,所带领的五千军队,也有一半运粮草去了,只剩2500名士兵在城里。众人听到司马懿带兵前来的消息都大惊失色。诸葛亮登城楼观望后,对众人说:"大家不要惊慌,我略用计策,便可使司马懿退兵。"

于是,诸葛亮传令,把所有的旌旗都藏起来,士兵原地不动,如果有私自外出以及大声喧哗的,立即斩首。又教士兵把四个城门打开,每个城门之上派20名士兵扮成百姓模样,洒水扫街。诸葛亮自己披上鹤氅,戴上高高的纶巾,领着两个小书童,带上一张琴,到城上望敌楼前凭栏坐下,燃起香,然后慢慢弹起琴来。

司马懿的先头部队到达城下,见了这种气势,都不敢轻易入城,便急忙返回报告司马懿。司马懿听后,笑着说:"这怎么可能呢?"于是便令三军停下,自己飞马前去观看。离城不远,他果然看见诸葛亮端坐在城楼上,笑容可掬,正在焚香弹琴。左面一个书童,手捧宝剑;右面也有一个书童,手里拿着拂尘。城门里外,二十多个百姓模样的人在低头洒扫,旁若无人。司马懿看了许久,听了很长时间,无论从对方人物的表情动作还是诸葛亮所弹出的琴声中,都看不出丝毫破绽。其子司马师道:"我们应即刻冲杀进去,活捉诸葛亮!他分明是故弄玄虚——城肯定是座空城!"其他将士也纷纷要求进兵攻城。司马懿凝然不动,仍静静谛听。忽然他神色一变,露出紧张模样,忙下令:"后队改作前锋,先锋变为后队,马上撤退!"他的二儿子司马昭说:"莫非是诸葛亮家中无兵,所以故意弄出这个样子来?父亲您为什么要退兵呢?"直到离西城远了些,司马懿才心有余悸地解释:"诸葛亮这个人和我打过多年仗了。他一生最是谨慎,从不做没把握的事,更甭说干冒险的事了!今天大开城门,故意显出是座空城,让我们白白拿走并轻易把他捉住,这里就肯定有埋伏,是个骗局!我军若贸然轻进,必中其计。"

点 评

历史上以"空城计"化解军事危机的战例不在少数,但用得最成功的,给后世留下最大影响的应该是《三国演义》中诸葛亮唱的这出空城计了。空城计实质上是一种心理战,在战争的紧急关头和力量虚弱的情况下运用这种战术,故意向敌人暴露我城内空虚,就是所谓"虚者虚之"。敌方产生怀疑,更会犹豫不前,就是所谓"疑中生疑",即敌人怕城内有埋伏,怕陷进埋伏圈内。但这是悬而又悬的"险策"。从公共关系的角度看,这是一种巧妙运用军事外交的公关手段,以"攻心"为主要传播途径,调整敌我双方关系,并最终化解危机的公关之术。面对兵临城下、敌我双方力量悬殊的特殊战局,诸葛亮泰山压顶而面不改色,充分考虑战局形势,通过"空城计"的假象营造出一种胸有成竹、以逸待劳的态势,同时抓住敌方主帅司马懿性格谨慎多疑这一点,形成牵一发而动全身的公关效应,即先公主帅的关,主帅无心恋战,战场危机自然化解。诸葛亮的公关之术具有以下特点。

第一,公关传播内容的隐性化。现代社会组织的公关活动多为显性公关,即公共关系的主体客体明确、公关目的明了、公关内容和公关传播途径明晰。而本案例中诸葛亮的危机公关却体现出公关传播内容隐性的特征，即司马懿对诸葛亮摆出的一座空城不知所措，更不明白诸葛亮唱的哪出戏，即无法真实地判断和接收来自公关主体的信息内容。实为一座空城的西城在诸葛亮及守卒镇定自若的假象掩盖下，显得神秘莫测；诸葛亮也正是运用这种"虚者虚之"的公关心理战术，将战场形势的虚实真假的变幻表现得淋漓尽致，让司马懿心生疑窦，无法决断，从而达到退却魏兵的公关目的。也正是这种隐性化的公关内容体现出了诸葛亮高超的公关智慧。

第二，公关行为的个人英雄化。案例中危机公关的双方无论是蜀军还是魏军，是生是死、是进攻还是退兵均系于双方各自的主帅身上，可谓一着不慎，全盘皆输，相比较于现代社会组织的团队公共特性，其公关行为表现出强烈的个人英雄主义色彩。蜀军面临大兵压境、命悬一线的军事危机，生死命运全依托于主帅诸葛亮的公关智慧和谋略。如果蜀军之中有士兵沉不住气，造出喧哗之声，或者洒水扫街的假象露出丝毫的破绽，被对方识破，那么其公关策略也就彻底失败。反过来，魏军主帅司马懿如果不生性多疑，而是性格直率之人，那么空城计对他来讲也不过是纸老虎。诸葛亮利用空城计公关的高明之处也就在于抓住了这场危机的关键点，但也是一着险棋。

三刻拍案

20世纪，是人类社会的多事之秋，战争与和平的交替上演是这一时期最典型的特征，两次世界大战给人类社会造成了深远的影响。二战以后，大规模战争爆发的可能性逐渐变小，而局部地区的武装冲突却时现端倪。从公共关系的角度看，频繁出现的地区军事危机之所以没有发展成为大规模战争，调整国家和地区间力量平衡的军事危机公关起了关键性的作用。军事危机公关犹如一抹润滑剂，游走于战争与和平之间，通过一系列政治、经济、外交、军事公关手段的运用,不断协调危机双方的公共关系,使双方看到和平的曙光或滑向战争的深渊。

拍案一　妙笔新著的半部春秋:台湾海峡军事危机的公关智慧

　　1949年,国民党当局败退台湾,伺机重返大陆。同年,美国总统杜鲁门发布对台政策:"不让台、澎落入共产党手中","为达到此目的,最切实的办法是把这些岛屿同中国'大陆'分隔开",但在公开场合,杜鲁门却宣布美国对台没有任何野心,也不会使用武装力量干预台海现在的格局。这或许是形成"一中一台",造成台海军事危机的渊薮。1950年,朝鲜内战爆发,美国为遏止共产主义势力在亚洲的蔓延,稳固在亚洲的势力范围,直接派兵干预朝鲜战争,同时命令美第七舰队进入台湾海峡,在台海地区进行巡逻,保护台湾并威胁中国内地。美国的如意算盘是对中国的周边形成北面以朝鲜半岛为跳板、东边以中国台湾为不沉的航空母舰,两侧呼应,威逼中国内地的战略态势。杜鲁门的这项命令,等于放弃了美国历来承认台湾是中国领土的立场,要把台湾从不确定状态中过渡到完全从中国分离出去。台湾海峡军事危机也就此形成。

　　1953年,朝鲜战争结束,为打破美国的军事封锁,中共中央军委决定解决台湾问题。从1954年开始,逐步扫清台湾在沿海的一些岛屿屏障,并于1955年1月一举解放国民党军队盘踞的重要岛屿——一江山岛。一江山岛是大陈岛的门户,大陈岛是台湾的屏障,其战略地位十分重要。2月,此举迫使蒋介石从大陈岛全面撤退。大陈岛解放后,国民党在台湾海峡控制的最后两个岛屿金门、马祖已成为两个孤立岛屿。此时,蒋介石和美国都慌了手脚。蒋介石希望美国对他重返"大陆"提供实质性的帮助,最好是直接派兵,挑起台海战争。在朝鲜战场上惨败的美国却不想主动卷入战争,但承诺愿保护蒋介石"独立经营"台湾,美国国务卿杜勒斯提出,一旦解放军进攻台湾,美国可考虑使用原子弹保护蒋介石政权。但毛泽东在冷静地观察形势和深思熟虑地思考后基本放弃了马上解放金门、马祖的想法,中共中央决定夺取金门、马祖应和"解放台湾"、实现祖国统一大业的大局统筹在一起考虑。由于解放军停止对台湾的继续进攻,美国借机卷入台海危机的军事企图也化为泡影,趋于紧张的局势暂时缓和下来。

　　1958年夏,美国派兵入侵中东黎巴嫩,中东局势骤然紧张起来。中国政府决定支援阿拉伯人民的反侵略斗争,同时以此为契机,加速推进解决台海军事危机的步伐。8月,福建沿海部队炮兵阵地万炮齐发,开始对金门实施炮击。海峡军事危机形势再次告急。蒋介石立即向美国求援,美国总统艾森豪威尔内阁决定采取强硬的公关政策,做好对中国内地目标实施核打击的准备。同时准备向台湾地区增派美军兵力。随后,杜勒斯公开宣布以武力介入金、马外岛,并从中东调来一半以上的兵力。但此时,台湾海峡却是战云密布,形势一触即发。

金门炮战十天后,毛泽东突然停止了炮击军事行动,命令福建前线解放军自9月4日起停止炮击三天,转而采用外交途径,以观各方动态。同时,外交部向全世界发表领海声明,宣布中国领海线为12海里,一切外国飞机和军用船舶,在未经许可的情况下,不得进入中国领海及上空。同一天,美国国务卿杜勒斯在艾森豪威尔的授权下,也发表了一份对中国进行战争威胁的声明,声明中称台湾一直是"中华民国"的领土,解放军的军事行动是侵略行径,美国有责任和义务来保证"太平洋沿海一切友好国家的切身利益"。针对美国的挑衅行为,6日,中国政府针锋相对地发表声明称中国有权采取一切适当的方法,解放自己的领土,同时警告美国,如果强行把战争加在中国人民头上,美国政府必须承担由此而产生的一切后果。但声明同时指出,"为了再一次进行维护和平的努力,中国政府准备恢复两国大使级会谈"。7日,美蒋联合舰队不顾中国政府的声明,向金门运送补给物资,情况变得复杂化了,如果开火很可能把美国拖进战争。毛泽东果断命令:照打不误,只打蒋舰,不打美舰。不过一定要打准。发炮后,却出现了戏剧性的一幕,蒋舰遭受重创,他们的美国盟友却丢下蒋舰及运输船只不顾,立即掉头向台湾方向逃去。至此,台海军事危机的形势已非常清楚,蒋介石千方百计想拖美国下水,中国则力求避免同美国发生直接冲突,美国也极力避免同中国发生直接冲突。

随后,为进一步调整同台湾当局和美国的关系,中国国防部于10月6日、13日两度宣布对台炮击暂停,并发布《告台湾同胞书》和《再告台湾同胞书》,对国民党采取心理上的外交攻势。31日,中央军委又制定了金门炮击"双日不打单日打"的方针。这样通过外交的跟进和军事上的主动让步,一场随时可能爆发的大战就这样又缓和了下来。此时,在美国国内又出现了反对美国在台海政策的声音;同时,苏联也坚定地站在中国一边,指出,美国对中华人民共和国的侵犯就是对苏联的侵犯,苏联将尽一切可能同中国人民一道来维护两国的安全。这样,在国内外的双重压力下,美国不得不调整其在台海的政策,中美两国恢复了大使级会谈。其后，美国决定放弃为台湾船只护航的做法，并于 12 月 10 日宣布从台湾地区撤出部分海、空军，台海军事危机至此解除。

点 评

1. 这是一起典型的综合运用军事、政治、外交、心理等多种公关途径和手段，调整危机双方公共关系，并成功化解危机的军事危机公关案例。案例中的危机双方在正常的接触对话机制缺失、公关传播渠道不畅的背景下，以军事的公关手段为先导，以政治、外交手段为后盾，根据危机的发展变化，灵活地调整公关策略组合，在最大限度地追求自身利益的同时巧妙地做出让步，让危机局势一次次从骑虎难下的局面趋向缓和，并最终使双方关系调整到都可以接受的地步，危机也就此解除。台湾问题由来已久，历史上多次出现台湾海峡局势的对立紧张局面，20 世纪 50 年代的这次台海军事危机不过是其中的一个片段。

2. 案例中台海军事危机紧张、缓和的局面交替出现，反映出中美两国公关策略和手段的多重反复性。朝鲜战争爆发后，美国首先派第七舰队进入台湾海峡，向中国显示其军事实力和强硬的态度，使台海形势趋于紧张。抗美援朝结束后，解放军先发制人，一举解放了沿海一些重要岛屿，同样通过军事的公关手段向美国及台湾国民党政权表明了中国大陆的态度，台海冷却的局面又出现了紧张的态势。随后，毛泽东从大局出发，放弃了单纯凭武力解决台湾问题的策略，转而采用军事和外交双管齐下的公关策略。炮轰金门，围魏救赵；中美两国各自的外交声明；炮击蒋舰；二度发表告台湾同胞书；解放军主动军事退让等都是毛泽东这一公关智慧的体现，这样台海紧张的态势又出现了缓和的局面。再后来，中国的外交斡旋争取到了苏联的支持，同时美国国内反战声音的高涨等因素促使美国改变台海政策，主动调整了同中国的危机公共关系，双方恢复了会谈，并最终促成美国从台海撤军。这些都反映了中美两国军事和外交公关手段的多重、反复，并表现出公关与反公关的特征。

3. 案例中，毛泽东的军事危机公关策略的实施总是先人一步，留有回旋余地。主要有以下三方面。第一，一江山岛解放后，金门、马祖唾手可得，但毛泽东却先人一步，做出了军事上暂时退让的公关之策，把解放金门、马祖和"解放台湾"、实现祖国统一大业统筹起来,这样在地理位置上与国民党更近,有利于对话、接触,可促进今后两岸关系的改善,同时还能扩大美蒋矛盾,争取台湾广大军民,建立更广泛的反美统一战线。另外,这样还能起到"绞索"作用,把美国的战略力量留在金门、马祖,套住美国,使其在战略上难以脱身,并且美国也无法找到借口直接卷入台海冲突中来。这可谓是一举多得的上善之策。第二,中东危机发生后,毛泽东先人一步,决定变被动为主动,采取炮击金门的军事公关策略。这样一来援助了中东人民的反侵略斗争,二来借此契机争取占据主动,解决台海军事危机。第三,美蒋联合舰队不顾中国政府声明闯进中国领海,毛泽东先人一步,毅然决然下令开炮。这样一方面给予蒋舰以惩罚措施,维护了我国的领海主权,另一方面可以试探美蒋共同防御条约的效力究竟有多大,美军在台湾海峡的介入究竟到什么程度。同时,"只打蒋舰,不打美舰"的策略又避免了同美国的直接军事冲突。毛泽东高超的处理军事危机的公关智慧可见于斯。

拍案二　国际"大三角"格局:中苏军事危机公关的杰作

新中国成立之初,中国和苏联建立了亲密无间的兄弟般的关系。1953年,斯大林逝世,赫鲁晓夫上台后,中苏两党就某些关键问题开始出现一些争论。随后,由于赫鲁晓夫提议在中国建设长波电台、建立共同潜艇舰队并提供海军基地,以及在台海问题和中印边界问题上所提出的明显侵犯和干涉中国主权和内政的建议均遭到毛泽东的拒绝,1959年苏联单方面撕毁对华技术合作协定,并于1960年撤走全部在华专家,向中国实施高压政策,中苏关系彻底闹翻。从1962年到1969年,苏联多次在中苏边境不断侵入中国领土,挑起事端,并于1969年春在中国东北的珍宝岛首先开枪打死我边防军战士,我方奋起反击,中苏边境军事冲突由此拉开帷幕。

珍宝岛事件之后,苏联立刻调集早已整装待发的大批苏军部队,进入中苏边境地区。中国军方也不示弱,调兵遣将应对危机。双方在中苏边境陈兵百万,中苏之战已是箭在弦上。就在两国摆兵布阵之时,中国军队在珍宝岛上夺得一辆苏军入侵时留下的坦克,作为侵略证据,公之于世人。苏联领导人勃列日涅夫无理可辩,只得按兵不动。

一兵未发就首先受挫,勃列日涅夫恼羞成怒,竟然决定对中国实施"外科手术式"的核打击。但同时他也清楚,美苏争霸的真正对手是美国,因此他不得不考虑美国的态度。于是通过外交手段,将核打击的意图传递给了美国。总统尼克松接到报告后,意识到西方国家的最大威胁来自苏联,一个强大的中国的存在是符合西方战略利益的。于是决心阻挠苏联的行动,并通过报纸巧妙地将这一消息传递给了中国。中国政府发表声明,揭露了苏联的侵略事实和苏联反诬中国要向苏联发动核战争的丑恶嘴脸。同时,中共中央动员全国人民进入紧急战备状态。此时,美国也表明了立场,认为中美利益密切相关,苏联发动战争将承担严重后果。勃列日涅夫只得放弃了核战争的计划。

中国一方面在积极防卫,另一方面也积极争取国际社会的支持,尽量避免中苏军事危机事态扩大。1969年10月,中苏两国就边境问题举行了副部长级谈判,达成协议。从此,苏军逐渐停止了对中国边境的侵犯活动,缓解了两国的紧张局势。美国为了在美苏争霸中取得有利地位,削弱苏联在亚洲的力量,也充分利用中苏矛盾积极改善同中国的冰冻关系。1972年美国总统尼克松访华,实现了中美关系的正常化。紧接着,英国、日本、西德等西方国家都与中华人民共和国建交。与此同时,中国也积极与广大第三世界国家建立外交关系。通过一系列的外交公关手段,中国改善了同世界各国的关系,利用美苏争霸的矛盾,联合了国际反霸的力量,使中国逐渐成为世界政治格局中不可缺少的一极,有力地牵制了苏联。

进入20世纪七八十年代,随着中国实行改革开放的政策,综合国力显著增强,中国不仅成为国际政治"大三角"中的一角,经济、科技力量也不断增强,成为全球经济体的重要一极。国防力量建设也率先从数量型向质量型转变。迫于国际国内形势,苏联不得不改变对中国的态度和政策。中苏关系开始由对立走向缓和,中苏经贸、科技领域的交往逐渐增多。1988年,苏联从蒙古地区撤出了大部分军队。1989年,中苏两国在北京发表的《中苏联合公报》中,宣布中苏两国、中共与苏共实现关系正常化。至此,中苏边境军事危机彻底化解。

点 评

1. 中苏军事危机经历了从20世纪60年代到80年代一段长期复杂的过程,无论从持续时间的跨度还是从演变的复杂程度上来讲,在20世纪发生的众多军事危机中都是很少有的。在危机的整个过程中,中苏曾几度濒临大战的边缘,但每次都在中国领导人高超的战略运筹下化险为夷,并使危机彻底消除。从而使国际格局由两级变成三级,形成了"大三角"新的政治经济秩序。从公共关系的角度来说,正是中国领导人善于把握危机发展的走势和关键因素,并充分根据这些因素采取合理的公关组合,抓住苏联的"软肋",巧妙地运用各种公关策略,不论是军事的、政治的还是外交上的,不断调整与苏联的双边关系,避免了事态的扩大,并最终化解了这场危机。

2. 案例中,可以看出中国领导人善抓关键因素、牵"牛鼻子"的公关智慧。在危机的第一阶段,中苏在边境陈兵百万,大战一触即发之时,中国巧妙地借助一辆苏军坦克作为苏联的入侵证据平息了事态。事实胜于雄辩,这种抓关键因素的公关策略,避免了和苏联的直接冲突,起到了四两拨千斤的作用;面对苏联核打击的威胁,中国领导人同样意识到中国是美苏争霸天平上的重要砝码这一关键因素,运用外交的公关手段,揭露苏联发动战争意图的不正义性,积极争取美国及其他国家的支持。得道者多助、失道者寡助,美国等西方国家意识到中国是重要的平衡力量,第三世界国家也认识到中国是世界反霸的中坚力量,纷纷同中国改善关系。中国的外交公关策略取得了理想的效果,达到了公关的目的,同时这种公关效应无形中也影响到苏联,对其产生了强大的牵制力。

3. 两国之间的交锋,各种具体有效的公关策略和手段固然重要,但从案例中不难看出最终促使中苏边境军事危机化解的根本原因还在于中国综合国力的提高,经济、科技和军事力量的不断提升是促使苏联决心同中国改善关系的直接动因。因此,从这个意义上讲,国家的综合国力也是一种公关传播手段,它的传播过程是无形的、隐性的,但其所产生的公关效应却是显著的。政治、经济、外交、军事等具体的公关传播方式都是在综合国力基础之上发挥作用,是其具体运用和实施。

拍案三　海湾危机：萨达姆强硬公关的恶果

1990年8月2日凌晨,科威特人还在沉睡中,伊拉克飞机、坦克和10万大军突然越过边境,从巴士拉、鲁迈拉、布赛亚等方向铺天盖地地攻向首都科威特城。仅仅用了一天,伊军就控制了科威特全境。以美国为首的西方国家为维护自身在中东地区的利益迅速做出反应并实施制裁,美国总统布什签署了禁止同伊拉克进行贸易和冻结伊拉克与科威特财产的紧急行政命令,并呼吁其他国家也采取类似的行动。英、法、意大利、西班牙等国也纷纷采取军事、经济措施,连日本也加入了反伊联盟。苏联这时也一反伊拉克盟友的常态,明确表示反对伊拉克侵吞科威特。与此同时,联合国安理会以压倒多数的优势通过决议,决定对伊实施制裁。

萨达姆却并不打算退却,决定以硬碰硬,为此,他制订了"持久战"的军事战略方针,与多国部队的速战速决方针相抗衡。其内容可以概括为:用尽一切手段,以拖待变,力争制止或推迟战争的爆发,同时准备与多国部队打一场扩大的、持久的地面消耗战,保住侵略科威特的成果。对于国际社会的封锁,他宣称:"没有百事可乐,没有威士忌,我们照样能活!"对于美国人的军事部署,他威胁说要让数千名美国人躺在棺材里回国,并摆出了一副要与美国决一死战的架势。因而,伊拉克不断在国内作战争动员,扩军备战,并在科沙、伊沙边界不断完善防御部署。在采取军事公关政策的同时还与美国大打心理战和外交战,采取极端措施来钳制美国,如扣留西方公民和外交官做人质,强行关闭外国使馆等。萨达姆给布什总统的公开信中,警告美国:如果伊军同多国部队在科沙边境地区发生冲突,将是一场"巨大的灾难","不要从世界的这一地区发动第三次世界大战……我们警告布什不要把世界投入一场灾难中。我们并不是美国容易对付的对手"。同时萨达姆在阿拉伯国家中积极开展外交活动,寻求它们的支持,多次号召阿拉伯人民进行反美反以的"伊斯兰圣战"和"全民圣战",直到流尽最后一滴血,也不放弃科威特。

伊拉克坚持侵吞科威特的强硬立场,关闭了和平解决危机的大门,致使海湾危机进一步升级。在美国和伊拉克进行大规模军事部署的时候,世界绝大多数国家,包括苏联、西欧、日本和大多数阿拉伯国家都希望通过政治途径和平解决危机。为此,它们提出了各种解决方案,进行了一系列政治调解活动和外交努力,但萨达姆对此不屑一顾,全部拒绝,海湾战争一触即发。在危急时刻,时任联合国秘书长德奎利亚尔两度向萨达姆发出呼吁,希望其能理智行动。然而,萨达姆没有做出任何妥协的表示,他号召伊拉克人民都动员起来,在心理上和军事上做好准备,并要求伊拉克人民必须捂住耳朵,不要听任何蛊惑人心的宣传。至此,萨达姆注定要为其强硬的公关政策付出代价。1991年1月,海湾战争爆发,海湾危机不可避免地滑向了战争的深渊。

 **点 评**

海湾危机的案例促使我们思考以下两个问题。① 从危机公关的角度看,为什么伊拉克用尽各种公关手段也未能达到其预期的保住侵略科威特成果的公关目的?② 从海湾军事危机公关的失败可以看出,军事危机公关要达到理想的传播效果,促成危机的变化有利于自身利益,其所要秉持的公关原则和价值观是什么?

回味隽永

以上几个案例都是以军事危机公关为主题的危机公共关系案例,总的来讲各个案例都比较典型,鲜明地体现了军事危机中危机公关主客体双方的智慧和策略,危机公关的结果有成有败,公关传播的内容和方式有明有暗,公关的效应也有强有弱,体现出了军事危机公关的独特性、阶段性、多变性和复杂多样性。通过对这些案例的总结分析,我们仍旧可以获得不少思考和启发。

1. 要充分认识军事危机公关的实质。军事危机公关是指国家或政治集团为了维护其利益,针对可能发生或已经爆发的军事危机,综合运用各种手段,引导军事危机向着有利于己方利益的方向发展而实施的一系列直接与间接的公共关系调整手段。它们包括在政治、外交和经济手段配合下的军事手段的综合运用,以及危机监测、危机预控、危机决策和危机处置等一系列活动。军事危机公关实质上是危机双方的利益博弈过程,公关的目标都是最大限度地满足国家或政治集团的自身利益,但这种满足必须是有利益让步条件下的有限的满足,双方各得其所。由于军事危机本身较之于一般的危机风险和影响更大,它既是一种改变或破坏社会系统当前平衡状态的特殊现象和介于战争与和平之间的"混沌"状态,也是一种准战争状态或亚战争状态;既显露出一定杀机,又潜藏着某种理智;既可能导致国际社会新的不稳定或混乱,也可能使得国际社会某一矛盾得以解决;既可能成为导向战争的最后一个门槛,也可能成为走向长期和平的最后一道关卡。因而,调整危机双方的公共关系活动就显得十分重要了。正因为如此,军事危机的公关也越来越引起世界各国的重视,一些发达国家甚至把危机公关、危机管理作为其国家间公关决策核心内容的一个重要部分。

2. 要明确军事危机公关策略的复杂多样性。军事危机本身的特殊性,决定了其构成要素十分复杂。由于各种因素的综合作用,军事危机往往带有突出的可变性,它既表现为危机强度增减的量上的变化,又表现为危机的化解或战争的爆发这种质上的变化。这样的可变性特点既增加了军事危机预测与处理的难度,又预示着协调危机双方关系的公关手段和途径的多样反复。在危机发展的不同阶段,甚至同一阶段的不同时段其所要运用的公关策略组合都有可能存在着差别。如在诸葛亮的"空城计"案例中,面临魏军突袭大兵压境而诸葛亮手中又无兵可用的突发情况下,军事公关策略已失去了效用。于是诸葛亮转而采取外交的手段,和司马懿打心理战,充分利用其性格弱点,营造空城计的假象使其退兵,化险为夷。同时,这种公关策略也从本应是双方军队的团体公关性质转变成了依托主帅的个人公关性质,军事危机公关的复杂多变性由此可见一斑。在处理台海军事危机的公关案例中,中美两国都尽量避免正面直接军事冲突造成两败俱伤,双方的公关手段实施都带有试探性、互相揣度的特点,每一次公关活动都如履薄冰,因而台海危机始终没有升级发展成战争形态,而是呈现出戏剧性的缓和、紧张的交替出现的局面。这也是公关策略反复性的体现。

3. 要正视军事危机公关主客体的双重利益性。双重利益性是指危机公关主客体利益的"零和"性与"非零和"性。若从引发军事危机的利益层面上讲,军事危机公关主客体的利益是一种"零和"关系,对抗双方中一方利益的所失恰恰便是另一方利益的所得。但是,若从国家全局层面和危机控制与失控的效费比上看,危机公关主客体利益又是"非零和"关系,即危机中对立的双方都能从危机控制中得到多于对抗的利益。军事危机的这种两重性往往使得公关主客体更加注重对危机的调控。这也解释了上述案例中为什么军事危机产生后,无论是公关主体还是客体都是在军事公关手段的基础上综合运用政治外交经济手段,调整双方的关系,尽量避免危机的扩大,使危机始终处于可控状态,而不是促使危机恶化,使其失控。古巴导弹危机中美国软硬兼施的公关和苏联由"硬"到"软"的反公关;周亚夫以"柔"克刘濞的"刚",以"静"制刘濞的"动";中苏军事危机中毛泽东抓关键因素,牵苏联"牛鼻子"的公关谋略等无一不是军事危机中双方利益双重性的体现,同时公关活动也都取得了预期效果,危机得到了控制,没有恶化。海湾危机中萨达姆的强硬公关策略恰恰忽视了利益双重性原则,只看到同美国对抗会给自身带来的利益而忽略了这种利益的获取是以牺牲美国等国家的利益为代价的,单方的利益获取必然带来利益天平的失衡,因此他的强硬公关策略带给伊拉克的必然是战争的报复。

第十九篇

PX事件
——政府危机公关案例

本章以陕西"某县血铅超标事件"为切入点，强调目前政府应高度重视并积极预防由环境危机引起的政府公关危机。中国西周时期的"国人暴动"和春秋时期的"子产不毁乡校"的故事是"防民之口甚于防川"的两个对立统一面。

开篇导例

2009年8月初,陕西省宝鸡市某县出现部分儿童血铅含量严重超标的状况,据8月18日最新统计,该县3个村1016名14岁以下儿童接受权威检测后,发现851人血铅超标,其中174名中、重度铅中毒儿童需要住院进行排铅治疗。另外,经检测确认,主污染源也已确定系某冶炼公司污染所致。而该公司附近的高二学生马某因血铅超标服农药自杀引发事件持续升级,附近数百村民纷纷冲击厂区,掀翻厂区铁路专用线近300米围墙,砸破厂区内一些建筑物玻璃,损坏十几辆大货车。

一般而言,公关危机具有灾害性、不确定性、突发性、涟漪性、双重效果性等比较明显的特征。公关危机按照其发生机制可以分为两类:一是"能量积累型";二是"放大型"。国际经验表明,如果不能处理好这些"能量积累型"的突发性公关危机事件,这些公关危机事件极有可能转化为"放大型"事件,以致无法控制或者要花费比前期大得多的代价。

但当地政府紧急采取措施,使事态维持在可控范围内,使之不再继续恶化。政府是解决环境危机的最大依靠者,现实的选择方案将不懈推动政府更积极地将这种力量发挥出来。

首先,陕西省环保厅成立处理血铅超标协调小组。为了进一步确定该县铅污染范围,陕西省环境监测站协助宝鸡市对该县工业园及其周边扩大环境监测,对工业园区环境影响进行评估,以排查污染范围,处置污染隐患,为今后环保审批和监管提供技术依据。与此同时,还将聘请专家对工业园的污染机理和污染成因进行研究,提出防治对策和建议。

其次,2009年8月6日20时,宝鸡市委市政府在白天调研的基础上连夜召开紧急会议,安排部署"血铅超标事件"的处置。宝鸡市委宣传部、宝鸡市环保局、劳动局、卫生局等相关部门和单位相关人员参加了会议。会议提出以下三点意见。

1. 成立专项工作组,以市政府副秘书长为组长,市环保局局长为副组长,市委宣传部、市卫生局、市教育局、市民政局等相关部门主要负责人为组员,负责全程协调、处理、监督整个事件。

2. 要切实抓紧安排部署好血铅超标儿童的复检工作,保障人民群众身体健康,同时要正确引导、教育村民,做好思想工作,正确对待并欢迎媒体监督。

3. 各部门要高效运作,尽快查出血铅事件的原因。

最后,"血铅超标事件"发生后,该县政府立即投入100万元治疗血铅超标儿童,积极为需要住院治疗或饮食干预的患儿联系病床,购买营养品,并成立了相关工作组,下设5个小组,其中搬迁小组入村并和当事几个村组干部协商村民搬迁的具体事宜;健康检测小组入户登记需要复检的人员及人数,其他小组也积极推进落实之前定好的处理意见。各项工作都在积极进展中。该县政府这种不遮不掩的迅速反应和平等协商的讨论座谈做法体现出现代责任政府、阳光政府的应有之义。只有查清缘由、依法处置、善始善终,方能在公平公正的正义原则基础上树立政府的公信力。

"血铅超标事件"也对陕西省的邻省——河南省产生了影响。河南省济源市迅速对主要铅冶炼企业周边村14岁以下少年儿童进行血铅检测。截至10月10日,已检测的2743人中,血液中铅含量在每升250微克以上需要驱铅治疗的有968人。目前,济源市政府正组织力量对患儿进行积极有效的针对治疗、规划实施整村搬迁、做好社会稳定工作。

点 评

不遮不掩,积极化解矛盾才是应对危机事件的首选之策。不回避矛盾,"不惜代价检查治疗",以对群众高度负责和科学的态度积极稳妥地做好处置工作,在思想上重视、感情上投入、行动上迅速、程序上透明、立场上公正,尤其是相关人员能俯下身子,深入一线,认真听取群众意见,认真研究解决问题,以负责的态度、严谨的作风,细致的工作取信于民,使得政府的作为得到支持,才能将"血铅事件"对群众的影响降到最低程度,将危机化解。

史镜今鉴

从公关研究角度看,一味地将事实真相进行隐瞒和掩盖往往不是上策。

西周末年,周厉王在位,他重用奸佞荣夷公,不听周公、召公等贤臣的劝谏,实行残暴的政策,霸占了一切湖泊和河流,不准人民利用这些天然资源谋生,而且还勒索财物,虐待人民。于是朝政更加腐败,国势日益衰落。

周厉王的暴虐,引起了国都里有些人的愤慨,他们不顾生命危险,公开指责厉王无道。召公报告说:"民众负担沉重,痛苦得活不下去。"厉王大怒,他找来一名卫国巫师,派他监视公开指责自己的人。那巫者将指责的人报告厉王,厉王就逮捕他们,然后残忍地杀害。从此,国都里再也没有人批评时政了,路上熟人相遇时,都彼此用眼睛互相望一望而已。厉王高兴极了,洋洋得意地对召公说:"我能制止老百姓的指责议论了,人们再也不敢说什么了。"召公痛苦地说:"防民之口,甚于防川!河水堵塞而冲破堤坝,伤害的人一定很多,百姓也像河水一样。所以治理河水的人,要疏通它,使它畅通,治理百姓的人,要放任他们,让他们讲话……百姓有口,好像土地有高山河流一样,财富就从这里出来;好像土地有高原、洼地、平原和灌溉过的田野一样,衣食就从这里产生。口用来发表言论,政事的好坏就建立在这上面。实行好的而防止坏的,这是丰富财富衣食的基础。百姓心里考虑的,口里就公开讲出来,天子要成全他们,将他们的意见付诸实行,怎么能堵住呢?如果堵住百姓的口,将能维持多久?"周厉王不听召公的逆耳忠言,继续实行暴政。

过了三年(公元前841年),人民终于忍无可忍,爆发了一次大规模的起义。厉王被迫流亡到彘地(今山西霍县东北)去了。经过这一场"国人暴动",西周元气大伤,不久便灭亡了,中国历史也由此进入了战乱频频的东周时期。

春秋时期郑国的"子产不毁乡校"的故事与"周厉王的暴政"是"防民之口,甚于防川"的两个对立统一面。

子产,姓公孙,名侨,是郑国的政治家,有远见卓识,力主改革,善于外交,使郑国在晋楚两个大国之间立于不败之地。

那时候郑国人经常到公众聚会议事的场所里,议论执政者施政措施的得失。有一天,郑国大夫然明对子产说:"把民间公众聚会议事的场所取缔了,怎么样?"子产说:"为什么要取缔?人们早晚工作完毕后来到这里聚一下,议论一下施政措施的好坏。那些他们认为好的,我们就去实行它;那些他们不满意的,我们就去改正它。这些人都是我们的老师啊,为什么要取缔它呢?我听说尽力做好事以减少怨恨,没听说过依权仗势来防止怨恨的。尽力做好事岂不是很快就能消除怨恨吗?这如同堵塞河流一样:河堤毁坏决口造成的损害,伤害的人必然很多,我是挽救不了的;不如开个小口子进行疏导,不如我们听取这些议论后把它当做治病的良药。"然明说:"我从现在起才知道您确实可以成就一番事业。小人确实没有才能。如果实行这样开明的政策,恐怕郑国真的就有了依靠,岂止是有利于我们这些臣子呢!"孔子听到了这些话以后,评价说:"由此看来,人们说子产不仁,我不相信。"

 点 评

通过"国人暴动"和"子产不毁乡校"的故事,我们可以学习和借鉴在治国方略方面善于听取国人意见和正确对待民怨的策略和手段。其中不乏"防民之口,甚于防川"的影子,至今读来仍然有一定的现实意义。

三刻拍案

拍案一　PX or PX(改善还是污染)？

PX项目是指由某企业在某市投资108亿兴建的计划年产80万吨对二甲苯，将能给该市带来800亿元以上GDP(相当于该市GDP总量可以提高近一倍)的"手续完备、程序合法"的化工厂项目。

对二甲苯，简称PX，是一种重要的化工原料，对人体健康和生态环境都会产生一定的危害和影响。PX到底是Promote(改善)？还是Pollute(污染)？

《南方都市报》、《中国青年报》等多家媒体都先后进行了讨论。到了5月，正是该市人心惶惶的阶段，一条疯传的流言短信点燃了埋伏已久的定时炸弹，一场由环境危机衍生出的危机公关一触即发。

该市市民通过群发短信等各种手段成功实现了自组织化，该市市民通过电子邮件、信函、电话等各种途径向政府表达了自己的意见，政府宣布PX项目缓建。

在PX事件后期，该市政府以前所未有的公开、透明方式召开公众参与座谈会。在座谈会期间，官方还广泛收集、整理分析社会各界意见，对有关问题予以解答，并及时公布在相关网站上，保障市民最大限度地参与，媒体最大限度的自由讨论，促成政府与民意的有效互动，推动了事件的有效解决。该市政府在此期间表现出的公开、透明姿态，充分尊重了公众的知情权，有力地消除原先公众对政府的疑虑、猜忌心理和消极对抗情绪，从而转向良性互动关系。并保障政府关于PX项目的下一步决策在阳光下运作。

综观PX事件,该市政府与市民及媒体的坦诚沟通,使得事件得以有效解决。其中体现了很多公关元素。

首先,政府充分利用了互联网的沟通平台。随着信息社会的发展,许多新锐媒体日益成为民众表达情感的载体,互联网作为一种新兴媒体,越来越多的网民参与其中,表达意见,而其中的力量是巨大的,所以政府需时刻关注网民的情绪,多和他们沟通并进行正确地引导。在PX事件中,该市政府充分利用了这个平台,通过设计公众网络参与环评,收集市民意见和建议,保证市民最大限度地参与。

其次,该市政府保障了公民的知情权,决策在阳光下运作。在整个事件中,该市政府以公开、透明的姿态,充分尊重了公众的知情权,消除了之前公众对政府的疑虑和不信任的情绪,从而使双方转为良性互动。此外,该市政府也最大限度的让媒体进行自由讨论,促成了政府与民意的有效互动。这些都促成了事件的有效解决。

拍案二 环保风波

某市化工厂,一个曾经被勒令关停的污染化工企业,在其运转5年多时间里,周边村民与污染企业进行了不屈不挠的长期较力。最终,导致了近3000村民中509人重金属超标、多人死亡、化工厂周边500米范围内土壤严重污染等惨重现实。

随着村民体检查出的超标人数越来越多,2009年6月27日,以该市市长带头的镉污染事件处置工作指挥部成立,并当即召开环保局、卫生局、农业局、镇政府以及部分村民代表紧急会议。当天,该市市长宣布该企业永久关闭,同时宣布工厂周边500米范围内土壤已明显受到镉污染;厂区500米范围内的稻谷、蔬菜镉超标不能食用。当天由镇上、市里送米和油送到村里,当晚油米送得迟的人家,就由政府请到镇上餐馆去吃了晚饭。

从6月28日起,工厂周边500米范围内的7个村民小组,开始发放生活补贴。在村民生活补贴发放期间,当地政府还公布了对工厂法人代表、老板的归案以及免掉该市两位环保局局长之职等处理决定,同时组织专家对周边的耕地土壤、水稻、蔬菜等进行取样化验,确认工厂500米以内属明显污染区,500—1200米为轻度污染区,1200米以外土壤镉含量基本符合《土壤环境质量标准》。

该市相关负责人解释,以后将对双桥村提供自来水、进行道路硬化、改变种植结构等,但基本不迁移污染区农民。此事渐渐平息。

 点 评

在处理危机时,危机处理者需要诚意,还需关注信息沟通的效率,此外还应有有效的善后措施。该市污染事件发生后,市政府第一时间出来应对危机,召开紧急会议,采取了一系列有效措施,关闭了该工厂,处理了相关人员,当天给村民送上米和油。随后,市政府相关部门对土壤进行检测,坦诚地公布检测结果,信息公开、透明,并对未来发展方向做了规划,体现了当地政府以人为本的思想。

拍案三　太湖蓝藻汹涌

2007年是环境危机的多事之秋。以太湖蓝藻带来的无锡水危机为标志,由生态问题引发的环境危机成为摆在地方政府的公关危机。

太湖每年的七八月都会爆发持续两天左右的蓝藻,使自来水发臭,但2007年太湖局部地区大规模藻类爆发时间比过去提前了近一个月,并且持续时间长。从5月28日起,无锡市大部分市民家中的自来水都出现了臭味,老百姓不得不抢购纯净水煮饭、烧菜、刷牙、擦脸,洗澡成了"奢侈"生活。

面对这突发的公共生活危机,无锡市市委、市政府深深懂得在此等情况下,危机传播会更多地依赖人际传播、组织传播、公众传播而非大众传播。这种状况将有可能造成社会的整体混乱,加重危机的进一步恶化。

于是市政府主要从以下三个方面同时着手。

第一,开诚布公。全力安抚市民情绪,采取积极有效措施,如紧急从南京、上海、苏州等地组织 15000 箱(550 毫升装)纯净水供应市场,满足市民基本生活所需;第一时间向社会公布真实情况,给市民应有的知情权。5 月 31 日下午 4 点多,无锡市市政府再次对外召开新闻发布会,市委领导出席发布会并且回答了记者问题,最后还呼吁环太湖的两省一市的十三个县市,能够积极治理太湖,共同保护太湖。

第二,责成部门。责成无锡市疾控中心对水源水、出厂水以及管网末梢水采集 50 件水样,进行有关水质指标检测;责成无锡市自来水总公司建立 24 小时水质监测哨,全力以赴,不计成本采取所有可行手段和技术措施强化水处理,如采取人工捞藻、投加活性炭、强氧化剂等手段措施来提高自来水出厂水质;责成有关部门要加大对蓝藻的打捞力度,还将视天气情况实施人工增雨作业,努力改善水质。

第三,引江济太。加大"引江(长江)济太(太湖)"调水力度,增加了"引江济太"调水容量,流量由原来的每秒 170 立方米提高到每秒 240 立方米。同时加快实施梅梁湖调水,采取多种措施促进太湖水体流动,尽快改善太湖水质。引江济太有效地补充了太湖水量,缓解了太湖水位的降低,也缓解了太湖水质的进一步恶化。

点 评

通过无锡市市政府的积极努力,不仅缓解了太湖水质的进一步恶化,而且还化解了太湖蓝藻带来的无锡水危机,这种开诚布公的做法得到了当地人民的理解、肯定和拥护,而且还树立了政府形象,提高了政府的公信力,也值得各地政府进一步学习和借鉴。

通过以上古今中外案例的分析,政府与公众之间双向沟通,不仅能树立政府的良好形象,而且能够保持良好的公众关系。

首先,公共政策合法化。公共政策合法化包含法学意义上的合法化和政治学意义上的合法化。具体来讲,政府可以通过畅通参与公众决策的渠道、提高公共决策的透明度、健全公共决策的程序和完善公共政策的监控机制等途径来促进公共政策合法化。

其次,公关信息大众化。20世纪六七十年代以后,由于信息社会的到来以及互联网的发展,公众参与日益勃兴,成为继市场和政府后的"第三种力量"。因此,在新媒体环境下政府应对突发事件和舆情危机应该建立危机预报监测机制,敏锐发现和整理有关舆情信息,正确甄别筛选,开展动态跟踪,科学分析研判,利用媒体发布危机应对信息,形成定期分析制度。当在危机处理中处于不利地位时,政府应该积极利用媒体重新进行形象塑造。

再次,非政府组织强化。非政府组织也被称为"第三部门"或"民间组织"等,是指不以营利为目的,主要开展各种志愿性的公益或互益活动的非政府的社会组织,具有公益性、民间性和自治性等特征。非政府组织由于其广泛的参与性,其成员能够深入基层,运用自身的专业知识和技能,了解底层社会民众的情况,掌握第一手资料和社会最新动态;并能倾听民众的呼声,体察民间疾苦,收集民众的意见,开辟民意传达的正常渠道,使民意能够通过非政府组织的专业化方式和专门的社会渠道反映到政府相关部门,成为联系政府和社会各阶层的有效中介和桥梁纽带。因此,强化非政府组织的功能和作用是政府提升公关能力、塑造公关形象和化解公关危机的必要手段和重要保证。

最后,危机化解整体化。美国学者罗森塔尔将危机定义为对一个社会系统的基本价值和行为准则架构产生严重威胁,并且在时间压力和不确定性极高的情况下,必须作出关键性决策的事件。在公关危机化解的过程中,一定要规避政府制定和执行公共政策极易陷入的"政府中心论",即将政府视为公关危机治理的唯一主体,至少是政府处于单一主体的地位上,其他社会组织和成员则被置于被动的配合与执行的地位,从而构建起普通公众—社会组织—政府部门—国家一体化。一方面政府应积极推进政务公开,建立决策与管理的民主协商机制;另一方面应该加强公民教育,充分保障公民正常的利益表达途径,发挥大众传播媒介的功能,为政府和民众的互动提供有效的平台。

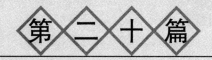

重德为企业本真的公关之法

——浅析"三鹿奶粉"事件中的道德缺失

　　本文以"某著名洋酒，25元缔造亿元神话的骗局"为开篇之述，提出了"企业道德高于一切"的中心论点，从中指出了企业道德建设的重要性。在史镜今鉴环节中，分别列举了"晋文公言而有信"、"贤相姚崇宋璟"及"林肯退钱"的三个小故事，进一步说明了道德建设对一个人、一个企业甚至是国家发展的积极作用。在拍案环节分别选取了具有代表性的"三鹿奶粉事件中的道德缺失"、"'翻新门'风波"及"'马甲门'事件"三个经典案例，让大家深刻地认识到重视企业道德建设对企业危机公关解决的深远意义。

企业道德是指企业在特定的社会经济组织中,依靠社会舆论、传统习惯和内心信念来维持并以善恶评价为标准的道德原则、道德规范和道德活动的总和。企业道德既是社会道德体系的重要组成部分,也是社会道德原则在企业中的具体体现。企业作为市场的细胞,其直接目的是追求利润的最大化。但作为社会的一分子,企业在追求利益的同时,又必须使自身的获利过程成为有益于社会进步和促进人的全面发展的过程,即必须注重企业道德。然而,随着国民经济和人民生活水平的不断提高,企业道德问题日益凸显,总体情况不容乐观。劳资矛盾、企业失信、虚假广告、伪劣产品等报道层出不穷,企业道德成为一个被极度关注的问题。

2006年1月20日,距离农历中国新年只有9天时间,在全球华人最重要的春节前夕,全国消费能力被空前放大,市场的繁荣和火爆令辛勤打拼一年的商家们露出难得的笑容。《国际金融报》刊登的一篇题为《某著名洋酒:"勾兑"了多少谎言》的报道,犹如一枚重磅炸弹,在中国引起强烈反响,同时也掀开2006年中国洋酒市场第一场品牌信任危机——"某著名洋酒风波"。《国际金融报》在异常醒目的头版位置刊登出这篇火药味道十足的曝光文章,文中援引一位不愿透露姓名的消息人士所了解的在华销售的该国际知名酒类产品的成本信息,向欧盟最大的酒类公司在华经销商发出四项质疑:"25元"缔造"亿元神话"?在华产品销售:"大陆市场没有真正的12年酒"?全体员工赴英旅游:"暴利下的奢侈"?品牌价值:"变了味道的水"?一连串极具挑战性的发问,将远离普通消费群体的洋酒奢侈品拉下神坛,一时间,该品牌成本谎言通过网络、报纸、电视、电台等传媒迅速传播扩散至全国。"某著名洋酒风波"与其说是新闻曝光,更不如视为传媒和公众向洋酒品牌发起的挑战宣言。随着广告里悠扬的音乐响起,该著名洋酒俨然已经成为身份的象征。然而,这个每瓶售价近300元的威士忌是否正如它所宣传的那样拥有12年的醇化时间呢?一位不愿透露姓名的消息人士揭开了秘密:"它的真实成本也就是

25元人民币。所谓的12年只是说说而已,瓶子里装的实际只有一小部分的12年酒,其余的都是2年、4年、6年等不同年份的酒勾兑出来的,内地根本没有真正意义上的12年酒。"作为欧盟内最大的酒类生产商,B集团旗下的该品牌以每年70万箱的销量占据中国市场。虽然洋酒出口到中国还是要受关税的限制,但是它最大的市场还是在中国。而与此数字相对比的是:25元成本,用2年、4年、6年年份酒勾兑的12年"谎言"。

得到这些令人咋舌的数字后,记者马上与B集团在中国的总部取得了联系。该集团方面表示,"此品牌行销全球二百多个国家和地区。单就苏格兰威士忌而言,所有等级的苏格兰威士忌至少要醇化3年以上,其中该品牌洋酒是至少醇化12年以上的高档苏格兰威士忌"。其余细节,他们都以涉及商业秘密为由,拒绝透露。这样的态度未免有"掩饰"之嫌。于是,中国公民对其开始抱不买账的态度。1月25日,B贸易有限公司发出特别声明称,这篇报道"属杜撰,歪曲了事实,严重损害了品牌的声誉,误导了消费者"。B公司要求这家报社就此事做出正式的书面道歉并纠正其错误报道。同时,B公司保留对其追究法律责任的权利,并认为这是竞争对手在搞鬼,散布不利于己方的消息。在声明中称:"苏格兰威士忌的酿造受到以1988年苏格兰威士忌法案为准绳的严格监管。根据苏格兰威士忌法案,苏格兰威士忌酒瓶标签上所标示的年份必须是酒在橡木桶中醇化的最低年数。所有的苏格兰威士忌酒厂都必须遵照相关法律规定进行生产。该品牌酒厂在生产过程中始终严格遵守并贯彻苏格兰威士忌法案的相关规定。对此,苏格兰威士忌协会1月21日发表声明,任何针对高级苏格兰威士忌陈年不足12年的说法,都是错误的且毫无事实根据。"

为了进一步反击外界关于"该品牌洋酒成本价25元"的质疑,B集团于1月26日在上海召开了紧急联合记者发布会。在会上,来自全国各地的媒体对其年份和成本疑云继续穷追不舍,该品牌请来的苏格兰威士忌协会首席主管及欧盟驻华代表团代表、英国驻沪总领事馆有关官员到现场作证。现场还发布了英国大使馆的声明,称在中国销售的苏格兰威士忌"完全符合英国和欧盟的相关法规规定"。至于"符合当地相关法规"的该品牌洋酒是否存在虚标年份及暴利的问题,以及受到社会高度关注的"成本问题",并没有给出明确答案,对于媒体和社会民众来说仍旧是个谜。面对B集团的高傲态度,中国民众表示不再愿意饮用该洋酒,因为问题的真相并没有在解决问题时展现在公众面前,加之其高高在上的态度,让民众更加不满。企业的道德缺失进一步被公众揭露,可见在这场品牌危机的战役中该品牌打了败仗。

 点 评

　　因此,培养企业道德、提升企业道德任重道远,需要企业自身、政府和社会全体民众的共同努力。只有一个企业具备了良好的道德素质后,才能使企业健康有序地发展,才能使企业兴旺发达。

史镜今鉴

　　中国的道德修养从上古发展而来,它是判断一个人行为正当与否的观念标准,是调节人们行为的一种规范。它具有普适性,对整个社会的所有人,不论身份,皆适用,道德面前人人平等。道德的完善可以使一个人、一个企业、一个国家发展壮大,道德的缺失则可以使一个人、一个企业、一个民族绝望堕落。在历史的滚滚长河中,无论是在中国还是在外国,这种规律都体现的尤为明显。

　　鲁僖公二十五年(公元前634年),晋国要攻打一个小国原国。原以为,三天就能打下这个小国,于是晋文公命令部队携带三天的粮食,说三天打不下来就撤军。到第三天,原国还是没投降,晋文公不顾这种情况,还是下令撤退。这时,晋文公派往原国的间谍回来报告,说原国正在准备投降。于是,军队统帅请求,等原国投降后再撤。但晋文公说:"信用,是立国的根本,百姓靠它来生存。如果为了得到原国而失去信用,百姓失去了依靠,那我们会得不偿失的。"于是,晋军就按晋文公命令撤退了30里,而原国也随之投降了(《左传.僖公二十五年》)。

第二十篇 —— 重德为企业本真的公关之法

点 评

孟德斯鸠曾说过:"在一个人民的国家中还要有一种推动的枢纽,那就是美德。"可见,诚信道德在一个国家中的重要性。"诚信"铸造品质,将传统美德与现代企业精神完美融合,是我们开展现代公共关系的根本。言而有信是现代公共关系的立业之本、力量之源、行为之衡。

唐玄宗时,姚崇、宋璟被任命为宰相,深得玄宗的宠信和器重。姚崇处理政务精明干练。玄宗即位之初,遇事都要先听听姚崇的意见,姚崇每次都对答如流。上任之初,姚崇就向玄宗提出了"十事要说",请求玄宗削夺受宠的权贵之家的权势,珍惜手中的爵禄赏赐,采纳敢于犯颜直谏的臣子的建议,不接受臣下进献的贡品,不与群臣开一些轻慢无礼的玩笑。对于这些建议,唐玄宗都一一采纳。姚崇的两个儿子光禄少卿姚彝和宗正少卿姚异,平日广交宾客,收受了许多礼物,受到人们的非议。而姚崇所信任的中书省主簿赵晦也因收受胡人的贿赂而被查办,流放至岭南。姚崇深感自己再居相位会对国家不利,因此向玄宗请求辞去宰相的职务,并推荐广州都督宋璟代替自己接任宰相。宋璟当上宰相后,致力于选拔人才,并根据个人才能的不同分别授予其相应的官职,使文武百官人人称职。另外,宋璟行赏施罚从不徇私情,玄宗对他也十分敬畏,有时他的上奏不合己意,玄宗也往往曲意听从。姚崇和宋璟相继为相,姚崇擅长随机应变,宋璟擅长坚持正道,两个人的志向操守虽然不同,却能同心协力辅佐玄宗。在他们为相期间,赋役宽平、刑法清白、百姓富足。

点 评

宋璟同姚崇一样,是我国唐代历史上著名的政治重臣。他们把个人道德修养同齐家、治国、平天下结合起来,一切都要从修养个人的品德做起,只有修身才能齐家,然后才能达到治国平天下的目的。而企业道德建设对于企业危机公关的解决同样具有积极的意义。

美国第16任总统亚伯拉罕·林肯是美国最受推崇的一位领袖。他出身卑微,但是为人和蔼公正,诚实厚道,具有良好的道德素质。林肯21岁那年,在朋友开的一个商店里当店员。有一天,一位老妇人来店里买纺织品,多付了12美分,林肯当时没有发觉,等他结账发现多了钱时,当晚就步行赶了六英里路,把多余的钱退给了那位老妇人。又有一次,一位女顾客来买茶叶,林肯少称了四盎司,为此他又跑了好长一段路将茶叶补给了那位女顾客。附近的居民和顾客都很喜欢这位高高瘦瘦的年轻人,亲切地称他为"诚实的林肯"。

点评

言而有信,是一个人为人处世的基本准则,是一个人立身行事的根本所在。一个具有良好道德的人必定能够在国家建设中发挥其潜能,为社会和国家作出贡献;一个具有良好道德的企业也势必在国家建设中积极主动地承担其社会责任,为自身和国家创造更多的效益和利润。因此,加强企业的道德建设刻不容缓并具有深远意义。

三刻拍案

良好的企业道德可以为企业带来更多的机会,而企业道德的缺失则最终会把企业推向万丈深渊。然而,在国民经济迅猛发展的同时,缺失企业道德建设的企业屡见不鲜,在此环节列举三个近几年发生的具有代表性的案例,分析企业道德建设缺失所带来的不良影响。

拍案一 三鹿奶粉事件

2008年6月28日,位于兰州市的解放军第一医院收治了首例患"肾结石"病症的婴幼儿,据家长们反映,孩子从出生起就一直食用河北石家庄三鹿集团所产的三鹿婴幼儿奶粉。7月中旬,甘肃省卫生厅接到医院婴儿泌尿结石病例报告后,随即展开了调查,并报告卫生部。随后短短两个多月,该医院收治的患婴人数就迅速扩大到14名。此后,全国陆续报道因食用三鹿乳制品而发生负反应的病例一度达几百例,事态之严重,令人震憾。2008年9月11日晚卫生部指出,甘肃等地报告多例婴幼儿泌尿系统结石病例,此事件被称为"肾结石事件"。9月13日,党中央、国务院对严肃处理三鹿牌婴幼儿奶粉事件做出部署,立即启动国家重大食品安全事故一级响应,并成立应急处置领导小组。经调查发现,患儿多有食用三鹿集团生产的三鹿牌婴幼儿配方奶粉的历史,经国家质检局调查,奶粉受到一种叫做"三聚氰胺"——在业界被称为"假蛋白"的化学品的污染。三鹿集团董事长田某承认他们在这次事件发生之前,已在内部检测出了相关的问题,也对检测结果跟有关部门进行过汇报。但是,对于在内部检测之后为什么没有采取紧急的补救召回措施,她不愿意做进一步的解释。在2008年8月份,三鹿集团查出的奶源污染的真相是:不法奶农向鲜牛奶中掺入三聚氰胺,从而造成婴儿患肾结石。中国奶业协会常务理事王丁棉指出污染源于奶源的可能性很大。据他介绍,三鹿的奶源绝大部分由集团下属的奶场供给,这部分奶源由三鹿专门的技术人员和管理人员负责,质量可以控制。同时,三鹿还有小部分奶源来自奶农。这部分奶源有的直接由奶农交送三鹿,有的经由"奶霸"转交厂家,奶源质量无法控制的正是经由"奶霸"转交的部分。一些奶农清楚地了解到:水和三聚氰胺一混合,就可以调和出奶的色泽和质地,几乎无味道,所以这就助长了不法分子的行为。但事情查清后,为什么三鹿集团没有做出明确的表态,则成为民众所关注的疑团。原来,现在一头奶牛一天至少得吃四十多块钱的料,一天才能挤30公斤奶,一公斤牛奶也就卖个四块多钱。再加上牛防治病、人工费等开支,农民基本已无利润。为了使自己的牛奶多卖些钱,当地的奶农就普遍开始往奶里掺水。但是变淡的牛奶很容易被奶站测出来——当地的奶站通常通过测定氮等元素的含量来给牛奶评级,这些指标的高低和牛奶蛋白质含量高低呈正比。后来,当地的农民就开始学会往牛奶中加尿素,甚至氢氧化钠等物质,以提高氮等成分的含量。最后终于发展到掺杂这种很难被查出来的三聚氰胺。可见,三鹿事件的根源在于"奶农已经被厂家压榨到无法生存的地步"。9月中旬,甘肃省甘谷、临洮两名婴幼儿死亡,确认与三鹿奶粉有关。12月23日,石家庄市中级人民法院宣布三鹿集团破产。

点评

三鹿毒奶粉事件发生后,在中国大地上引起了轩然大波。三鹿企业被称为中国乳业"民族品牌"的老大,享有"免检产品"、"放心产品"等一系列权威鉴定的荣誉光环。这些光环就犹如一颗定心丸一样使想给予孩子世界上最好的爱的父母们放心地让孩子饮用三鹿奶粉。然而,三鹿竟在这些光环的庇护下违背道德和良心做出了对不起消费者的事,辜负了消费者对三鹿品牌的信任。企业道德缺失的三鹿集团在失去民众的信任后,最终以破产告终。但是,三鹿毒奶粉事件的教训是深刻的,它直接揭示出企业道德缺失所面临的危机。因此,加强企业道德建设势在必行。首先企业应主动承担社会责任,担负起维护和促进社会公共利益的义务。这种义务包括经济义务、法律义务、道德义务和慈善义务,而且是对全社会所有的利益相关者的义务。只有这样,才能使消费者对企业具有美好的期望和忠诚的信任,从而为企业带来长足的发展潜力和动能。其次,企业的领导者应该加强自身的道德素质建设,企业道德的责任培育的关键在于领导者或经营者的道德责任意识的培养。道德水平高的领导可以积极地做出部署,有效地进行决策,在日常的管理中自觉地履行企业道德,培养员工的道德责任意识,使企业内部自觉形成承担社会责任的良好风气。最后,政府应承担起建立企业道德责任的监管体系。通过对市场经济参与的各个企业进行从业道德的相互比较,对企业进行施压,用来改善企业的道德质量。

拍案二 "翻新门"风波

2006年10月,一个名为"揭批L联盟"的组织在某家电网站上撰文,要"揭发"L电子在中国的种种恶行。"揭批L联盟"以"李先生"的名义报料称:从1998年开始,L电子在长达8年的时间内,一直在中国进行秘密的、大规模的小作坊式翻修。这些在小作坊拼装出来的产品包括等离子电视、液晶显示器、空调、微波炉等,涵盖了其在华销售的大部分产品。揭发者还在该家电网站上,展示了其在华进行小作坊式翻修的部分照片。帖子发出来之后,L电子并没有太大反应,只是声称是被裁员工的恶意报复,夸大其词。因为在L电子看来,网上的帖子,即便是具有爆炸性的话题,也顶多是变成人们茶余饭后的谈资,成不了具有杀伤力的新闻。L电子负责品牌形象宣传的公关公司曾表示,在L电子眼中,中国的网络媒体还停留在粘贴复制阶段,L电子是不在乎的。因此,L电子并没有急于公关,而是采取了轻视乃至漠视的态度。但是,依公众看来,L电子一直未能拿出切实有效的证据来证明翻新事件的虚假或夸大,也没有采取任何实质性的措施让公众相信其加强管理、杜绝翻新的决心。所以,我国媒体给予此事件密切关注。随着全国媒体对"翻新门"的不断报道与挖掘,各种"更精彩"、"更骇人听闻"的负面消息纷纷曝光,从冰箱翻新、空调翻新到彩电翻新,小作坊做出大品牌——这种强烈的对比使得危机报道如同星星之火,很快发展成了燎原之势,该品牌旗下的各类产品在中国的销售也迅速下滑。L品牌似乎一下子从高空跌入了谷底。迫于无奈,3个月后即2007年1月,L电子发出声明,称对当事人提供不实信息的行为保留采取法律行动的权利,同时,声明也不得不承认:"L电子过去确实通过特约维修站,更换了部分产品的外包装,有些作业是在环境不是很理想的情况下完成的,作为一家有社会责任感的企业,我们承认,我们在管理上是有责任的。"但是,L电子的这种态度很难让中国民众接受。

点 评

从整个事件发展进程中,我们看到L电子先是轻视国人的危机意识,然后转向狡辩,最终在事实真相面前迫于无奈而承认错误。中国古训"亡羊补牢,为时不晚",然而这句古训在"翻新门"事件中不起任何作用。在处理整个事件的过程中,L集团就像个没长大的孩子,总希望公众和消费者能像亲爹娘一样,对自己的"瑕疵"睁一只眼闭一只眼了事。于是,L电子选择了不断否认、推卸、再否认、再推卸,最后在被危机折腾得疲惫不堪之余,仍像一个受伤的孩子,迷茫且怅然地"愧对"和"坦白从宽"。虽然在铁一般的事实面前L集团选择了低头,然而此事件却深深地伤害了中国消费者的消费信心,同时也给其集团带来了血一般的教训:企业道德的缺失害己害人。

拍案三 "马甲门"事件

2008年8月21日,中国打假第一人王海起诉某百货大楼股份有限公司买卖合同纠纷一案,就广州某品牌晚霜宣传单上的部分宣传内容提出了质疑。与此同时,上海《每日经济新闻》及其他媒体对此进行了报道:2008年8月28日,《每日经济新闻》和美容门户网首先以一篇新闻报道,率先拉开了舆论批斗该品牌的新闻序幕。2008年8月29日,纸质媒体《每日经济新闻》和美容门户网又以一篇跟进报道,开始公开质疑和声讨该品牌的日本背景。由于上述连续两篇新闻报道,国内各大财经媒体以及化妆品行业门户网站开始竞相"积极"转载,于是将该事件推向了舆论高点。2008年9月2日,依然是《每日经济新闻》和美容门户网再次发布新闻连环报道,在批评该企业坐视不理的官僚作风之余,预言其将难逃Q地板的前车覆辙。2008年9月3日,《每日经济新闻》和美容门户网继续以一篇持续性新闻报道,力陈打假斗士王海针对该品牌的三大质疑。2008年9月4日,《每日经济新闻》和美容门户网再度以一篇分析观察报道,再次阐述该品牌日本背景缺乏有效的依据支持。2008年9月5日,仍然是《每日经济新闻》和美容门户网又以一篇新闻调查报道,多角度地从该品牌学校以及工厂调查等调查资料,反复质疑该品牌的日本籍贯以及出身背景。六篇大力度的新闻报道过后,关于该品牌的各种新闻转载和负面报道开始大面积地泛滥于网络上。转瞬间,该品牌一下子被拖进了舆论的深渊,面对如此多轮次、密集性的报道,该品牌显然估计不足、应对乏力。到了9月8日,该品牌生产商就此前的产品宣传品中个别内容失实,向广大消费者发表致歉声明并真诚道歉。J公司在声明中表示,在该产品宣传品中确实有个别内容是"是不规范的,误导了消费者","我们就宣传品上的不实内容向社会各界表示诚挚歉意。对于我们在成长的过程中的不成熟、不规范,我们愿意承担所有责任,恳请大家原谅。目前我们已对全国市场上的该产品宣传品进行清理,对误导消费者的宣传品实施销毁。欢迎社会各界监督。"

 点 评

该品牌公司道歉态度真诚,并同时提供权威的中日合资企业证明,轰动一时的事件出现转机,王海主动撤诉,媒体、消费者显示出了宽容与谅解,接受了该品牌公司对在宣传中不规范,在成长中不成熟的道歉,对其给予了更多的理解和鼓励。

通过以上国内外经典公关案例,让我们清楚地看到企业道德建设对一个企业发展的重要性。企业道德的缺失,对消费者而言,不仅会造成其经济损失,而且会影响到他们的身心健康,更严重的将会危及其生命安全;对企业自身来讲,不仅会危及企业的信誉和形象,使企业遭受到社会的谴责、消费者的唾骂,而且会让企业失去市场、失去顾客,最终遭受毁灭性打击。所以,加强企业道德建设刻不容缓,具有重大意义,具体措施如下。

1. 培育良好的企业道德。企业是从事生产、流通、服务等经济活动,以生产或服务满足社会需要,实行自主经营、独立核算、依法设立的一种盈利性的经济组织。毫无疑问,企业是以盈利为目的的组织,然而这种经济组织也是社会构成的一个主要部分并具有社会性。因此,企业在谋求自身生存和发展的过程中,也应该遵守社会最基本的道德规范准则。积极承担社会责任,完善企业自身道德建设,是每一个品牌企业应具有的基本素质。良好的企业道德有利于提升品牌形象和综合竞争力,同时能够促进和谐社会的健康发展。良好的企业道德责任不仅仅是一种道德的呼

吁,而且正逐步成为刚性的制度制约,不仅是一种理念,更是企业必须面对的社会实践。

2. 注重企业家的道德修养。企业家是一个企业发展战略的制定者和决策者,更是一个企业文化建设的指导者和开拓者。企业家的素质直接影响该企业的成败、兴衰。所以,在企业道德建设中,企业家们应首先提高自己的道德修养,加强自身道德、法纪学习,把企业的道德建设融入日常的生产管理当中,从营销战略的制定、市场调研、产品的开发和生产,到价格的制定、产品的分销、促销等都应该严格把关。随着企业家道德修养的提高,企业的道德建设也会逐日完善。正如时任国务院副总理吴邦国指出的那样:"企业办的好坏,关键在领导班子,核心是企业一把手。在大体相当的宏观条件下,企业是盈是亏,企业领导人的素质的高低,领导班子是否同心协力,具有决定作用。"

3. 加强全社会的监督力度。企业道德建设仅仅依靠企业自身的力量是不够的,它需要全社会的积极推动,因此,社会各界尤其是消费者、媒体、政府部门,应该建立起健全的监督体系。首先,消费者应加强学习,提高自身的消费意识,增强自身的保护意识。其次,各种新闻媒介应该给予企业一定的媒介监督,对那些道德缺失的企业进行大胆真实的报道,将其罪行公布于众,使其最终无处藏身,从市场中销声匿迹。最后,政府应该完善各种监管的法律法规,对道德缺失企业的不道德行为依法进行打击和惩处。

第二十一篇

当机立断　迅速反应
——毒饺子事件的危机公关案例

　　古人有云：民以食为天。有了安全健康的食品，才有我们健康的身体，我国经济、政治的发展才有最基本的保障。所以，食品安全问题，不仅关系到民众的身体健康，而且也是一个非常重要的社会问题。随着我国外向型经济的发展，我国许多企业的食品也出口到海外。如果这些食品出现问题，不仅会影响到我国对外企业的食品出口，而且我国的国际声誉也会受损。2008年发生了一起由对外出口企业的食品安全问题引起的"毒饺子事件"。本文就这一事件为主案例，以开篇导例、史镜今鉴、三刻拍案和回味隽永四个部分为主要内容，来阐述政府应对社会重大突发性事件的危机公关的相关主题。本文既分析和评述了"毒饺子事件"中政府相关部门的危机公关作为，也相应的提供了三个中外古今的相似主题的案例作为借鉴。在"毒饺子事件"中，政府相关部门从危机公关工作所得到的经验和教益，值得我们深思和借鉴。

开篇导例

2008年1月30日,日本NHK电视台在晚间新闻中报道说,日本千叶、兵库两县3个家庭共有10人从2007年12月28日到2008年1月22日期间,在食用了中国某食品加工厂生产的速冻水饺后,先后出现了呕吐、腹泻等中毒症状,其中一名5岁女孩还一度"丧失意志"。日本方面表示,他们在水饺包装袋中和中毒者的呕吐物中检测出了一种有毒的农用杀虫剂甲胺磷。因为中国历来被认为是日本的"食品库",该食品厂生产的水饺产品行销日本多年,且在日本市场上占据了相当大的份额。所以这一新闻一经报道,立刻引起日本民众和媒体广泛关注。日本方面在第一时间向我国国家质检总局通报了这一事件。这一事件就是"毒饺子事件"。

"毒饺子事件"发生后,日本方面下达通知,要求日本各级政府报告类似病例,同时将进口该食品厂产品的所有本国公司的名称和产品名单予以公布,要求各地停止销售这些产品。这些报道也引起了国际上的关注。1月31日,韩国方面对从中国进口的饺子等食品进行检查和鉴定。1月31日下午,日本外相高村正彦同来访的时任中国外交部部长助理何亚非在外务省就此事举行了会谈。高村表示,"食品安全是日本国民最关心的问题,此次事件令人遗憾。日本将与中方展开合作,以防此类事件再度发生",同时要求中方查明事件原因并采取彻底的预防措施。

我国政府迅速采取行动。国家质检总局成立"毒饺子事件"专家调查组。1月31日专家调查组赴该厂进行现场调查;责成厂址所在省出入境检验检疫局对该食品公司的产品进行检查和测验;责令该食品厂停止生产,并召回企业所有的产品。2月2日,商务部新闻发言人就此事件发表声明,表示中国方面对此事件密切关注,并将与日本方面沟通合作,开展调查,查明事件真相。

由我国政府派遣的专家调查组赶赴日本就中毒事件进行现场调查。调查小组由国家质检总局进出口食品安全局副局长李春风率领,包括检验检疫科学研究院、国家认证认可监督管理委员会、商务部、该省的相关负责人等共5人,调查组2月3日从北京出发,在日本作了为期四天的调查,并带回10袋水饺样品。调查组于2月6日下午回京后,立即委托中国检验检疫科学院采用中日双方共同确认的检测方法和检测仪器,对从日本带回的水饺样品进行全面检测。2月10日,所有检测结果显示,均未检出甲胺磷和敌敌畏。此前,中方对日方通报的两批货物——2007年10月1日生产的13克规格和2007年10月20日生产的14克规格的猪肉白菜馅水饺的留存样品进行了取样和检测,未检出甲胺磷。在中国调查组赴日的同时,日本政府也组织了调查者来中国进行现场调查。由日本内阁府、外务省、厚生省和农林水产省的四名官员组成的日本政府调查团来到中国,并于2月5日、6日对该食品厂的整个生产流程进行了详细的实地调查,最后他们表示,该食品厂车间整洁、管理完善,没有发现任何异常。

据日本共同社报道,14日,德岛县结束了对85袋中国产"COOP手包饺子"的检查,从其中29袋上检出了敌敌畏成分,但未在包装内侧或饺子上发现杀虫剂。相反,检查人员在销售饺子的"COOP石井"店内,从日本产冷冻食品及货架上均检测出了微量敌敌畏。据报道,该店违规使用了杀虫剂。德岛县政府已要求防虫业者及生协进行整改。日本厚生劳动省2004年曾发出通知,要求在食品放置场所不要使用敌敌畏等杀虫剂。由此,我们可以得出最终的结论:发生在日本的"饺子中毒"食品安全事件,不是中方企业的产品质量问题。这次事件是由于日方食品销售企业的违规操作引起的。国家质检总局表示:根据目前中日双方的调查结果,可以认定"饺子中毒"食品安全事件不是因为农药残留而引起,不是中方企业的责任。

点评

"毒饺子事件"发生后,我国政府相关职能部门积极反应,协调一致,较好地解决了这次突发性事件。在处理这次事件过程中,我国政府相关部门所表现出来的工作能力和技巧,是处理相关危机事件的极好借鉴。

1. 面对危机,我国政府在第一时间反应,集中力量解决主要问题。危机事件爆发后的12~24小时内,是各种谣言和信息的高速传播期。这个时期,公众、媒体都需要政府的相关部门来告诉他们事情的真相和实情,给予一个权威和可靠的说法。如果政府没有采取及时的处理措施,民众和媒体的恐慌和质疑情绪会很快地蔓延,如果是涉外的危机事件,情况会更加严重。在"毒饺子事件"发生后,我国政府快速反应,负责食品安全的相关部门,国家质检总局成立了专门调查组,并亲赴该市处理相关事宜。专门调查组授权该省出入境检验检疫局对该食品公司的产品和原料进行抽样检测和调查。在事件发生后的宝贵时间里,这种对于危机事件的快速反应,既为调查事件实情赢得了宝贵的时间,也为最终解决事件取得了的主动权。

2. 面对危机,坚持权威证实原则。危机事件发生后,政府职能部门请有较高公信力的权威机构进行相关的鉴定和调查,打破公众和媒体的质疑,取得公众和媒体的信任,取得信息和舆论的主动权。在"毒饺子事件"发生后,专门调查组很快就委托我国检验检疫科学院对从日本带回的水饺样品进行检测和鉴定。同时,由日本内阁府、外务省、厚生省和农林水产省的四名官员组成的日本政府调查组,对该食品厂的水饺生产流程、食品原料等相关事项进行了详细的实地调查和鉴定。在这样的基础上,我国政府取得了公众和媒介的信任,掌握了舆论和信息的主动权。

3. 面对危机,我国政府坚持真诚沟通原则,与国内外媒体真诚沟通。在危机事件发生后的第一时间,政府的相关职能部门不能回避问题和矛盾,更不能有推诿和侥幸的心理。这样,既是对公众不负责,也不能较快的解决问题。相关职能部门应该向公众和媒体就事件相关的重要事项进行澄清和解释。在"毒饺子事件"发生后,我国政府坚持真诚沟通原则,实事求是、诚心诚意地与民众和媒体,特别是日本的媒体进行沟通,保障了民众和媒体的知情权。

4. 面对危机,我国政府相关部门及时公布相关信息,澄清事实,打破谣言。在处理和解决危机事件的过程中,政府的相关职能部门应该及时就每个阶段的调查和鉴定的信息向民众和媒体发布。在处理"毒饺子事件"的过程中,我国政府的相应的部门,或发布新闻发布会,或对水饺样品进行检查和鉴定等。这些工作及时地将调查组的鉴定结果及相关信息告知民众和媒体,从而澄清了事实,打破了各种不实的谣言。

第二十一篇 ——当机立断 迅速反应

在"毒饺子事件"中,我国政府通过迅速反应,积极应对,加强与媒介等各方的合作等方面,集中力量,成功地解决了这件棘手的涉外食品安全危机事件。时代虽然发生了变化,但是历史故事给予我们的教益还是值得深深体味的。下面我们看一下一些相似的古代危机公关案例。

名医扁鹊觐见蔡桓公。扁鹊站着观察了一会,发现蔡桓公有疾病。于是他告诉蔡桓公说,您的皮肤纹理间有点小病,如果不及时医治病情会加重。蔡桓公回答他说,我觉得自己没有病。扁鹊离开后,蔡桓公说,医生就喜欢说没病的人有病,而把治好病看做是自己的功劳。

十天之后,扁鹊又来觐见。他对齐桓公说,您的病源已经进入肌肤,如果不加以医治,会变得更加严重。蔡桓公听到这些,并不理睬扁鹊,也很不高兴。

十天后,扁鹊又觐见。他对蔡桓公说,您的病已经进入肠胃,如果再不医治,会更加严重的。蔡桓公对这些话还是不理不睬。此时蔡桓公又很不高兴。

又过了十天,扁鹊觐见蔡桓公时,远远的看了一眼转身就跑。蔡桓公就派人去问他为什么跑。扁鹊对来人回答说,皮肤纹理间的病,用热水焐就可以治好;肌肉里的病,用针石就可以治好;肠胃里的病,用火剂汤可以治好;但是,骨髓里的病,那是就要交给命运来决定了。现在桓侯的病现在已到了骨髓,超出了我的能力范围,所以我也就不再请求给他治病了。五天之后,蔡桓公身体疼痛,就派人去寻找扁鹊。但是,这时扁鹊已经逃到秦国去了。后来,蔡桓公就死了。

点评

　　这个案例告诉我们的是：对待自己的缺点和错误，要像对待疾病一样不能讳疾忌医，而应当面对出现的问题，虚心接受专业人士的意见，解决问题。这对于危机公关来说，也是非常重要的。

　　1. 面对危机时，在第一时间反应，采取相应的对策。蔡桓公的病情经历了一个由小到大、由轻微到严重的过程——由腠理至肌肤，由肌肤至肠胃，病情逐步发展，以至陷入了无可挽回的绝境。这提醒我们，要避免祸患，必须见微知著，及早加以提防。危机的发展也是同一个道理。所以，在面对出现的危机时，我们不能掉以轻心。危机公关工作要坚持在第一时间做出反应，采取相应的对策。

　　2. 面对危机，要集中各方力量解决问题，尤其是应该认真听取意见。认真听取意见，尤其是听取专业人士的意见，对于危机和困难的解决是十分重要的。如果固执己见、刚愎自用，是自取灭亡。蔡桓公的死亡，最重要的原因就是他拒绝了扁鹊的建议。所以，处理危机事件的公关工作，要认真听取相关专业人士的建议，团结各方力量来解决问题。

　　公元前496年，越王允常去世，其子勾践继位。由于吴王阖闾乘越国丧乱之际发兵攻越，越国军民痛恨这种乘人之危的行径，所以越国军队士气高涨。越王勾践派遣敢死队向吴军挑战，敢死队排成三行，冲入吴军阵地，呐喊着自刎于吴军军前。越军趁吴军目瞪口呆的时机突袭并大败吴军。吴王阖闾负伤死在归国途中。吴王夫差继位，继承父志准备报仇。越王勾践决定先发制人攻打吴国。吴国大败越军。越王勾践率五千名兵卒败退会稽，向吴国屈辱求和。按照和议的要求，越王勾践和大臣范蠡到吴国服苦役。为了获得吴王的信任，越王勾践对吴王夫差非常恭敬驯服，忍受着对他的精神和肉体折磨。勾践给吴王看坟、喂马、脱鞋，甚至服侍夫差上厕所。

　　勾践回国后，立即实施他的复仇大计。越王勾践采取了一系列的措施和政策，来加强越国实力，削弱吴国国力。主要包括：鼓励农业生产，减少赋税和劳役，提高国民农业生产的积极性；鼓励人口生产，提高越国军队的实力；选贤以能，礼贤下士，利用各种人才为越国的政治和经济建设出力。勾践听从谋臣的建议：收购吴国粮食，使其粮库空虚；使用离间

第二十一篇 —— 当机立断 迅速反应

计,除掉吴国重臣伍子胥;使用美人计,使得吴王夫差不问国事,荒废政务。就这样,吴国按照越王勾践的设想,变得高傲自大,国库亏空,一步步走向灭亡。

吴王赴黄池会合诸侯。吴国精锐部队随吴王赴会,只剩少量兵士留守吴国国都。勾践趁机攻打吴国。吴军大败,越军杀死吴国太子。吴国使者向吴王告急。吴王派人带上厚礼请求与越国求和。越王与吴国讲和。四年之后,越国又攻打吴国,吴军大败。越国包围吴国国都三年。最后,吴王夫差被越军围困在山上。求和被拒绝后,吴王夫差自杀。

越王勾践坚韧不拔的精神令人钦佩,但是,更重要的是他在面对人灭国亡的困境时的策略和复仇准备时的一系列措施。这些策略和技巧,才是危机公关工作值得学习的东西。

1. 面对危机,坚持在第一时间做出反应,制定出应对的策略,解决出现的问题。勾践先发制人攻打吴国。吴国动员精锐部队大败越军。越王勾践只剩五千兵卒败退会稽。这时,越王勾践审时度势,在第一时间做出反应。他卑恭地向吴王夫差乞降,满足吴王的所有侮辱性的要求。这对于一个享惯富贵荣华的君主来说,是不可想象的。他给吴王喂马、拖鞋洗脚,甚至还为他尝过大便。通过这些策略,勾践取得了吴王夫差的信任,麻痹了吴王夫差,为以后的复国和复仇大计奠定了基础。

2. 面对危机,集中一切能够利用的力量。越王勾践回国后,通过采取一些积极的策略和政策,大大增强了越国的实力,最终扭转了被动的局面,实现了他复国的目标。一方面,他采纳谋臣的建议,联合齐国、楚国和晋国,麻痹吴国;另一方面,他利用各种手段削弱吴国国力。包括离间吴国君臣,致使吴王夫差杀死谋臣伍子胥;使用美人计,致使吴王夫差荒废国政等。通过这些措施,吴国的国力大减,民心涣散,在政治上也很被动。同时,越王勾践卧薪尝胆,努力加强越国的国力。他鼓励农业生产,发展经济;鼓励人口生产,增加劳动力和军事实力。通过这些措施,越国的国力大大加强了,为颠覆吴国奠定了基础。

越王勾践的这些措施,是他最终实现复仇和复国目的的重要原因。这些措施所体现的策略和技巧也契合了本文危机公关的主题。

◆危机公关(下)

美国第 16 任总统林肯领导了解放黑人奴隶制度的伟大斗争。1860年,林肯当选为美国总统。主张废除奴隶制度的林肯当选总统,对南方种植园主的利益构成了严重威胁。南方发生叛乱。1860 年 12 月,南卡罗来纳州宣布脱离联邦独立,密西西比、佛罗里达等南方的蓄奴州相继宣布脱离美国联邦。1861 年 2 月,南方联盟宣布独立,并推举大种植园主杰弗逊·戴维斯为总统。1861 年 4 月 12 日,南方联盟不宣而战。北方仓促应战,被南方打得节节败退。

在这种严峻的形势下,林肯知道,要想打赢这场战争,必须废除黑人奴隶制度,调动农民和黑人的积极性。1862 年 5 月,林肯签署《宅地法》,规定每个美国公民只要交纳 10 美元登记费,就能在西部得到 160 英亩的土地;如果连续耕种 5 年之后就可以成为这块土地的合法拥有者。1863 年 1 月 1 日,林肯颁布《解放黑人奴隶宣言》,宣布即日起废除叛乱各州的奴隶制,南方诸州的黑人可以应召参加联邦军队。使北方军得到大量的兵源,形势的发展越来越有利于北方。

1863 年 7 月,葛提斯堡战斗打响。战斗持续了三天三夜。北方军击败南方军。这次战役是南北战争的转折点,北方军由此进入战略反攻。1865 年 4 月 3 日,北方军攻占南方军首都里士满。4 月 9 日,南方军总司令罗伯特·李率军向格兰特将军投降。南北战争结束。林肯是一位杰出的政治家,废除了美国的奴隶制,为促进美国社会的向前发展做出了巨大的贡献。

点 评

面对国家分裂的危机形势,林肯总统通过废除黑人奴隶制度等措施,扭转了战局,赢得了内战的胜利和国家的统一。这些措施对面对危机事件时的公关工作有着很好的借鉴意义。

1. 面对危机,审时度势,及时采取相应措施。面对内战形势的不利局面,林肯总统采取了一系列的措施,最终实现了内战形势的逆转。在南方联盟不宣而战,北方联盟没有作战准备的情况下,北方联盟处于不利的形势。此时,林肯总统审时度势,通过颁布解放黑人奴隶的法律宣言等措施,及时改变了南北方力量的差距,从而最终取得了胜利。

2. 面对危机,集中能够利用的一切力量,解决出现的问题。面对国家分裂和战局不利的情况,林肯总统利用一切可能利用的力量来应对危机。1862年5月,林肯签署的《宅地法》和1863年1月1日林肯颁布的《解放黑奴宣言》,极大地激发了农民和广大黑人的积极性和参战热情,为北方团结了大量的民众。这两个法案的颁布和废除黑人奴隶制度的措施,一方面尽最大可能的团结了一切力量,另一方面也从道义上和民心上为取得内战的胜利作了精神上的准备。

拍案一 山西黑砖窑事件

2007年5月,山西某县公安局开展"飞虹亮剑"大清查行动。行动中,该县公安局查获一家非法黑煤窑,破获了这起大案。现场公安局民警解救出被限制自由强迫劳动的农民工31人。黑煤窑的非法用工和农民工受到的非法虐待等问题经媒体披露后,引起了轩然大波。这一事件,就是震惊国内外的"山西黑砖窑事件"。

2006年年初,32名外地农民工来到山西某县一个黑砖场打工。这家砖场是由该村村支书的儿子开设的,农民工们每天面对的是打手们冰冷的铁棍以及狼犬的血盆大口。31名农民工中23人是从郑州和西安火车站被骗来的。他们早上5点开始上工,干到凌晨1点才让睡觉;而睡觉的地方是一个即使冬天也不生火的黑屋子,屋子里没有床,只有铺着草席的砖地。打手把他们像赶牲口般关进黑屋子后反锁,三十多人只能背靠背地"打地铺",而门外则有5个打手和6条狼狗巡逻;一日三餐就是吃馒头、喝凉水,没有任何蔬菜,而且每顿饭必须在15分钟内吃完。农民工们只要动作稍慢,就会遭到打手无情殴打,因此被解救时个个遍体鳞伤。农民工们烧伤的原因是打手强迫其下窑去背还未冷却的砖块所致;因为没有工作服,一年多前穿的衣服仍然穿在身上,大部分人没有鞋子,脚部多被滚烫的砖窑烧伤;由于一年半没有洗澡理发刷牙,个个长发披肩、胡子拉碴、臭不可闻。2006年腊月,湖北打手赵某嫌甘肃民工刘某动作慢,竟用铁锹猛击刘某的头部,当场致其昏迷,第二天死在黑屋子中。几名打手用塑料布将刘某的尸体裹住,随便埋在了附近的荒山中。在遭受非人折磨时,这些农民工们不敢反抗,也不敢逃跑。一年多来,这三十多名外地农民工没有领到一分工资。

事件发生后,政府迅速行动。中共中央政治局委员、全国人大常委会副委员长、中华全国总工会主席王兆国做出批示,中华全国总工会随即成立了专项工作组。6月12日,工作组赴山西该县,进行现场调查。在该县,工作组听取了当地领导干部的汇报,并实地勘察了案发现场。6月13日,该县县委主要领导汇报了黑砖场一案的详细情况。会议通报的一项重要内容是该县要向31名受害的农民工正式道歉,道歉内容包括用县财政资金补发工资、农民工每人发放1000元的慰问金等;另外,以上部分并不影响农民工的民事权利主张。2007年6月22日,时任山西省省长于幼军代表省政府向"山西黑砖窑事件"中的受害农民工及家属道歉,并做出检讨。"山西黑砖窑事件"涉案的相关人员也受到了相应的制裁:黑砖窑资产被依法冻结;黑砖窑窑主的父亲王某已被免去村党支部书记职务,开除党籍;该县检察院以涉嫌非法拘禁和故意伤害等罪名,将黑砖窑窑主王某、包工头衡某等人逮捕。

点 评

"山西黑砖窑事件"是一起黑恶势力团伙犯罪刑事案件。政府相关部门的危机公关工作及时、客观地解决了事件引发的问题。

1. 面对危机,政府部门要坚持快速应对原则,集中力量解决主要问题。出现危机后,政府相关部门要在第一时间做出反应。针对出现的问题,政府要重拳出击,集中各方力量,尽快解决事件中最重要的问题。此事件被媒体曝光后,中共中央政治局委员、全国人大常委会副委员长、中华全国总工会主席王兆国立刻做出批示,中华全国总工会也马上成立了专项工作组,处理相关事项。该县县委推出的用县财政资金补发工资给受害农民工,每人发放1000元的慰问金等措施,很好地消除了事件引发的恶劣影响。

2. 面对危机,坚持真诚沟通原则。在危机事件发生后的第一时间,政府的相关职能部门不能回避问题和矛盾,更不能有推诿和侥幸的心理,这样是不能较快地解决问题的。政府相关职能部门应该向公众和媒体就事件相关的重要事项进行解释和说明。在"山西黑砖窑事件"发生后,我国政府坚持真诚沟通原则,实事求是、诚心诚意地与民众和媒体沟通,赢得了民众和媒体的支持。

拍案二 柑橘事件

2008年9月22日,四川省某县发现疑似柑橘大实蝇的害虫,经农业局技术人员核实,确认为柑橘大实蝇。10月20日,手机和网络上出现一条"柑橘出现蛆虫,暂时不要吃橘子"的信息。经过手机和网络等途径,这则信息得到大范围的传播,造成了广泛的影响。面对此类信息,绝大部分人选择不食用柑橘。四川省的柑橘销售受阻,柑橘价格大降,橘农损失严重。这一事件受到广泛关注。这一事件就是"四川蛆虫柑橘事件"。

为了消除"四川蛆虫柑橘事件"的影响,四川省农业厅采取一系列果断措施,减轻疫情的不利影响。10月21日,四川省农业厅向农业部上报蛆虫柑橘事件。当日,四川省农业厅就该县出现柑橘大实蝇疫情的情况进行了通报。通报称,此次柑橘大实蝇疫情仅限该县,全省尚未发现新的疫情点。通报指出,此次疫情共造成该县六万多株柑橘树受灾,占全县总数的8.9%,蛆果率仅为1%左右。目前,该县已将蛆果全部摘除,对受影响区域的1252吨果实进行了集中深埋销毁,其中蛆果12吨。同时,四川省农业厅发言人表示,地处川北的该市年积温较低,柑橘的成熟期在11月,所以现在市场上不可能有该县柑橘出售。另外,该县是四川柑橘非优势区域和非主产区,生产的柑橘完全是当地自产自销,因此并不存在蛆果外销的问题,目前市场上的柑橘是安全的。11月以来,柑橘的销售逐渐回升。

 点 评

面对蛆虫柑橘事件带来的危机,四川省政府相关部门及时采取了一系列的措施,有效地遏制了事态的恶化,促进了事件的解决。

1. 面对危机,政府部门坚持快速应对原则,及时反应,采取了相应措施。危机事件爆发后的 12～24 小时内,是各种谣言和信息的高速传播期。这个时期敏感内,政府部门应该坚持快速应对原则,及时反应并采取相应措施,只有这样才能取得舆论的主动权。面对 10 月 20 日出现的谣传短信,四川省的相关部门在第二天就采取了行动,可谓行动迅速。

2. 面对危机,政府部门要坚持真诚沟通原则。在危机事件发生后的第一时间,政府的职能部门既不能回避问题,也不能推诿。只有坚持真诚沟通原则,才能较快地解决问题。在"四川蛆虫柑橘事件"发生后,四川省政府的相关部门坚持了真诚沟通原则,真诚地与消费者和媒体沟通,促进了相关事件的解决。

3. 面对危机,政府部门应该及时公布相关信息,澄清事实,打破谣言。在处理和解决危机事件的过程中,政府的相关职能部门应该就每个阶段的调查和鉴定的信息及时向民众和媒体发布。面对疯狂的谣传信息,四川省农业厅迅速采取措施,就蛆虫柑橘事件进行了媒体见面会。通过媒体告诉国内民众,全省尚未发现新的柑橘大实蝇疫情点,而且疫情已得到很好控制。这种信息的传达,对于克服人们对于柑橘的恐惧心理、恢复人们的消费信心,是非常重要的。

拍案三 "艾滋女"事件

2009 年 10 月 12 日,网上惊现一篇"艾滋女"的博客。这名自称来自河北的女子闫某在博客中称,自己身染艾滋病,已经对人生没什么希望,她只希望自己"烂得出名"。她在博客上发布了大量裸露的照片。同时,她在博客上公布了 279 名曾与自己发生过性关系的男性手机号码。这篇博客在网上引发轩然大波,此事经各大媒体报道后,引起了民众和社会的广泛关注。这一事件就是"河北艾滋女事件"。

10 月 17 日,针对网上盛传的河北"艾滋女"事件,河北省某县做出回

应：确有闫某其人,长期在北京打工。10月18日,闫某同其家人向河北省该县派出所报案,同时提供了多张有关闫某的不雅印刷品。这些印刷品是2009年8月在村子中及附近公路沿线捡到的。接到报案后,该县公安局成立专案组,对案件正式立案侦查。10月18日—10月19日,该县疾病控制中心、疾病控制中心和中国疾病控制中心艾滋病预防控制中心先后三次为闫某进行血液检测,检测结果均显示闫某未感染艾滋病。10月19日,该县初步认定"艾滋女"事件有幕后黑手。北京警方表示已正式介入,河北省政法委也派专员督察当地公安机关工作。10月21日,公安局在北京市将"艾滋女"事件的始作俑者抓获,并将其刑事拘留。制造这起事件的谋划黑手就是闫某的前男友。2008年3月,闫某和杨某相恋并同居。6月,闫某提出分手,但是杨某不同意,对其百般纠缠,遭到闫某拒绝。杨某怀恨在心,就策划并制造了这一事件。

点 评

"艾滋女事件"发生后,河北省相关职能部门及时反应,采取相应措施,较好地解决了这次突发性事件。在处理这次事件的过程中,河北省的相关部门所表现出来的工作能力和技巧,是处理相关危机事件的极好借鉴。

1. 面对危机,要及时公布相关信息,澄清事实,打破谣言。网络传播的新特点,要求政府的相应部门快速反应,及时提供信息。在处理和解决危机事件的过程中,政府的相关职能部门应该就每个阶段的调查和鉴定的信息及时向民众和媒体发布。在"艾滋女事件"发生后,就每个调查阶段的结果和信息,河北某县相关部门都及时向媒体发布。这些工作,有利于澄清事实,还当事人一个清白,还社会一个真相。

2. 面对危机,坚持权威证实原则。危机事件发生后,政府职能部门请权威机构进行相关的鉴定和调查,以获取权威的结果,打破公众和媒体的质疑,取得信息和舆论的主动权。在"艾滋女事件"发生后,河北某县疾病控制中心、疾病控制中心和中国疾病控制中心艾滋病预防控制中心先后三次为闫某进行血液检测,检测结果都显示其没有感染艾滋病。权威的鉴定结果,既证明了闫某的清白,也证明了事件有幕后操纵的黑手。这三次鉴定,也促使河北警方确定了工作的方向,最终抓到真凶。

3. 面对危机,政府职能部门坚持第一时间反应原则,及时采取措施,集中力量解决问题。面对危机事件造成的不利境况,在掌握相关信息的情况下,政府职能部门坚持在第一时间做出反应,果断采取措施,出重拳解决问题。在"艾滋女事件"引起轩然大波时,河北某县相关部门根据掌握的证据和信息及时反应,采取了有力措施,最终抓获制造事件的幕后黑手,成功地消除了事件的不良影响。

回味隽永

"毒饺子事件"发生后,我国政府采取了一系列的措施,较好地处理了这次突发性事件,维护了我国食品生质量安全的国际声誉。在处理这次事件过程中,我国政府相关部门所表现出来的进行危机公关的原则,值得危机公关工作者学习和借鉴。

1. 快速应对原则。危机事件爆发后的 24 小时内,是关于事件的各种谣言的传播期,也是政府相关责任部门发布权威信息和澄清真相的黄金时期。所以,政府要坚持快速应对原则。在"毒饺子事件"发生后,我国政府在分析客观情况的基础上,迅速采取一系列措施。这些工作为最终解决事件奠定了基础。

2. 权威证实原则。在"毒饺子事件"发生后,我国政府组织专门调查组,并委托我国检验检疫科学院对水饺样品进行检测和鉴定。同时,我国政府请日本政府调查组来华,赴河北省该食品厂对水饺生产流程和食品原料等相关事项进行了详细的实地调查和鉴定。通过这些权威证实,我国政府取得了公众和媒介的信任,掌握了舆论和信息的主动权。

3. 真诚沟通原则。真诚沟通原则,要求政府相关部门实事求是、诚心诚意地与民众沟通,保障民众和媒体的知情权。这既是对公众负责,又有利于较快地解决问题。在危机事件发生后的第一时间,政府的相关职能部门不能回避问题和矛盾,更不能有推诿和侥幸的心理。在处理"毒饺子事件"的过程中,我国政府通过召开新闻发布会和对水饺样品进行检查和鉴定等工作,与民众和媒体真诚沟通。这些工作有利于澄清有关事件的实情,打破各种不实谣言。

面对全球化的现代市场经济环境和信息时代信息传播的新特点,我国应该建立系统有效的危机预警机制。只有这样,我国政府才能在危机发生的初期就及时做出反应,控制事件的发展和进程。

第二十二篇

真诚沟通　消除误解
——某知名汽车品牌事件

　　沟通，是人际交往的关键手段，只有通过沟通，人们才能彼此了解互动。在危机公关中，沟通同样重要。沟通是危机公关的脉搏，影响到整个危机公关程序的实行与运转。危机发生后，企业同外部和内部进行有效良好的沟通交流，保障公众和企业员工的知情权，才不致被舆论和谣言牵着鼻子走。第一时间坦诚真实地告知公众所发生的事情远比半遮半掩要好得多。当然，强调与外界的真诚沟通也并不是说把所有信息不加选择地公之于众，而是说告知公众他们想了解的，公布后能缓解危机的信息。此外，沟通是双向的，要根据对方（公众、媒体、员工）的反应采取下一步行动。

开篇导例

发生危机后,作为事件主体的企业必须要处理好受害者、公众及媒体的咨询和质疑,若与他们之间的沟通和谐有效,则能化解危机,若沟通无效甚至没有进行对话交流,则不仅不能缓解危机,反而会加深误会,扩大危机造成的负面影响。

2009年5月14日,某著名品牌饮料的生产商之一——J饮料有限公司被消费者告上法院,该消费者认为自己因为长期饮用其公司旗下饮品而出现了胃溃疡病症。此事激起了有关该著名品牌饮料中添加成分"夏枯草"的讨论,也引起公众对该著名品牌饮料的争议和怀疑。此外,还有其他几起围绕该著名品牌饮料添加成分的起诉,如2005年北京打假人刘殿林、2007年重庆消费者况力彬、2009年6月北京消费者赵建磊等均就该著名品牌饮料引起身体不适进行起诉,但都无疾而终。事件焦点集中在"夏枯草"是否为非法添加物,是否有副作用等问题。5月11日中国疾控中心营养和食品安全所在打击添加食品添加剂发布会上确认说,"该著名品牌饮料中部分成分和原料不在卫生部制定的既是食品又是药品的合法名单内"。此说,引来不少对该著名品牌饮料的质疑之声。5月12日下午,广东省食品行业协会紧急召集媒体,对该著名品牌饮料在卫生部公布目录外添加"夏枯草"的事进行回应,声称该著名品牌饮料"根本不存在添加物违规问题"。而5月14日,即起诉当天,卫生部在其官方网站上又公布了有关情况的说明,其中指出该著名品牌饮料添加"夏枯草"在2005年是经过备案的(注意只是备案)。而在整个事件过程中,该著名品牌饮料反而一直保持低调,除偶尔在官网上发表一下说明外,几乎没有太多反应,公司电话没人接听,拒绝记者进入公司采访,也没有专门召开新闻发布会。"据凤凰网上的一份调查结果显示:29.6%的被调查者相信该著名品牌饮料;8.9%的人相信专家;9.4%的人相信卫生部等政府监管部门;52.1%的人谁也不相信"。虽然在这次事件中该著名品牌饮料并没有十分大的实际损失,但企业形象难免受到极大影响。

第二十二篇 ——真诚沟通 消除误解

点 评

　　这里姑且不论该著名品牌饮料添加物是否违规以及国家食品监管的漏洞，仅从危机公关的角度对该著名品牌饮料此次事件的行为进行分析，以资反思和参考。该著名品牌饮料快速崛起，成为国内饮料业唯一能与可乐抗衡的一匹黑马，甚至曾经连续两年超过可口可乐的销量。这足可见它的品牌策划公关以及营销手段高明之处，然而此次"添加门"事件却凸显出其危机公关的缺乏。

　　1. 该著名饮料公司犯了危机公关之大忌——不作为。危机发生后，该著名饮料公司一直采取低调的态度，不做也不说，既没有召集媒体举行公开正式的发布会，甚至极力回避记者的采访，也没有向受害者和公众致歉或说明情况，根本不与受害者进行沟通。在人们的思维中，沉默就代表着默认，该著名饮料公司的沉默很难不让人产生联想与猜测。其实，在这种情况最需要与新闻媒体进行沟通，利用他们的舆论导向功能澄清事实、化解危机，该著名饮料公司的做法却恰恰相反。有人认为该著名饮料公司这么做，有其自身的考量，但从公关的角度来讲这是怎么都说不通的，是违背基本原则的行为。大众要求的不多，只不过是一声诚恳的"抱歉"和事实真相而已。

　　2. 与政府沟通脱节。所谓"脱节"，就是说在整个事件过程中，都只听到政府在前面卖力的吆喝声，该著名饮料公司方面给人的感觉就是"与我无关"。也许该著名饮料公司是恃着"凉茶已被审批为国家非物质文化遗产，按规定能得到相关机构的永久保护"这一点，而让广东省食品行业协会揽下所有事情。我们无法了解该协会的一系列举动是否是与该公司商讨的结果，但显而易见其效果不是很大。政府机构再怎么努力，召开发布会、找专家验证，若当事企业不参与其中是很难令人信服的。而且这种不寻常的情景，一方面给人造成企业傲慢无礼、恃宠而骄的形象；另一方面又让人不得不对该企业与行业协会之间的关系产生怀疑猜测。

　　3. 对受害者不予理睬。姑且不论受害人的起诉理由是否科学合理，作为被告企业也应该向受害者表示歉意，同受害者进行交流，向受害者说明具体情况，以期获得谅解。而此次事件的受害者宣称自始至终都未收到该公司的任何电话或其他表示，这无疑激化了受害者的敌对情绪。假如该公司事先跟受害者进行过有效的沟通协商,那么事情也许就不会激起如此大的争议。

该公司打的是百年制造和中药的牌子,它所取得的成就的确是其他民族企业望其项背而不及的。而在2008年汶川地震的时候,该公司慷慨捐赠了1亿元。也许正因为如此,人们对它或多或少会有所护短,哪怕是这次的事件中依然有很多人力挺该品牌。不过,在市场竞争日益激烈的今天,要想长远发展下去,良好成熟的公关技巧是不可或缺的。

史镜今鉴

真诚沟通是危机处理时基本原则之一,也是基本手段之一。为什么沟通如此重要?原因在于良好的沟通不仅能有效的遏制谣言、缓解矛盾、获取理解和支持,还是调查实际情况、搜集相关资料、获取大众意见的有效渠道;而且通过沟通能够争取一定的时间和空间,以便形成完备的计划,防止贸然行动以致酿成大祸。

1913年9月美国科罗拉多南部20家矿业公司大约9000名矿工举行了罢工运动,这次事件是劳工史上最棘手的焦点之一,而洛克菲勒设在卢德罗的科罗拉多燃料和铁公司成为其中最大的一家企业。10月份,在州民兵同矿工互相枪击后,该公司的董事小约翰·戴·洛克菲勒被召去在国会调查会上作证,会上声称"绝大多数矿工对工作和生活状况很满意"。该公司的董事长L.M.鲍威尔斯把那些罢工领袖描绘成"煽动分子"、"无政府主义者"。但是在1914年4月20日,矿工和科罗拉多州民兵之间又爆发了一场激战,深夜民兵冲过帐篷地区,放火烧了帐篷,有11名孩子和两名妇女死亡。此事迅即被贴上"卢德罗残杀事件"标签。小约翰受到公众和报刊舆论的强烈攻击。对此,他的答复是支持公司的上层人员,拒绝和矿工联合会谈判。虽然罢工在1914年12月以旷工们屈服投降复工而结束,但该公司已经声名狼藉,被指责为"强盗大王",与公众之间的矛盾十分尖锐。

小约翰多年后坦陈"科罗拉多罢工是洛克菲勒家遭遇过的最重大的事情之一"。这件事情使他认识到与劳工和公众之间协商的重要性。第一次罢工事件发生时,洛克菲勒的高层领导们认为矿工们的罢工是无理取闹,把他们描述成"无政府主义者",罢工事件并没有得到有效解决,直接导致第二次罢工运动的产生;第二次罢工中的械斗更为激烈,甚至牵连无辜人员死亡,此时,该公司依然坚持自己的意见,拒绝同矿工联合会谈判。这种态度引起民众的极大反感。再加上此时美国正发生著名的"揭丑运动",洛克菲勒无疑成为众矢之的。此后,为挽回声誉,重新建立同工人和大众之间的良好关系,洛克菲勒聘请艾维·李处理劳资纠纷及其与新闻媒介的关系。艾维·李采取了一系列措施:首先,聘请劳资关系专家来核实此次事故的具体原因,并公布于众;同时,邀请劳工领袖参与解决这次的劳资纠纷,广泛交流、听取各方意见;此外,建议洛克菲勒厂进行慈善募捐,增加工资、救贫济困等。这些措施改变了工人对公司的看法,为其树立起良好的形象。这些措施最大的成功之处便在于积极与工人和公众进行沟通协商,听取各方意见,并让劳工领袖参与策划过程。

点 评

这些沟通,一方面可以了解工人的真实想法和事实真相,另一方面又能显示出公司的诚意和责任感。比起之前的同工人僵持、拒绝谈判的态度,更能起到化解危机、感化罢工工人以及维护良好形象的作用。企业危机管理的目的是要告知企业应具备危机意识,并要有避免危机发生或减少危机损失的能力。而沟通在企业危机解决时能起到重要的作用。

盘庚是商汤王的第九代孙、商朝的第十九个王。为了缓解当时的国内矛盾,盘庚决定迁都至殷,但遭到贵族官员及百姓的反对。贵族和官员们过惯了安逸的生活,担心迁到新都不能再继续享乐。他们还煽动不了解迁都真实情况的百姓阻挠迁都。盘庚于是进行了两次"演说"。第一次是对群臣宣说迁都的好处与目的,劝说群臣改变主意。第二次是针对"万民"的,使人民了解迁都的真实情况,同时告诫人们要服从迁都的命令,否则将会受到严厉惩罚。这样,终于完成迁都计划。但迁到新都后,许多人感到不适应,闹着要回家。贵族们也趁机捣乱,极力煽动人们的情绪。盘庚又发表了一篇措辞强硬的训话,指责闹事的贵族,告诫臣民们要安定下来。过了几年,局面才安定下来。

点评

盘庚的这三篇训话,被收录在《尚书》中。他的这三次训话对沟通商朝群臣和百姓的思想,统一认识,完成迁都任务起了决定性作用。首先,通过训话使臣民了解迁都的意义和实情,开诚布公的与臣民交流信息;其次,通过告诫向臣民宣告了自己迁都的决心与意志,谁也不能改变;最后,对于迁都受到阻挠,盘庚没有莽撞地进行武力镇压,而是通过调查,了解事件的起因,再采取相应措施。虽然在当时盘庚并不知道何为"公关",但其中显然体现了一定的公共关系思想,仅通过三篇训话就成功化解了危机,足以体现良好沟通的作用。假使盘庚毫不顾及臣民的情绪而粗暴地强制迁都,那么极有可能演化为一场威胁到统治的反商暴动,后果不堪设想。这就如同企业处理与公众和员工的关系一样。危机发生后,企业应该开通各种沟通渠道,了解事件发生的原因以及市场和企业内部的反应,同时要向人们传达企业的歉意、诚意以及化解危机的决心,公开透明地进行信息交流,防止不实谣言的流播。

三刻拍案

上面分析的是历史上体现公关思想的例子,在这一部分,我们就以近几年的三个公关案例为例,来看看他们在处理危机时的异曲同工之妙,以借彼石攻此玉。

第二十二篇 ——真诚沟通 消除误解

拍案一 "砸车"事件

九年前武汉市发生了一起"砸车"事件,以及以此为导火线的一系列某著名品牌汽车车主维权事件的揭露,可谓撼动全国上下。2001年12月26日王先生先让一头牛拉着一辆轿车在武汉市区游街,随后又让人将这辆价值九十多万元的车砸毁。这一事件经国内外多家媒体的报道,一时间闹得沸沸扬扬。同时,国内多起关于问题该著名品牌汽车车主难以维权的事件也相继披露,并成立了"该著名品牌汽车受害者联谊会",企图联合起来进行维权。2002年3月8日,一位北京车主将车砸得面目全非。这些车主之所以采取砸车这种极端的方式,是因为买回来的新车不到一年的时间内便多次发生故障,花费了大量维修费用,问题依然没有解决,多次索赔或退车无果,无奈之下只得把事情闹大。对于此事件,该著名品牌汽车公司一直保持低调,仅仅发表一些声明。第一辆车被砸时,该公司发表声明指责车主的行为是"非理性而且无意义的举动"、"不必要且侵害我公司利益的行为",并指出车子故障原因是车主使用了劣质汽油。第二辆汽车被砸后,该公司又指责道"希望王先生的行为不会给正在国际化的中国造成不良影响"。该公司的一系列态度与行为引起了国人的极大义愤,甚至上升为"民族歧视"的程度。该公司信誉严重受损,成为2002年中国跨国公司中最大的输家。

点评

在此次"砸车事件"中,该公司的举动被奉为最经典的"处理不当的案例","完全触犯了危机公关的几大忌讳"。2002年3月25日,该有限公司总裁终于做出检讨说,"与客户沟通缺乏技巧"。

首先,与客户沟通不当。在"砸车事件"发生前,就已经有多起问题车得不到解决的事件,对于这些问题汽车,该公司总是坚称是车主使用不当而不是汽车质量的问题。"砸车事件"发生后,该公司不仅不主动承担起责任,与用户进行良好有效的对话,反而通过一系列谴责性的声明指责用户的过失,致使双方矛盾升级,给人以傲慢无礼、推卸责任的印象。此外,该公司以律师和技师代替公关,没有认真听取和处理用户的意见与要求,不顾他人,我行我素,严重伤害了用户的感情。其次,与媒体沟通不畅。与媒体进行有效的沟通交流是至关重要的。而该公司作为一家世界性的大公司,竟然没有与媒体建立长期联系。更为不智的是,事件发生后,该公司对媒体多是避而不见或避而不答,唯一一次主动约见媒体,选择的还是一家在北京发行量和影响力不算大的报纸。最后,与公众沟通不当。"水能载舟,亦能覆舟",公众可以成为企业化解危机的催化剂,也可成为绊脚石。危机发生了,利用新闻媒体,及时向公众发布信息,使公众全面了解事件的来龙去脉及企业正在采取的补救措施,一方面可以掌握舆论的方向、遏制流言,另一方面可以博取公众的支持与谅解。该公司在这次的事件,完全不顾及公众的想法与感情,让人看不到任何诚意。他们任由事态不断扩大,以致发展到后来"民族歧视论"流传,这更煽动了中国广大民众的民族情绪,而该公司显然当时没有意料到这一点,也没有在意。

那么,像这样一家跨国大公司,为什么在发生危机后会采取这些极其不智的行动呢?公关技巧为何竟会如此拙劣?当然,他们利用了中国法律和管理漏洞。这不是讨论的重点,这里要讨论的是,该公司的危机意识太薄弱,对于危机总存有侥幸心理。而在危机处理过程中"除了声明还是声明"的拙劣的沟通技巧,不仅没有效果,反而激化了矛盾。该公司的每次表态,律师和专家都是主角,他们发表的是一些不是每个人都能懂的术语,这些话可能没错,但从公众和受害人的角度听来却别有滋味。该公司虽然赢得了官司,却输了信誉。直至最后,该公司才认识到这一点,并计划扩大在中国的维修服务网络,通过服务网络拉近与客户的距离,与客户进行快速有效的沟通。不过,这些亡羊补牢的措施到底会有多大效果,从长远来看还很难说。

拍案二 果冻蜂蜜霉菌超标危机

2006年3月12日,国家质检总局公布了一批被认定为抽检不合格的果冻产品名单,其中包括某品牌蜂蜜果冻,这一信息被多家主流媒体和网站进行转载。公司获知这消息后,立即成立以总经理为首的危机处理小组,并派人前往北京了解情况。3月13日,公司通知所有经销商停止销售果冻,并向消费者公开道歉,同时委托江西省质检局进行质量检测。

3月14日,公司发表声明宣布不合格产品批次,并在全国内召回该批次产品,消费者可以到当地经销商处退货。声明指出此次产品质检不合格原因是由于包装泄露和生产管理偶发性事件。3月15日,该公司通过多家媒体发表致歉声明。3月30日,当地媒体报纸刊登标题为"该品牌蜂蜜果冻复检合格"的新闻,其产品也陆续上架销售。

此次质检不合格风波,暴露了该公司在产品运营方面的薄弱,但也体现了其良好成熟的危机应对技巧。危机发生后他们第一个动作便是公开致歉。接着,积极配合媒体,发表声明说明事故原因和真相,宣布召回问题产品。这些措施很好地体现了其对消费者负责的态度,充满诚意。在致歉声明中,该公司承认自己生产管理中的不足,并承诺将会改进。

点评

危机发生后,公众对企业的要求并不高,只要企业能拿出诚意、负起责任,就可以很好的解决问题。如何让公众看到自己的诚意呢? 真诚的沟通是必不可少的有效的手段。公布自己掌握的有关事件的信息,交换各个方面的建议和观点,并对这些不同的反应进行分析梳理,然后根据分析结果调整危机应对计划,进行相关行动。真诚沟通不仅是危机公关的基本原则,也是重要技巧。在传播手段日益发达、信息日益透明化的今天,有效的沟通对企业化解危机将越来越重要。

拍案三 花生牛奶爆炸事件

2009年5月24日,浙江某市一位消费者因饮用某品牌花生牛奶时被刚打开的瓶盖炸伤眼球,该消费者称其购买饮料前查看了生产日期是2009年3月5日,而且从包装上看来不像是有问题的饮料。事故发生后,当地经销商及厂家到医院询问相关情况,但始终没有道歉也没有提出具体解决措施。而且受害人索赔无门,经销商、厂房以及总公司相互推诿,没有一方愿意站出来说话。该饮料公司方面甚至指责是消费者开瓶盖的方式不对,才导致瓶盖飞射的。直至6月7日,该饮料公司方面才在相关媒体上做出回应,对此次事件道歉,并声称已经多次派人同消费者进行沟通,寻求解决办法。

早在2008年就发生过相类似的事件,该饮料公司方面的态度也是这般的推诿逃避,对消费者和媒体避而不见。这种态度引起广大民众极大的质疑和愤怒。5月的事件经曝光后,很多人就在网上呼吁不要购买该品牌花生牛奶,以免被炸伤,这种结果不能不说是该饮料公司方面处理不当导致的。

点 评

该饮料公司错在极力避免与受害者以及媒体的沟通,而仅有的几次接触,也因该饮料公司方面暧昧推诿的态度而毫无效果。就算一个多星期后该饮料公司方面发表致歉声明,恐怕为时已晚。其实,此次事件该饮料公司完全可以通过与消费者沟通,同时利用媒体的影响力化干戈为玉帛。他们一方面可以公开向受害人致歉,承认己方工作的疏漏,同时派专人同受害人沟通协商了解受害者的要求,制定具体的补救措施;另一方面可以通过新闻媒体以及网络向公众澄清事情的真相,体现一个大企业应有的担当。此外,还可以利用媒体报道公司同受害者真诚协商的过程及具体的补救行动,为其树立一个为公众负责、谦卑有礼的形象,也不失为自己作了一次有效的广告。

回味隽永

通过上面的案例和分析,不难看出真诚沟通在危机应对中的重要性和有效性。那么,该如何同事故各方进行沟通才能促进危机的化解呢?

1. 保障公众的知情权。当今社会信息日益公开化透明化,任何一点风吹草动都会引起大波浪,加之信息传播手段不断发展、传播方式不断增加,发生事故后,任何企业妄图通过封锁信息来缓解危机的努力都会是白费力气。在这种情况下,心存侥幸地花大气力封锁信息,还不如坦诚真实地在第一时间告知群众事情的真相来得更有效。因为人人都会对所发生的事情抱有极大的好奇心,于是就会想方设法去探听真相,此时若没有正式的官方的信息发布,他们便会通过其他渠道和途径去打听,从而造成谣言和小道消息的盛行,反而不利于危机的化解。

2. 建立新闻发布机构,尝试一切可能的沟通办法,如新闻发布会、媒体现场采访、网络互动、热线电话、公开信、广告、短信等传播方式和手段。企业必须处理好同媒体的关系,不能简单地对媒体避而不见或压制其报道,反而要充分利用媒体的报道提升企业道德形象和声誉。只有与媒体做到信息互通、绝对透明,才是遏制谣言的最好最有效的方法。认真倾听公众的声音、真诚地致以歉意、争取理解,从而转"危"为"机"。

3. 沟通要持续不断,企业通过外界的沟通要贯穿整个危机公关始末。除了危机发生最初,要向公众致歉、澄清事实外,还要及时不断地向公众媒体发布最新的事件相关信息及处理情况,及至最后危机差不多化解后,也需要向外界说明危机后的行动。此外,应开通 24 小时不间断咨询热线,以随时解答外界的质疑和咨询。

4. 注意收集公众的反馈意见以及相关建议,让公众参与进来。沟通是双向的,危机发生后企业应该发布信息,向外界澄清事情真相,但同时也要注意收集公众的意见和建议,对之进行分析整理,并把其中积极有意义的部分应用到企业的相关行动中去。这样做:一方面,可以让公众参与进来,体现企业解决问题的诚心和决心,使公众产生共鸣;另一方面,大家的意见并不见得就是无理取闹,其中可以体现市场的声音,也不乏启发灵感的观点,群策群力也是很有效果的。

5. 沟通一定要真诚、富于同情心。事实真相无疑很重要,但受众感受的重要性甚至超过了事件本身。如果企业一味地"以事实说话",忽视大众的内心感受,则仍会被认为"不真诚"。这里的真诚包括三个方面,即诚意、诚恳、诚实。所谓诚意,是指在事件发生第一时间向公众说明情况,致以歉意,从而体现其勇于担责、对公众负责的精神,赢得消费者的同情和理解;所谓诚恳,是指一切以公众的利益为重,不回避问题和错误,及时主动地与媒体和公众沟通,向人们说明进展情况,重拾公众的信任和尊重;所谓诚实,是指企业所发布的信息要真实,对人们的疑问要如实回答,不编造各种理由搪塞、糊弄公众和媒体。

第二十三篇

责任装心中　防患于未然

——"12·5矿难"引出的责任以及防患的必要性

2008年，在精彩纷呈的奥运会和残奥会中，中国人实现了百年来的梦想，完成了"和谐奥运"的目标。在这举国为之欢庆的时刻，人们都沉醉在喜悦中，没有人去顾及喜悦背后的隐患。在奥运会之后，频频发生的事故灾难、公共卫生事件、社会安全事件给我们注入了预防针，让我们开始了另一番思索，在公关层面上反思这些事件深刻的教训。为此，我们开始回顾与瞻望，我们想起了2007年12月5日的矿难，在这次危机中我们经历着责任的考验，经受着血的教训，感受着对人民的内疚……它很好的诠释了危机公关的处理思路。因此，我们以"12·5矿难"危机案例做主题进行分析。

汶川地震后,我们开始了对灾区的重建工作。在重建的过程中,尽管我们遇到了很多意想不到的困难,但是我们还是发挥众志成城、团结一心的精神去努力建设,寄希望汶川可以更美好,希望祖国不要再经历这样的痛苦。可是事与愿违,2008年9月8日,山西某地发生了溃堤事件。想起溃堤事件,至今国人心中都充满了遗憾。遗憾之余,我们从危机公关的层面来看,可以看到案例背后隐藏的信息。为此,下面我们以此为案例进行分析。

2008年9月8日上午7时58分,山西省某县某矿业有限公司的尾矿库坝体下方向外移动,随之连续发出巨大的响声,顿时,大量黑色泥浆奔涌而出,坝体绝大部分坍塌,约有19万立方米的尾矿浆体泄露,吞没了下游的该矿业有限公司宿舍区、办公楼和集贸市场以及附近的居民。波及范围较广,造成277人死亡,33人受伤,直接经济损失9619万元。这就是震惊中外的溃坝事故,也是近年来死亡人数最多的一起特大责任事故。

此时专家们纷纷赶到现场,开始实地勘察情况,结果他们发现事故的原因根本就不是泥石流,而是有人隐瞒了重大灾情。中央政府开始了对事故起因的详细调查,最终处理了有关责任人,并对事故引起的后果进行了处理。

点 评

第一,缺乏责任感。责任这个词说起来很容易,但落实到实处就难了。在溃堤中,我们就看到了该矿业有限公司和当地政府不负责任的一面。因为当事故发生前,住在大坝下面的该村村民就发现大坝出现渗水现象,让该矿业公司停止生产,但公司根本不理会。无奈之下,村委会开始向上反映，但由于各种原因迟迟没有解决此事。为此才导致溃堤。在这个案例里，体现了责任感是多么重要，也体现了责任是危机处理时需要的必要态度。为此，我们通过此案例明白了一定要将责任装在心中，时刻以人为本，这样灾难发生的概率才会大大降低，我们的社会才会更和谐。

第二，缺乏隐患感。伟大的哲学家孟子在《孟子·告子下》中说道："生于忧患，死于安乐。"意思是告诉我们忧患使人生存，而安逸享乐足以使人败亡。换句话说就是告诉我们，做任何事情都要有忧患意识。只有这样我们才可以避免一些事故的发生。"忧患"这个词就是危机公关在预防危机时必须有的态度。也就是说，在危机发生前，我们就应该在头脑中树立"忧患隐患"意识，这样就可以减少损失。溃堤也恰恰说明，如果我们缺乏"忧患"意识就需要付出相应的代价。这代价不仅仅是财产损失的代价，更是生命的代价。为此我们应该反思，反思忧患意识的必要，反思隐患排除的必要。如果我们能把这两者有机地结合起来，就可以做到防患于未然，就可以减少不必要的伤害。

第三，缺乏管理感。这里所说的管理不仅仅指上级对下属的管理，而且还指企业对自己的约束。在危机公关的应对中，管理也是比较重要的一个层面。换句话说，管理的好坏直接关系着危机是否出现。如果人人都能把"以人为本，珍爱生命"的理念灌输给自己，就能为避免灾难的发生奠定基础。因此，不管是企业还是个人，都要树立"以人为本"的理念，在该理念的指引下加强管理，加强责任，同时充满忧患意识。只有这样我们才可以避免危机的发生。

综合以上的分析，我们了解了在该案例中危机的处理思路。实际上危机的处理很大程度上取决于我们的态度。以溃堤为例，我们就要明白责任意识的重要性，理解隐患的必要性，懂得管理的迫切性。也就是说，危机的发生并不可怕，可怕的是危机之后我们没有任何的反思，没有吸取任何的教训。为此，我们要以此为鉴，让它成为我们应对危机的一个思路，成为我们处理危机的航标，从而更好地面对危机，避免危机。

史镜今鉴

溃堤事件使我们知道危机公关中一些必要的思路,但这只是公关中的一隅。我们不能仅仅停留在那几个层面,我们要与历史结合起来,从而让人们可以进一步理解危机公关处理的方式。所以接下来我们就要把历史融进我们的分析中,使古今这两条经纬线可以配合融洽,并彼此补充。同时我们还会借鉴国外的案例来完善我们应对危机的思路。下面我们将其逐一分析,从分析中得出思路,得到启示。

1984年12月3日凌晨,设在印度中央邦首府博帕尔的美国联合碳化物公司的一家农药厂发生异氰酸甲酯(MIC)毒气泄漏事件,在博帕尔市内外以浓雾状游移于地表附近,经久不散。这次事故使储气罐内45吨剧毒气体泄漏殆尽,仅2天内就有2500余人丧生,另有60万人受到毒气不同程度的伤害。到1994年死亡人数已达6495人,还有4万人濒临死亡。事后,这一天也成为世界上永远抹不掉的黑色记忆,并让印度乃至全世界都记住了这一天。

事故发生在12月2日的夜晚,在这个特殊的时间,人们毫无防备,没有应对的办法,不知不觉在梦中睡死过去,也正是这场莫名的雾气使得印度的上空布满阴霾。这场灾难不仅人员损失惨重,而且对经济、社会等方面都产生了不可估量的损失。为此国际上认定博帕尔的这次公害事件是有史以来最严重的因事故性污染而造成的惨案。在这场惨案的背后,我们应该如何看待这场危机呢?应该如何获得这场危机给我们的启示呢?一系列的问题,使我们开始思索,为此我们从三个方面来分析此案例,期许它会给我们更多启示。

第二十三篇 ——责任装心中 防患于未然

 点 评

　　首先,这则案例告诉我们"血的教训"要牢记心中。这场灾难的主观原因就是由于公司的组织者没有将"异氰酸钾(MIC)"处理好。他们的"自负"直接引发了这场灾难,使得一个个鲜活的生命在一夜间消失。从危机公关的层面来讲,这直接违背了"务实原则"。作为一个合格的公司管理人员,必须明白这一原则在生产中的重要性。正是由于他们的疏忽,才使得灾难悄然降临。的确,鲜活的生命已经冷却,可是反思却不可懈怠。因此,我们要牢记"血的教训"。让它在以后的生产中占据主要的地位。让灾难不要再发生,让黑色的记忆远离我们的日常生活。

　　其次,这则案例也告诉我们安全生产的重要。我们知道这次事故的直接原因是毒气的泄露,但为什么明知有泄露的危险却很少有人去理会。这恰恰也是我们必须面对的问题。实际上就是由于该厂的负责人员在罐内储藏"异氰酸钾(MIC)",并且没有预料这种物质会带来的损害。结果,就在他们的疏忽中酝酿了这场事故。12月2日下午,工作人员照例生产,可是却在具体的操作中不小心将水倒进了罐中,引发了这场毒气泄露。事故发生后,他们没有采取有效的拯救措施,而是告诉人们只要拿着湿毛巾捂住鼻孔就可以了,也就是在他们的不负责任中使得一个个鲜活的生命变成冷却的尸体。从他们的麻痹大意中,我们看到了预防危机的重要。危机的处理与预防就如同同胞兄弟,他们必须有机的结合,否则只是一味的处理危机,而从来没有预防危机的想法,只能是事半功倍。为此我们一定要重视安全生产。

　　再次,就是该农药公司的安检机构不合理。由于他们没有负责地查出危机的存在也没向工人说明违规操作会带来的危害,使得工人们没有认识到操作的重要性。正是在这无所谓之间酝酿了该次事故。事故发生后,没有采取有效措施,从而使得伤亡人数不断地增加,并对周围产生了巨大的影响。附近的城市、居民、土地等都没有逃过这次劫难,可以说损失惨重。巨大的代价,让我们明白了危机公关中安全意识是何等的重要。让我们懂得要有效的疏导,这样才能将灾难影响降到最低,才能使心中多一份责任,多一份隐患意识。

> 最后,这场事故扩散程度之广的另外一个原因就是当地的政府没有采取有效的措施。从一定意义上说,政府在整个事件中没有起到应有的作用,甚至使状况进一步恶化。这也给了我们一个很好的启示:政府的有效措施会使灾难降到最低点,反之亦然。为此,在危机的处理中,我们要充分发挥政府的作用,让它在我们的危机处理中起到标榜的作用。

鉴于该事故给我们带来的危害,我们对危机有了进一步的认识。接下来我们从正面来看看积极应对危机的案例,来更好地阐述"牢记责任,防患未然"的理念。下面我们以日本政府处理矿难的方法为案例阐述。

日本是一个岛国,特殊的地理环境使得日本也是一个自然灾害频频发生的国家。为此日本政府也感到了危机的存在,但是他们没有选择逃避,而是积极地应对,并采取一系列的措施,使得危机后他们还可以很快地恢复。从中他们也总结了相关的规律,使得灾难发生的概率大大减少。为了更好地理解日本政府处理危机的思路,我们先回顾一下历史。

众所周知,日本也曾经矿难频发。尤其是在二次世界大战后,煤炭作为日本的唯一能源,曾进入一个高速发展时期。当时,日本有一百多个煤矿,40万煤矿工人,年产量5500万吨以上。正是由于煤炭带来的效益,他们不断地增加产量,增加人员,却将安全投入及安全管理抛在脑后,因此矿井特大事故接连不断发生。如1963年11月9日,三井三池煤矿发生的煤尘爆炸事故,1965年山野煤矿瓦斯爆炸,1969年三池煤矿井下火灾,1970年南大夕张煤矿瓦斯爆炸等,都是真实的写照,也是血的教训。这血的教训和惨重的损失引起了社会极大震动,也给煤炭行业敲响了警钟。为此,日本政府采取了一系列的措施来化解危机。

首先,头脑清醒。他们针对灾害进行了一番彻底的认识,改变了以前头脑中固有的"效益"理念,开始装入新的"安全"理念。即在认识上,日本政府提出了"零灾害"的目标。"零灾害"提出来很简单,但是实践起来并不是很容易。这就要求煤矿企业和政府一定要把"安全第一,生产第二"的思想贯彻到实处。因为只有这样做才能实现"零灾害"的目标,才能使每个人的头脑清醒,能使他们对"零灾害"有新的认识,才会有长远的效益。

第二十三篇 ——责任装心中 防患于未然

其次,完善法案。即从法律上管理煤矿。日本政府从1949年颁布《矿山安全法》开始,就在不断地修订该法案,使得煤矿灾难不断减少。而且,我们也看到了日本政府的实际行动。第一,较早建立煤矿安全监察体系,工作务实,效果显著。第二,多次实行突击检查,并严格按国家的相关法律进行相关的安全业务、设施状况检查,一旦发现问题,保证彻底落实解决。第三,他们对检察人员也有规定。规定他们不能够接受贿赂,一经发现,马上给予严厉的处罚。最后,他们注重煤矿安全的超前管理、过程管理,而不是等出了事故后去追查。这几点反映了日本政府在完善法案方面所采取的有效措施,同时也让我们看到了负责任的政府形象。

最后,加强管理。在煤矿管理上,日本政府并不是搞"一刀切",而是针对具体情况具体分析。如从上世纪60年代开始,日本政府对效益不好、安全状况差的煤矿就采取从上到下的整顿措施,对于存在严重安全隐患的采取坚决关闭的措施;对一些规模大、效益稳定、安全状况好的煤矿,给予大力扶助;对一些涉及安全的项目,如专用设备、瓦斯抽放、密闭、注浆、防治水、防自然发火等也给予大力的资助,并由企业负责实施,从而有效地提高了煤矿综合防灾抗灾能力。可谓是"具体情况具体分析",真正做到了"因地制宜"。同时在采煤机械化方面,日本政府确保设备始终处于世界先进水平。采掘实现机械化,运煤实现皮带化,机电运输的许多方面实现了自动化等。值得我们关注的是日本政府在业务人员的管理上,不仅要求他们有一定的文化知识,而且实施了独具一格的"手口示意"的操作方法(所谓"手口示意",就是要求作业人员手指操作对象,并大声呼其名进行确认后的一连串动作。日本矿工在操作每一个设备时,都很自然地执行着"手口示意"程序)。这些管理方案都从各个方面反映了应对危机的方式,也为我们展现了一个思路,给了我们许多借鉴之处。

点评

从这个案例中,我们看到了"安全责任和隐患意识的重要",明白了成功处理危机应该具备的素质,懂得了自己应该在以后的危机中如何去做。这同时要求我们努力的提高危机意识,不断加强管理,把危机控制在我们的能力范围内。

从国外的例子中我们看到了一个政府和企业在面对危机时不同的表现,但不同的表现之后透漏出的信息是一致的,那就是说一定要本着"牢记责任,防患未然"的原则来处理危机,使危机的损害降到最低点。接下来我们就古代的一个现象进行点评,目的是让我们深刻理解"牢记责任,防患未然"的原则。这个现象就是我们都熟悉的"古代水灾"。下面我们就以水灾为例来看危机应对的思路。

我们知道,天灾虽然在很大程度上起因于自然,但其危害程度和发生频率实质上都与社会因素有关。也就是说战争、生态环境的破坏等人祸都可能会引发或加重灾害。正如孙中山先生曾经指出:"官吏贪污和疫病、粮食缺乏、洪水横流等自然灾害的关系可能是不明显的,但它很实在,确有因果关系。"简单说来,当国家处于太平、兴盛、吏治清明的时期,天灾发生的概率相对会少很多,危害程度相应的会轻一些。反之,当国家动乱不安的时候,灾害便会频频发生。尤其是我们要谈到的水灾,它就与吏治有很大的关系。如汉武帝元光三年(公元前132年)黄河南岸决口事件。这件事本应及时治理,可是因为当时的丞相田蚡的自私,就任其泛滥了二十年。他自私的理由就是其封地在河北,同时他认为既然黄河南岸已经决口,那么河北就不会发水灾了。正是这种不负责任以及狭隘的想法使黄河南岸的人民深受其害。这就是吏治腐败的典型案例。在他们的眼里自己的利益永远高于人民的利益,在他们的心里总是以己为本,正是这样的想法使得灾害的隐患永远存在,灾害频频发生。

相反清朝初年,我们知道水患也是经常有之,但康熙帝对黄河的治理非常重视,并投入了大量的资金,同时重用专家靳辅、陈潢等人治理黄河,取得了很大的成绩。结果不仅使"河归故道,漕运无阻",还确保了此后四十年黄河两岸没有发生水患。这就说明康熙帝不仅仅重视经济效益,更重视老百姓的生活和生命。这样清明的吏治自然使得危害减少了不少。

 点 评

对比之下,我们可以看到灾害的发生虽然很大程度上不受我们的控制,但是灾前的隐患和灾后的应对却是我们可以控制的。从公关的

层面来讲,我们知道排除隐患与牢记责任相当重要。从社会层面讲,我们明白人民的利益与我们的未来息息相关。从道义的层面讲,我们更要将"以人为本,珍爱生命"的理念落到实处。各个层面告诉我们一个道理:"杜绝隐患,创造和谐。"这个道理的实践在古代就有,到了二十一世纪的今天,我们更要如此。要以史为鉴,使得危机处理的思路不断完善,把危机的灾害控制到最低点。

  综合中外的案例,我们不仅要明白应对危机的方向,更要懂得和谐的重要。如果要想和谐,那就一定要把"责任装心中,防患于未然"的理念落到实处,从而使危机消灭在萌芽状态。另外,在危机处理时也要表现出大义凛然的姿态,因为这种姿态可以更好地化解危机,并使社会出现繁荣和谐的景象。

三刻拍案

  随着社会的进步,人类进入了新的时代,经历着各种事件,尤其是一些突发事件。为此,本部分主要从危机公关的角度,通过分析不同地方的矿难事件,来寻找应对危机后给我们的答案与启示,并能够思考危机背后的教训与经验。

拍案一 "12·5"矿难

  经历了某地溃堤,看过了中外的案例,我们不由得也会想到2007年12月5日的矿难,在那次灾难中我们目睹了许多不愿看到的情景,感受了由于安全失误给人民带来的危害,明白了危机的处理是何等重要。下面我们先来了解一下事故的概况。

  "12·5矿难"共造成105人遇难,伤亡惨重,损失巨大。事故惊动了中央,开始了层层调查,调查之后相关部门开始了回顾与反思。

  2007年的12月5日23时15分左右,某矿井下发生瓦斯爆炸。当时看守人员看到了一股黑烟,判断有事故出现。并立即向相关企业负责人上报,可是不负责任的矿方负责人却没有及时上报,而是自行组织矿工进行井下自救,结果造成了更多无辜矿工的丧生。当事故发生五个小时后,由于实在是无法控制局面,他们才开始上报,可是此时最佳的救助时间已经过去,所以只能面对损失惨重的事实。事故结束后,各层政府机关开始对此次事故的原因进行详查,发现该煤矿是由于违规采矿导致了这次事故的发生。用"五毒"来形容此矿一点都不为过。这五毒分别体现在三个方面。① 非法(恶意)开采。"12·5矿难"发生在9号煤层,而该煤层就是非法开拓的。原本在煤业公司刚成立时,安监部门就规定该公司只能在二号煤层开采,可是利益的驱使使得"黑心"的矿主开始了大胆的尝试,尝试将煤仓布置到9号煤层,并将主斜井打到9号煤层,而且通过各种手段掩盖此事实,这就为"12·5矿难"埋下了隐患。② 混乱的管理。该煤业公司的管理是极其不合理的。不论是在职工方面,还是在安全治理方面,他们都只追求"生产第一、效益第一"的理念,从没有想过安全,为此就有了"12·5矿难"。③ 无效的检查。据说,在事故发生的前不久,监察人员分别在11月21日、26日、29日对这个煤矿进行了3次检查,最后一次检查距出事故只有6天。

  以上这些都说明了事故前早已出现的隐患,可是不负责任的矿主却没有放在心上,认为自己可以解决任何危机,所以事故发生后他们没有及时汇报,认为灾难可以控制在他们预计的范围内,不过事与愿违,这次的事故使他们的"尾巴"漏了出来。

点 评

  从事故的概况中,我们不仅了解到事故的原因和结果,更明白事故背后的一些隐患。为此,从危机公关的层面出发,分为五个方面来看此次危机给我们带来的处理思路。

  首先,为什么非法行为导致的煤矿特大事故频频发生?这个问题是首要反思的。尤其是"12·5矿难"(瓦斯爆炸),它给我们极大的警示。这次矿难发生的直接原因是9号煤层的瓦斯爆炸,但根本原因还是违法操作。也就是说他们在没经过安检部门同意的情况下私自开矿,并且能够制造各种假象,使得相关部门对此事没有丝毫察觉,因而就为矿难的发生埋下了伏笔。因此,我们必须强化联合执法,严厉打击非法违法行为。这是解决此问题最好的方法。也是该案例给我们的重要启示。但是实践起来却不是很容易,所以要求各个部门一定要将这一方案落实到实处,只有这样才能使这样的事故减少。

其次,为什么加强煤矿安全生产的政策措施在一些产煤市县落实不下去?这个问题用老百姓的话说就是因为上有政策,下有对策。在矿难中,就是由于相关责任人为了赶产量,抛弃安全责任理念,酿成了灾难。据相关报道,该煤矿违规生产长达22个月,并且不断地超员、超产,就在这样不合理的安排下,隐患终于冲出牢笼,以山洪之势爆发出来,使得他们不知所措。这就告诉我们,危机的出现总是在我们麻痹大意时。因而,我们必须对煤矿进行彻底整顿,不能有丝毫的懈怠。这就要求每个人的心中要多一份责任和隐患意识。只有有了这样的意识,我们才能使煤矿的措施更完善,更合理,也可以使得危机发生的频率降低。

再其次,为什么一些煤矿证照齐全的煤矿仍然会发生重特大事故?对于这个问题,我们不免感到一些无奈。让我们开始深刻反思。尤其是在矿难中,表面六证俱全,实际却是五毒俱全。用韩非子的"五蠹"来形容他们也一点不为过。可是他们为什么会这样?令人深思。这次事故的教训是深刻的,煤矿企业应很好地落实"一通三防"的各项管理,避免事故再次发生。

再次,为什么一些非法矿主如此大胆妄为,违法作案?这个问题说明矿主有着特殊的能耐。在他们的眼里金钱可以办到一切。为此在这一理念的驱使下他们不顾安全,不顾上面的检查,开始非法开采。矿难中"黑心"的矿主就是由于违法开采,违法挖掘,严重超员,疏于管理才酿成了惨重的损失。他们的"黑心"告诉我们一定要开始整顿企业内部的管理,让其明白安全生产的重要。另外一定不能让"黑心"企业一直持续下去,否则我们的事故还是会像以前一样频频发生。

最后,为什么在作了许多工作、付出了巨大努力之后,煤矿重特大事故仍然时有发生?这是最值得我们反思的。记得一位哲人曾说过:"知错能改,善莫大焉。"可是我们的矿主总是在发生事故的那一瞬间会表现出自己的决心,一旦事故过后,他们又开始一如既往。为此巨大努力过后,煤矿事故还是会出现在我们的周围。这就是说他们总是愿意让一块石头绊倒两次甚至是三次。这与日本的矿主恰恰相反。日本在经历矿难之后没有逃避,反而是积极地采取措施,并提出"零灾害"的主张。这一措施起到了良好的效果,使得日本的矿难发生概率大大降低。日本的做法让我们看到自己的不足,让我们有了新的启示。那就是抓紧落实矿井的安全监管和防突措施;并加大对各类矿井的安全监管监察力度;同时限期整改督查检查中发现的问题。把这些措施彻底落实,让煤矿灾难远离我们。

上述五个犀利的问题让我们明白了矿难背后的原因,并且为我们今后的应对和处理提供了宝贵的经验。矿难爆炸的烟尘已经落定,除了震惊、悲痛之外,这起事故留给人们的思索还有很多。就像当时的山西省代省长所说:"我们不能让鲜活的生命就这样逝去。我们要痛定思痛,举一反三,坚决遏制煤矿重特大事故的发生。"的确,我们不能让这些鲜活的生命白白丢失,我们要在悲痛之余想到"牢记责任,防患未然"的理念。这一理念我们必须贯彻到行动中,让其起到未雨绸缪的作用,并达到"零灾害"的效果。这是这场危机给我们的最大启示。

拍案二 河南某金矿火灾事故

从危机管理方面来讲,危机的应对不仅仅只包括危机发生时的处理,更基于建立良好的危机预防措施,"矿难"给我们的启示就是要彻底改变已有的观念,建立各项有利措施来防范危机。接下来河南某金矿的火灾事故也给了我们同样的思考。

2009年9月8日,河南省某矿业公司第五分公司矿井下发生火灾事故,造成13人死亡。这次事故发生后,矿业公司仍然自行救助,延误了最佳救人时间,并造成伤亡和损失的扩大。这起事故原因还是企业安全法制意识淡薄、责任意识缺乏、管理混乱、隐患意识荡然无存等造成,其中最重要的是"责任意识的淡薄和隐患意识的缺乏"。它给我们的启示是去思索为什么我们不断地强调安全的重要,不断地说明隐患一定要排除,不断地加强管理,事故还是频频发生。

 **点 评**

事故的频频发生说明我们只是去重视事故发生后的处理,而没有对预防事故发生有所准备。这也就是我们只立足于危机处理,而没有预防危机的意识。实质上,这两方面都必须重视,只有这样我们的危机才会减少。通过该案例带给我们的思考就是我们在以后的时间里,必须记得这两个层面,要把它们同等看待,并严格要求相关部门严查隐患,使隐患在发生事故前就能排除。这恐怕是我们现在必须要做的,也是这次"火灾"事故给我们的直接经验教训。

拍案三　福建省厦门市某机械公司仓库工程坍塌事故

以上两个案例告诉我们由于疏忽以及不合理的管理等原因会酿成灾难。以下要讲述的案例也是同样。让我们在对案例的分析中找出更多应对和预防危机的思路。

2003年8月9日下午6时5分,厦门市某机械公司厂区内,一栋正在施工的两层仓库突然发生坍塌,造成7人死亡、38人受伤。该事件在当时产生了极大的负面影响。该事故的原因可能是由于技术管理等方面综合构成。在技术方面他们设计的结构不合理,并超负荷的运载,导致坍塌。在管理方面,他们疏于管理,并且在没有审批的状态下施工。在企业内部,他们采用劣质材料施工,而且管理混乱。各种因素综合在一起,坍塌的事故就出现在了我们的眼前。

点 评

这次事故给我们的教训首先就是要完善法案,加大管理力度。其次,相关部门必须反省,并且采取有效措施来弥补损失。再次,抓好"治非解危"(治理非法占地、违法建设,解除建筑安全隐患)。其中安全隐患的解除相当重要,因为如果危机隐患能够解除,坍塌事故也就自然消失。所以,我们必须做好此步工作。最后,妥善处理危机,并认真总结事故原因。

这些事件告诉我们安全隐患一直在我们身边,可是我们却总是视而不见。不负责任的表现总是时而有之。针对此现象,我们需要彻底整改。争取让每个企业都能安全生产,使得灾害减少。

综合以上三个案例,安全生产这个口号成为我们处理危机的主题,责任成为我们的标榜,隐患意识成为我们的航标。这些有效结合才可以使灾害不断减少,使各个方面紧跟时代的步伐。

回味隽永

以上的案例,从正反两个方面论述了危机处理和危机预防的重要,同时也告诉我们"责任装心中,防患于未然"的主题。我们从案例中不仅得到了很多的启示,而且也引起了我们的思考。

众所周知,危机具有偶发性、未知性、不利性、严重性、危害性等特点。正是这些特点使得我们对于危机总是有模糊的认识。或认为危机不可预防,或认为危机很难处理,可谓是"仁者见仁,智者见智"。但不管怎么认为,我们都必须达成一个共识——危机的预防和处理一定要身体力行。从以上的案例中我们也体会到了这一共识的存在,为此我们从三个方面来阐述,目的是能够使我们从中吸取教训,总结经验,得出合理方案。

首先,务实原则。"务实"这个字眼看起来很简单,但做起来可不是那么容易。这一原则在危机管理层面讲,是指审定危机管理计划是否符合社会组织的实际情况。前面的溃堤也好,矿难也罢,都是违背了该原则。他们不合理的估计自己的实力,开采安全范围之外的资源,结果付出了惨重的代价。这就是不坚持务实原则的最好写照。所以灾难告诉我们在以后的生产中要牢牢把握此原则。因为"务实原则"就是要求

第二十三篇 —— 责任装心中 防患于未然

我们在具体的生产过程中要恰当的估计自己的实力,认真地考虑生产存在的隐患,使灾难发生的概率转为零。

其次,责任原则。责任是每个公民都必须具备的,企业也必须如此。从危机公关层面讲,它是企业必要的态度。曾记得一位哲人说过:"人做任何事情与态度息息相关。"的确,在前面的案例中我们就看到了那些"黑心"矿主的态度。他们不仅仅不负责任,而且还总是撑起自己的保护伞,逍遥地过日子。这种缺乏责任的态度让我们看到了一个企业的姿态,也看到了潜伏的危机。相比之下,日本经历矿难之后的做法是值得我们借鉴的。他们的"零灾害"措施通过各种法案确保有效贯彻,这一点是我们必须学习的。我们恰恰就缺乏将它实行到底的态度。因此,我们必须反省,反省我们的失误,反省我们的责任意识在哪。只有这样,我们才能有效地控制灾难和预防灾难。确实,责任的体现无处不在,为此在各个方面我们都必须注重它。否则的话我们就会重蹈覆辙,再次出现矿难的悲哀局面。为此,我们必须将此原则具体落实到各个单位,并做到相互监督。

最后,隐患原则。"隐患"就像一颗定时炸弹一样,它随时会在我们的身边爆炸,所以我们要防患未然。就像矿难,就很好地反映了这一理念的必要性。在"12·5"矿难中,我们看到了该企业在事故发生前就存在着严重的安全隐患,可是该企业还在自行运作,这些都是他们不负责任和缺乏隐患意识的表现。因此,在经历过这些对我们产生极大影响的灾难之后,我们必须思考一下应该如何贯彻"隐患原则",如何将这颗炸弹排除,而不是逃避。因为只有消除隐患,才能使生产更加有效化,才可以使企业发展,才能使我们的未来变得和谐美好。

综上所述,我们看到了现阶段的不足,明白了危机背后的一系列问题,懂得了"牢记责任,防患未然"的原则是多么的重要。但这仅仅是这些案例给我们的警示,我们以后要做的不是仅仅知道警示,而是将它们实践到底。

第二十四篇

真诚沟通

——某著名化妆品危机公关

企业与消费者是共存相依的主体。根据矛盾的普遍性原理,企业与消费者必然在共存中存在着冲突的一面。而每次矛盾对于企业来说都是一次无法躲避的危机。如何掌控危机,将与消费者的干戈化为玉帛,是企业在危机前必须做出的选择。"态度决定成败"是硬道理。在众多的企业危机公关中,因为企业所立基的态度不同,才会有多样态结局的出现。而要想取得消费者的谅解,重获消费者的信任,真诚沟通便是不二法门的选择。

消费者的信任对于一个企业的生存和发展是至关重要的。这种信任通常来自消费者对所购买商品的使用效果,使用安全的评价;与同行业其它品牌产品相较所具有的独特性功能;企业品牌的影响力;企业面临危机和危机产生后的处理机制和效果。所以,消费者对一个品牌的信任不是一朝一夕形成的,而是一个长期的积累过程。消费者的信任是企业的无形财产,是与同行业其他企业博弈的利器,在占领市场份额中发挥着巨大的作用。而危机四伏似乎是每一个企业不可避免的,信任危机对企业来说更是致命伤。如何在市场的起起伏伏中驾驭风险,挽救企业声誉,做到生产者或销售者与消费者的良性沟通,是企业危机公关的重中之重。

可口可乐公司是全世界最大的饮料公司,拥有全球48%的市场占有率。该公司的明星产品是全球最畅销的碳酸饮料,畅销于世界各地,深受不同民族、不同人种的喜爱。然而,至今已有120多年历史的公司,在11年前险遭灭顶之灾。1999年6月初,比利时的一些中小学生饮用后发生了中毒现象。一周后,比利时政府颁布禁令,禁止本国销售该公司生产的各种品牌的饮料。事件发生后,该公司决定将比利时国内同期上市的可乐全部收回,尽快宣布调查化验结果,说明事故的影响范围,并向消费者退赔。可口可乐公司还表示要为所有中毒的顾客报销医疗费用。可口可乐公司设立了专线电话,并在因特网上为比利时的消费者开设了专门网页,回答消费者提出的各种问题。如事故影响的范围有多大,如何鉴别新出厂的可乐和受污染的可乐,如何获得退赔等。整个事件的过程中,可口可乐公司都牢牢地把握住信息的发布源,防止危机信息的错误扩散,将企业品牌的损失降低到最小的限度。随着公关宣传的深入和扩展,可口可乐公司真诚的态度打动了消费者,可口可乐的声誉没有因为中毒事件而毁于一旦。事件后不久,比利时的一些居民陆续收到了可口可乐公司的赠券,上面写着:"我们非常高兴地通知您,可口可乐又回到了市场。"商场里,人们批量购买可口可乐的景象得以恢复。据初步估计,从第一例事故发生到禁令的发布,可口可乐公司共收回了14亿瓶可乐,中毒事件造成的直接经济损失高达六千多万美元。比利时的媒体评价说,可口可乐虽然为此付出了代价,却赢得了消费者的信任。

点 评

  可口可乐能够躲过灭顶之灾,最终平息危机,得益于一种真诚的态度,一种敢于承担责任的姿态。企业管理专家汤姆金认为,一般企业处理此类危机正确的做法大体有三步:一是收回有问题的产品;二是向消费者及时讲明事态发展情况;三是尽快地进行道歉。以此对照,可以看出可口可乐公司都做到了。

  首先,可口可乐拿出破釜沉舟的勇气,不惜巨额损失,召回比利时境内同期上市的可口可乐产品。这种召回的举措,展现了大牌公司能够承受风险,敢于承担责任的风姿。公司通过先前的召回行为传达了一种可口可乐会负责到底的信息,稳定了事发伊始消费者的慌乱情绪。

  其次,可口可乐公司通过建立网络、电话平台对消费的索赔行为进行指引,针对消费者提出的各种问题予以解答,通过与消费者进行正面、直接的沟通,疏导了消费者关于产品的不安全情绪,控制了危机的进一步扩散,使危机朝有利的方向发展。在整个过程中,还可以发现可口可乐公司很少采用单方声明的方式来告知公众有关信息,而是采用双方的、互动的方式,针对不同消费个体的问题做出有针对性的回答,摒弃了其他企业通常所用的"整齐划一",不加区分对象的声明方式。问题的逐步排除和澄清,有效地防止了由于消费者之间以讹传讹转化而成的危机扩散。并且,可口可乐将整个危机的处理过程透明的呈现给消费者,消除了消费者对"暗箱操作"的担心。这一系列公关手段的采用,增加了公众对可口可乐的信心。

  再次,可口可乐认识到消费者是企业的衣食父母,尤为珍视企业与消费者之间的沟通,不断强化企业与消费者的纽带关系。可口可乐在危机出现后,拿出负责到底的勇气,用一种最为真诚的道歉方式承担起自己的责任。不回避,不推卸,积极地对受害者进行赔偿,并没有因为自己是全球最大的饮料公司而凌驾于消费者之上,对消费者的需求置之不理,它自始至终以一种富有人情味的态度来对待消费者,以积极主动的道歉而不是推脱责任的辩解和说明来化解危机,体现了勇于承担责任、对消费者负责的企业文化精神,最终获得了消费者的同情。可口可乐出奇制胜,迅速扭转颓势,将不利转化为有利,其与消费者的关系并没有因为危机的出现而中断,反而因为公司真诚的态度,使得纽带关系得到了前所未有的强化,公司的信誉度得到提升。

史镜今鉴

可口可乐公司的质量危机公关,最大的成功之处在于其与消费者沟通的诚意并由此获得其开疆拓土的利器——信誉。"以史为鉴,可以明得失",融身其中,会发现前人的智慧之光如今依旧灿烂。从历史故事中挖掘蓄意其中的深刻内涵,探索出其现实意义,为当代的企业提供正确的导向和决策性的指引。

秦朝末年有个叫季布的人,性情耿直,为人侠义好助。只要是他答应过的事情,无论有多大的困难,都会设法办到,因此受到了大家的赞扬。当时坊间流传着这样的谚语:"得黄金百斤,不如得季布一诺。"楚汉相争时,季布是项羽的部下,曾几次献策,使刘邦的军队吃了败仗。刘邦当了皇帝后,想起这事,就气恨不已,下令通缉季布。这时曾经敬慕季布的人没有弃季布于不顾,而是暗中帮助季布。不久,季布乔装隐藏在山东一户姓朱的人家做佣工,朱家明知季布的来历,他们不仅不被重金所惑,而且冒着诛灭九族的危险来保护他。后来,朱家又到洛阳去找刘邦的老朋友汝阴侯夏侯婴说情。刘邦在夏侯婴的劝说下撤销了对季布的通缉令,还封季布为郎中,不久又改做河东太守。

点 评

从这一古代案例中,我们不难发现,信誉是人们得以生存的一颗重要砝码,其作用之大不容忽视。秦末的季布能在被四处通缉的危难情势下,得到朋友,甚至是陌生人的鼎力相助,最重要的一点就是他在坊间树立了较高的信誉,塑造了良好的个人形象。以季布通过树立信誉的做法反观现代企业,我们可以总结出有利于企业长足发展的经验:在市场经济的浪潮中,企业的运营必然要经受各式各样的激烈竞争,面对诸多棘手的问题,处于企业发展的危机之中,但是能够破解企业发展过程所面临困境的根本路径,就是在消费者的心目中树立起较高的信誉,使消费者对企业有良好的印象。换言之,只有得到消费者这一"上帝"的眷顾,企业才能化解暂时的危机,从而为企业注入活力,重新激发企业旺盛的生命力。

弗兰克生活在20世纪初的美国,是一位来自于意大利的移民。经过艰苦的努力,他用自己的积蓄在美国开办了一家小型银行。但不幸的是,因为遭遇抢劫,银行被歹徒洗劫一空,连同储户存款也未能幸免。弗兰克变得一无所有。当他决定和妻儿重新开始自己事业时,做出了一个大胆且令人吃惊的决定,即偿还储户因抢劫而失去的存款。所有的人都不理解,认为弗兰克本身也是受害者,储户的损失是意外,弗兰克无须对这样的损失负责。但他却回答说:"是的,在法律上也许我没有,但在道义,我有责任,我应该还钱。"偿还的代价是39年的艰苦生活,寄出最后一笔"债务"时,他轻叹:"现在我终于无债一身轻了。"他用一生的辛酸和汗水完成了他的责任,而给世界留下了一笔真正的财富。

点 评

弗兰克的不平凡经历让我们看到了人性中最光辉的一面。处于危机的漩涡,他拒绝了法律上对其责任的豁免,在承担与不承担之间,他选择了道义的担当。他的果敢决定,超出了当时公众的预期,展示了弗兰克真诚的处事态度,树立了他敢于承担责任的正面形象。

三刻拍案

危机似乎无可避免,它的降临常令企业猝不及防。在某种程度上可以说,如何应对危机,尽快将企业拉出危机的泥潭决定了企业的生存和发展。现实中常常可见,危机处理质量的高低,既可以造就一个企业,也可以毁了一个企业,它既是机遇又是挑战。以下三个公关案例中,三个企业在危机面前因选择不同的危机公关方法,使得最终呈现在公众眼前的是截然不同的企业命运。

拍案一　某著名化妆品危机公关

2009年3月13日《华盛顿邮报》报道,一个名为"安全化妆品运动"的美国组织检测了美国市场上48种婴儿洗浴、护肤和化妆品等。检测结果显示,过半美国婴儿卫浴品含致癌物,其中某著名化妆品天然香精夜用乳液香波、婴儿香波、保湿婴儿沐浴液、婴儿燕麦沐浴露等该公司旗下多款婴幼儿用品都在名单之中。消息一出,寰宇哗然。而在国内某知名论坛也出现了一篇题为《某著名化妆品差点把我一岁半的女儿毁容》的帖子,此帖掀起了国内消费者对该产品的强烈质疑。这一系列消息的发布恰逢"3.15"前后,具有百年历史的企业被推到了风口浪尖。该公司成为长期忧患于产品质量问题而变得神经十分敏感的消费者的众矢之的。受此消息影响,上海等地的超市将货品相继下架,而在其他未下架的地区,产品销售量也出现急剧下滑。面对突如其来的危机,作为在商业领域驰骋百年的知名企业,该公司在事件发生的第一时间,迅速及时地做出了反应。2009年3月17日,该公司将引发危机所涉及的商品样品送交国家相关权威部门进行检测,但国家质检总局和国家药监局却出具了两份截然不同的检测报告。尽管两份报告都显示该公司婴儿用品完全符合中国的质量和安全标准,但这并未消除消费者的猜疑和不信任。随后,该公司将检测报告送交各地卖场,并通过各媒体澄清无毒事实,避免了产品下架和召回的风险,暂时保住了产品销量和市场占有量。

在风云变幻,商潮涌动中辉煌屹立百年的这家公司,是享有广泛国际声誉的医疗卫生保健品及消费者护理产品公司。对国内消费者来说,它同样是无人不知、无人不晓的知名品牌。此次"质量门"危机的爆发,对这样的大牌企业的冲击可想而知。

在以往,该公司一直都是一家令人尊敬的企业,以富有责任感、为消费者利益考虑而备受赞誉。该公司质量危机公关最经典的案例是1982年的"泰诺事件"。1982年9月,美国芝加哥地区发生了有人服用含氰化物的该公司泰诺药片中毒死亡的严重事故,致使全美各地死亡人数高达250人。当时,该公司管理层摒弃了许多包括法律层面的建议,做出了一个最简单的决定:召回产品。该公司收回了价值近1亿美元的泰诺止痛胶囊,并投入50万美元,利用各种渠道通知医院、诊所、药店、医生停止销售。随后,该公司积极与新闻媒介沟通,配合美国医药管理局的调查,并及时向公众发布了检查结果。尽管,1982年泰诺事件造成了该公司巨大的损失,但是却在公众心中树立了该公司敢于担当责任的正面形象,并通过及时的与消费者沟通,挽回了消费者对该公司的信心。在1982年以后的数次质量危机中,该公司都是以主动的、敢担当责任的姿态召回有质量问题的相关产品。这些看似损失的危机公关行为,实际上使该公司在公众赢得了广泛的声誉,使得该公司在同类企业中独占鳌头。

反观该公司在此次"质量门"危机中的表现,不禁会发现,该公司在关于产品质量问题的信息发布后,第一时间做出反应,其速度可圈可点。展现了一个大企业在危机爆发时的老手姿态。该公司"质量门"危机发生之时,正值消费者与生产者矛盾尤为尖锐的敏感时期,该公司及时反应,果断决策,根据处理产品质量危机的基本原则——寻求权威结论原则,将涉事产品样品送交国家质检局和国家药监局进行检验。由于该公司的迅速反应,控制了事态的进一步发展。但从整体效果来看,该公司对此次危机的处理除了有让人夸赞的速度外,也留下了更多让人遗憾的地方。

尽管该公司试图倚靠国家权威机构的公信力力挽狂澜,但却大费周章的寻求两个机关做检测。屋漏偏逢连夜雨,这两个部门先后出具了两个完全不同的检测结论。一个结论显示的是26种31个批次产品中,仅有一种产品——婴儿香桃沐浴露的一个批次检出含有微量二噁烷,每千克3.27毫克;而另一个结论则显示未发现该公司上海分公司的3个婴幼儿用国产特殊用途化妆品和30个婴幼儿用国产非特殊用途化妆品配方中添加甲醛和二噁烷。这样的结果应该说是该公司没有掌握好公关的

"度"而自己打了自己的脸,导致公众在混乱中更添疑虑。一家权威机构做出的结论却被另一家权威机构否定,原本希望强化自己"无毒"结论初衷的该公司面对的却是令自己尴尬的意外。值得该公司庆幸的是,虽然两个结论在有无成分添加上的结论上存在全然的不同,但是它们都将该公司婴儿卫浴产品列为合格产品,该涉毒产品的安全性被予以证实。这一纸宣告成了该公司的救命稻草,其迅速通过媒体宣传自己的无毒检测结果,并致函各大卖场,将检测结果张贴在各大卖场该公司产品专柜周围,以示自身清白,希望通过这样的权威结论保有市场,维持销量,减少损失。但是,该公司在处理此次危机过程中,总有被动应战之嫌,不断地通过声明来强调企业的产品合格和该公司不应该承担此次危机的任何责任。面对依然没有平息的质疑声和退货的请求,该公司以全部婴幼儿产品都是安全、温和纯正且合格的声明而拒绝消费者的退货要求。那个在泰诺事件中占据主动,富有责任心的大企业形象在消费者心中坍塌。尽管该公司没有遭受产品召回的风险和损失,但在事发后,各大卖场都出现该公司产品的销量直线下滑甚至无人购买,并且不断有家长询问产品是否安全的状况。可见,该公司的一系列强硬声明一直是单方的替自己的产品辩白,片面强调产品的"无辜",而没有多少具有说服力的理由,同时也没有听到该公司方面关于承担事件责任的任何声音。因此,该公司的声明并不能体现危机公关的真诚沟通原则。

点评

从整个危机的发生、发展来看,该公司处理危机的出发点是为自己的产品脱罪,保持销量。其从未站到消费主体——婴幼儿家长的立场做出危机处理的决策,而是采取一种缺乏人性考量的生硬态度作为自己危机公关的策略。这些都有力地说明,该公司缺乏与消费者沟通的真诚态度。这违背了企业危机公关最重要的原则——真诚沟通原则。通常危机发生后,公众会关心利益问题,利益是公众关注的焦点,因此无论谁是谁非,企业应该承担责任。即使受害者在事故发生中有一定责任,企业也不应首先追究其责任,否则会各执己见,加深矛盾,引起公众的反感,不利于问题的解决。实际上,公众和媒体往往在心目中已经有了一杆秤,对企业有了心理上的预期,即企业应该怎样处理,才会感到满意。因此企业绝对不能选择对抗。态度至关重要。而该公司恰恰犯了最致命的错误,并且丧失了与消费者达成谅解的最好的机会,消费者对该公司信心的失去已成为事实。真诚沟通的缺失导致消费者信心的丧失,这必将成为掣肘该公司未来发展的隐忧。

拍案二 Q地板:"国际玩笑"是高手,"危机公关"属低能

"德国Q地板创建于1903年,在欧洲拥有1个研发中心5个生产基地,产品行销全球八十多个国家。此外,在德国巴伐利亚州罗森海姆市拥有占地超过50万平方米的办公和生产厂区。""Q地板,2008元一平方米,全球同步上市!"这两则宣传语,差不多是2006年最煽动人心的语句之一。而2006年的央视的"3.15"晚会却无情地撕下了Q地板的假面,揭露了这样一个无情的事实:所谓的Q地板德国总部根本就不存在;不仅德国Q地板不存在,记者在国内工商部门查询发现,被Q公司在网站和宣传材料上频频使用的"Q(中国)有限公司"也根本没有注册过。经查询得知,Q这个商标在2000年才正式注册,注册人是1998年成立的北京Q装饰材料有限公司。真相一出,舆论哗然,Q公司从云端狠狠地跌落,原来所谓的"Q地板,真的很德国"只是一个骗局。标榜自己是百年企业的Q公司,实际上还处于6岁的幼年期。谎言被戳穿,脱掉了德国装扮的华丽外衣,Q公司赤裸裸的被呈现在媒体和公众面前。根据媒体所披露的Q公司涉嫌商业欺诈的行为,全国各地工商部门快速做出反应,组织力量对辖区内Q地板进行检查。不少经销商也主动停售Q地板。Q公司陷入空前危机。3月16日,Q公司遭受各大媒体的集中炮轰,随即当日晚间在网上发表声明,首先对Q公司事件的影响向消费者表示歉意。但声明重点强调的是,此次危机出现的原因是"Q公司对企业形象宣传层面所出现的失误",Q企业2004年企业宣传手册错把Q公司在德国合作的生产基地,误写为德国Q企业,手册现已进行回收处理,重新赶印了新宣传手册改正。另外,Q企业也一直真实地向消费者公布生产厂家,产品宣传手册、产品包装标签全部明细标注"是符合国家产品质量标准的合格产品"。但声明却绕开了公众最关心的德国的生产总部是有还是无的问题。Q企业高层,在此期间一直试图搜集相关证据,并要求央视澄清

事实。事发后几日，Q企业总裁接受媒体采访，依然强调网络声明的内容，却对关于退货和赔偿的实质性问题只字不提。

点评

  Q企业的危机公关策略一直是围绕结果的产生到底是"故意"还是"过失"展开。在伪装被卸下后，Q企业试图利用宣传过失作为遮羞布来遮蔽自己"故意"的企图。Q企业不承认自己的欺诈行为，但是与国内同种地板相比，它敢于定出天价销售，并将自己定位为高端产品的勇气来自于哪里？标榜"百年Q地板，德国制造"，大概就是Q企业底气的来源。这明显是一种直接故意，是具有持续性的欺诈行为。Q企业一直在证据面前做无力的辩白，对自己的欺诈行为矢口否认，试图为自己挽回一线生机，但是公众早已看穿Q企业的把戏。像"百年Q企业，指的是有信心把Q企业做成百年品牌"这样的滑稽言论不断出现，Q企业愚弄民智的行为最终造成公众群情激奋，断送了与消费者真诚沟通的机会，导致获得消费者谅解的途径堵塞。

  另外，面对危机发生后的退赔问题，Q企业一直遮遮掩掩予以回避，最终被逼无奈的表态："如果购买产品发现问题的消费者，方可办理退货。"这让消费者根本看不到Q企业真诚的态度与企业本该具有的责任心。这种退货方式在危机当前，显然不合时宜，有推诿之嫌。无条件地"召回所有售出的产品"或者"凭购货发票"获取赔偿才能彰显出企业对消费者负责到底的态度，表明Q企业愿意为自己的过错买单。很遗憾的是，Q企业没有认识到真诚地面对消费者、坦诚自己的过错、获得消费者的谅解才是挽回企业声誉的正道。

  再者，企业应把自己所做，所想的，积极坦诚地告知公众。虽然Q企业在危机发生后，一直很主动地在配合媒体的采访，但是在沟通中却极不真诚，尽是牵强附会地狡辩。Q企业此时应采取真诚的沟通方式，设立专门的投诉热线和投诉网站，给公众一个宣泄的途径，而"聪明"的Q企业却对消费者的要求置之不理，用花样翻新的谎言为自己开脱。消费者对Q企业的信心的丧失决定了Q企业未来的渺茫。

第二十四篇 ——真诚沟通

拍案三　某著名品牌数码摄录放一体机

2004年1月8日,在某著名品牌的官方网站上刊登出一份通知。通知旨在对该品牌数码摄录放一体机有镜头磨损的现象做出解释,并将数码摄录放一体机在何种条件下有可能产生的问题公布于众。该公司提供免费服务热线,方便产品存在瑕疵的消费者寻求帮助,并且允诺如有问题,公司会免费为消费者更换镜头盖。在将可能出现的问题及如何解决说明之后,该公司另外增加说明产品在正常使用下可能出现的情况,并提醒消费者无需担心。在通知最后,该公司附言:"在此,衷心感谢您的理解和合作并期待您的宝贵意见或建议!我们将不断以高科技的优质产品和服务实现'让用户满意'的理念。在今后的技术开发中不断进取,更多地听取用户的意见、建议,以力求完善。公司非常抱歉因此可能给您带来的任何不便并会在今后继续完善管理,避免类似事情的再次发生。"

点评

该公司在这一案例中提前出手预防了可能因产品瑕疵带来的危机。该公司赢了,与其说赢在公关手段的奇特,倒不如说赢在一个企业对消费者的人性关怀和面对公众的真诚态度上。首先,该公司主动公布整个事件的来龙去脉,不隐瞒,不退却,坦诚地面对公众。在这份说明里,没有任何脱责的词汇,显示了虽然犯错,但仍不失大公司风范。随之,该公司告知消费者遇到问题后的解决途径,并向消费者真诚地表达歉意,表示企业改过的决心。最后,该公司做足了细节上的工作,补充说明了正常使用情况下消费者可能误解为故障的事项。这么做不仅仅是消除了一部分消费者不必要的担心,特别之处在于该公司用一种委婉的人性的方式将危机限定在一定的范围内,有效地防止了危机的扩散和蔓延。该公司用主动的、真诚的态度打动消费者,赢得了消费者的谅解、赞誉、尊重和信心。

回味隽永

通过以上所举案例,我们不难发现,企业应对相似的危机所采取的不同策略直接决定不同结局的出现。暂且不说公司面临的困境多么严峻,也不说公司具体的解决路径和公关举措如何,单从企业坦诚面对公众,对真诚沟通公关原则的遵行这一点来看,结局的呈现是清晰的。结合这些真实的案例,概括结语如下:

1. 面对危机,企业要以真诚的态度作为自己危机公关的出发点。危机发生时企业必须先从自身找原因,推卸责任、躲避公众是危机公关的大忌。企业要以一种负责任的姿态,坦诚地面对自己为公众带来的困扰。不管这种危机是企业真正的过错,抑或是社会公众的错误认知造成的,企业都应率先表现出一种真诚的态度。真诚的态度是企业与消费者关系的润滑剂,可以换来消费者的谅解。可口可乐便是用真诚的态度挽救声誉的最好例证。

2. 建立与公众沟通的平台。企业危机爆发之后,消费者的情绪同样是一触即发。他们内心充斥着质疑和对使用产品的不安全感。企业最好的举措应当是建立沟通的平台,将危机的产生、处理及可能产生的后果如实地告知公众,通过真诚的沟通,传递企业会负责到底的信息。及时通报危机处理阶段性的结果,如权威机关的结论、政府部门出具的官方文件等,稳定消费者的情绪,控制危机的蔓延。上述案例中,某些公司采用一个接一个的声明来为自己辩白,从头至尾没有表现出与消费者沟通的意向和行为。而可口可乐在与公众沟通方面的表现与其形成明显对比,它通过建立网络、电话沟通平台,积极有针对性地解决消费者的困惑,疏导消费者的不安情绪,将危机在诚意的沟通中化解。可口可乐与消费者的真诚沟通堪称完美,对企业处理相同危机有借鉴作用。

3. 企业与消费者的沟通应以人性关怀为基点。沟通需要建立在平等对话的基础上,当对话的双方当事者,一方为企业,一方为消费者时,双方的实力对比是显而易见的。消费者的恐惧是真实的,愤怒不是没有理由的,担心是不可避免的。企业要尊重公众的感受,设身处地地站在公众的立场来制定危机策略。危机企业应该放下大企业的架子,扛起责任的大旗,将对消费者的关怀贯彻到整个危机的处理中。上例中,造成某著名化妆品公司信誉不可挽回的原因,便是其漠视婴幼儿家长急切的心情,对婴儿的健康视而不见造成的。婴幼儿是社会的希望,一个标榜具有社会责任感的企业,却对社会的未来极度漠视,这不能不说是该公司自毁前程之举。

4. 危机既是挑战又是机遇,要注重危机的两面性。面对危机,不要惧怕,不要躲闪,从容应对才是正道。任何危机去除了危险因素,便剩下机遇。要从容驾驭风险,妥善处理危机,与消费者真诚沟通,力求获得消费者的理解和支持。企业在危机过后,如果以勇于担当的姿态出现在公众面前,适时与消费者沟通,做到"言必行,行必果",将企业改错的决心表露给公众,公众对企业的信心就会迅速恢复。企业不仅不会因为危机丧失自己的地位和信誉,反而会增进消费者对企业的支持。反之,企业在危机发生后,躲躲闪闪,逃避责任,就如Q企业在事发后一个接着又一个的谎言和辩白,相信消费者早已失去了对企业的耐心和信心,企业信誉无可挽回。

总而言之,从哲学矛盾普遍性的原理出发,危机时时存在,处处存在,谁都不能料到危机何时降临。但是我们要树立一种危机意识,一种企业的危机公关态度。坦诚地面对公众,以诚恳的态度打动公众,通过细节行为将至诚的态度传递给消费者,让他们知道,危机来临,企业会与他们共担风雨,以人性的关怀战胜误解和成见,以真诚的态度搭建企业消费者与企业沟通的桥梁。

第二十五篇

攻心为上——品牌形象重塑

——"后三鹿时代"蒙牛品牌的危机公关案例

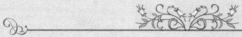

  在瞬息万变的产品竞技场上,产品是不是名牌决定着一个产品甚至是一家企业的兴衰成败。在老百姓眼里,名牌产品必定名至实归。因此,在市场经济的现在,我们的企业从来没有像今天这样注重名牌效应,千方百计创名牌,千方百计实施名牌战略。产品是承载品牌的基石,一旦发生质量安全问题,势必酿成危机,直接威胁到品牌声誉。特别是食品饮料、医药保健、化妆品等行业,由于其产品与消费者的生命健康直接相关,一直处在危机的"高发区"。2008年的"产品安全",尤其是"食品安全"成为品牌危机的一大关键词。"奶粉事件"波及甚广,不仅从三鹿一家企业蔓延到整个乳业,还牵涉到糖果、鸡蛋等多个行业。在此事件中,众品牌的公关表现各有不同。三鹿反复无常:抱着侥幸心理先是隐瞒事实,后又口径不一、自相矛盾,并且将责任推卸给奶农。积极应对:第一时间致歉及召回产品,并投放大量广告承诺产品质量。当危机发生后,企业先要自我反省、承担责任,然后查明原因,从根源上解决问题,并通过获取政府支持、公开处理措施、第三方证言、开放一定生产流程等方式恢复消费者对品牌的信心,重塑品牌形象。

开篇导例

2008年9月,我国爆发了三鹿奶粉事件,国人震惊。2008年9月16日,受三聚氰胺污染的22家乳制品企业名单正式公布,蒙牛产品名列其中。一时间,这些乳制品企业受到民众和媒体的广泛质疑和指责。同时,消费者对于奶制品的消费信心和信任度降至冰点。我国整个奶制品行业和产业受到致命的打击,奶制品品牌也遭受到了有史以来最大的一次行业信任危机。蒙牛品牌受到了前所未有的挑战和危机。

面对企业品牌出现的危机,蒙牛公司采取了一系列的危机公关行动,主要包括以下几点。

第一,采取第一时间通过媒体公开道歉认错、将受污染产品下架,进行相关的消费者赔偿等措施。在中央电视台《牛奶的诚信》节目中,蒙牛营销总裁代表蒙牛公司就三聚氰胺事件,向公众公开道歉,并在节目中当场试饮牛奶。

第二,广告策略的改变。在事件受到强烈关注期内,停播事件前的广告。诸如"只为优质生活"此类的广告语在此时只会招致消费者的反感。广告内容要做有实际内容的宣传,要突出产品的安全性,如宣传产品质量控制、原料检验控制等。

第三,集中在品牌产品质量上下工夫。大力建设牧场,实现生产和销售的一体化和系统化。蒙牛建设了多个大规模的奶牛牧场,并通过质量体系认证、系统的检测监控程序,保障提供高质量的牛奶。通过这些措施,提高产品质量,加强蒙牛品牌在产品质量上的认可度。

通过这些危机公关工作,消费者的消费信心开始提升,产品的销售量逐渐增加,蒙牛品牌逐渐获得了大多数公众的认可。2009年上半年,乳制品行业的工业产值已经止跌微增,消费者信心已经开始回归。2009年7月6日,中粮集团注资61亿港元,蒙牛获得了发展的潜力和实力。

 点 评

"三鹿事件"以后,蒙牛品牌面临着极大的压力。但是,蒙牛公司通过一系列的危机公关工作,解除了危机,赢得了信任。下面我们就看一下蒙牛公司在这个过程中的公关作为。

1. 面对危机,蒙牛坚持真诚沟通原则。面对危机,企业应该坚持真诚沟通原则,在事件发生后的第一时间,向公众和媒体解释真实情况,实事求是,不回避问题和错误,保障民众和媒体的知情权,这既是对公众负责,又有利于较快的解决问题。这样才能为企业品牌赢得信任和支持。在此事件中面对媒体铺天盖地的报道和公众的指责,蒙牛公司的危机公关工作表现出他们遵守了真诚沟通原则。他们所采取的一系列措施都体现了蒙牛公司在真诚沟通方面的工作,而这些工作也是蒙牛公司最终解决危机事件的重要原因。

2. 面对危机,蒙牛公司从危机中找到机遇,实现了企业品牌的提升和发展。品牌出现危机,是一个不小的灾难。但是,企业要善于抓住危机背后的机遇。在危机事件引发舆论和公众关注的同时,企业应该利用这种关注带来的机会,优化企业的品牌,扩大品牌的影响力,提高公众和媒体对企业品牌的认可度和信任度。本案例中,蒙牛公司在处理危机的同时,可以通过蒙牛产品的安全性,借由事件带来的关注度,提高品牌的影响力。这就是抓住了危机后的机遇。

3. 面对危机,蒙牛公司坚持第一时间反应原则。面对出现的危机,企业要坚持快速应对原则,在第一时间做出反应,制定相应的措施和策略。在"三聚氰胺事件"发生后,蒙牛公司在分析客观情况的基础上,迅速采取在第一时间通过媒体公开道歉认错、将受污染产品下架,对相关的消费者赔偿等措施,及时地对出现的问题进行了处理。这些工作,提高了公众和媒体对蒙牛的认可度和信任度,为最终解决事件奠定了基础。

4. 面对危机,蒙牛公司应该注意建立和完善公关危机的预警机制。现代市场经济环境的复杂性和信息时代的高传播速率,使得当今企业面临的问题更复杂多变。而网络等现代新媒体,倾向于寻找公众感兴趣的且具有可炒作性的信息。一旦这种新闻被网络等多种形式高速传播,那么它就会对品牌具有极大的杀伤力,造成极坏的社会影响。所以,企业应该建立一套有效的危机预警系统,从而在危机发生的初期就及时做出反应和部署,控制事态的发展,解决出现的问题。

史镜今鉴

春秋战国时期,齐景公有三个勇猛的武将——公孙接、田开疆和古冶子,号称"齐国三杰"。他们战功赫赫、勇猛异常,而且三人是结拜的兄弟。所以,他们在齐国势力越来越大,直接威胁着齐国国君的统治。齐国当时的大臣晏婴担心他们威胁齐国的国家稳定和齐国国君的安全,决定除掉他们。但是,投鼠忌器,没有比较好的办法。

有一次,鲁昭公访问齐国,齐景公设宴款待鲁昭公。在这次宴会上,晏婴想出了一个好的办法,终于除掉了这三个人。举行宴会时,按照当时的传统,鲁昭公和执礼仪的叔孙蜡、齐景公和执礼仪的晏婴四人坐于厅堂上,公孙接、田开疆和古冶子立于厅堂下。当宴会进行到半程时,晏婴提议并经齐景公同意,从齐景公的御园里摘了六个硕大新鲜的桃子。当时,鲁昭公、齐景公、叔孙蜡和晏婴四人各取一颗食用。

这时,还剩下两个桃子。晏婴建议齐景公,传令群臣:谁的功劳大,谁就可以吃桃。齐景公同意了。听到这儿,公孙接率先走了过来,说:"我曾经打虎救主,我是齐国的恩人。我理应得到桃子。"于是,公孙接拿到桃子,十分得意。古冶子说道:"我于黄河中斩巨龟救国君,于齐国有功。"晏婴把另一颗桃子给了古冶子。剩下的田开疆看到桃子已经分完,怒道:"我田开疆,攻城略地,战无不胜,攻无不克,凭什么桃子没有我的份?"晏婴急忙说:"田将军的功劳自然是不小,但是桃子只有两个,已经赐予公孙接和古冶子两位将军了。"田开疆回答道:"我为齐国出生入死,反而吃不到桃子,反受其辱。唉!"说罢,竟自刎身亡。公孙接大惊:"我为虚名与田将军争桃,竟害死了田将军。"说罢也自杀身亡。古冶子见此悲痛异常,也拔剑自刎了。就这样,晏婴没有动一刀一枪,用两颗桃子除去了齐国的大敌。

第二十五篇 攻心为上——品牌形象重塑

点评

本案例中,齐国大臣晏婴根据当时的斗争形势针对三位勇士的特点而采取的策略和技巧,是危机公关工作的极好借鉴。

1. 面对危机,晏婴根据敌人的特点,选择攻心战术。因为三位武臣既是政治上的同盟,又具有万夫不当之勇。如果采取正面的直接的方式取缔他们的势力,倘不成功,可能还会反受其累,对齐国的政局也是非常不利的。所以,晏婴选择打攻心战,使三个居功自傲的兄弟争功而死。晏婴通过攻心战术,最终化解了齐国可能面临的政治危机。

2. 面对危机,晏婴在第一时间反应,做好应对的计划和部署,化解了齐国可能面临的危机。面对齐国臣子可能出现的僭越的危机,晏婴审时度势,仔细分析斗争的形势,在第一时间反应,做出了最好的策略——打攻心战,只有让三勇士在他们最看重的东西上出现争执,他们的同盟关系才有破裂的可能。晏婴的策略最终也取得了很好的效果,齐国的危机最终得以解除。

公元前266年,赵国国君惠文王去世,他的儿子孝成王继承王位。因为孝成王年纪较小,所以,赵国国政暂时由太后执掌。赵国处在新旧交替之际,权力局势不稳定,孝成王年少,赵国又由女人掌国。所以,秦国认为有机可乘,于是派兵攻打赵国,并攻占了赵国的三座城池,赵国危在旦夕。赵国请求齐国增援。齐国提出,赵国必须派太后的幼子长安君到齐国去做人质才能发兵。赵太后爱子心切,不肯答应,赵国大臣们极力劝谏。但是,太后公开宣称,有谁敢再说让长安君去做人质这件事,她会在他脸上吐唾沫。

于是左师触龙觐见赵太后。触龙慢慢地挪动着脚步,到太后面前说:"臣脚有毛病,走的不快,所以很久没来看您了。我总担心太后的贵体有什么不舒适,所以想来看望您。"太后说:"我靠车子行动。"触龙问:"您每天的饮食该不会减少吧?"太后说:"每天就喝点稀粥。"触龙说:"我近来不想吃东西,自己每天走上三四里,慢慢地就会增加点食欲,身上也舒服多了。"太后说:"我老的动不了。"这时,太后的怒色已稍微有些缓解。

左师说:"我的儿子舒祺,年龄最小,很不成材;我私下很疼爱他,我冒着死罪请求太后希望他能递补上保卫王宫卫士的数目。"太后说:"可以啊。年龄多大?"触龙说:"十五岁。希望趁我还没离开人世就托付给您。"太后说:"你们男人也会疼爱儿子吗?"触龙说:"男人疼爱孩子比妇女还厉害。"太后说:"我觉得还是妇女疼的特别厉害。"触龙说:"我认为,您疼爱燕后超过了疼爱长安君。"太后说:"没有疼爱长安君那样厉害。"触龙说:"父母疼爱子女,应该为他们考虑长远些。您送燕后出嫁的时候为她而伤心,握住她的脚后跟为她哭泣。她出嫁以后,您也很想念她,可您在祭祀时,一定会为她祷告,希望她永远不要回来。难道这不是为她作长远打算,希望她生育的子孙都做国君吗?"太后说:"应该是这样。"

触龙说:"从这一代往上推到三代以前,一直到赵国建国的时候,赵王被封侯的子孙的后继人现在有还在的吗?"赵太后说:"没有。"触龙说:"不光是赵国,其他诸侯国君的被封侯的子孙的后人,他们还有在的吗?"赵太后说:"没有。"触龙说:"他们当中祸乱来得早的就降临到他们自己身上;要是来得晚,祸患就降临到他们的子孙身上。难道他们的子孙就一定不好吗?其实,这是因为他们地位高却没有功勋,俸禄丰厚而没有功劳!现在长安君的地位很高,又占据肥沃的封地,如果现在不利用这个时机让他为赵国立功,一旦以后您离开人世,长安君凭什么在赵国立足呢?我认为您为长安君打算得不够长远,因此您疼爱长安君不如疼爱燕后。"太后说:"好吧,现在你想派遣长安君去齐国,我没有意见。"触龙替长安君准备了一百辆车子,送他到齐国去做人质。于是,齐国出兵救赵。

 点 评

本案例中,触龙根据当时复杂的战争形势,针对赵太后的心理特点采取了一定的策略,这个策略最终取得了成功。触龙运用的技巧和策略是危机公关工作的极好借鉴。

1. 面对危乱局势,触龙与赵太后真诚沟通,打攻心战。秦国攻赵,赵国的形势危急,只有借助齐国的帮助,赵国才能解除危机。但是,齐国提出一个要求,就是让赵太后的小儿子到齐国做人质,齐国才能出兵

第二十五篇 ◆ 攻心为上——品牌形象重塑

救赵。这个要求在当时诸侯战乱的实际情况下,是可以接受的。但是,赵太后爱子心切,拒绝了齐国的要求,这无异于自取灭亡。触龙就抓住赵太后的这个心理,从疼爱孩子、为孩子长远着想的角度出发,来说服赵太后。所以他见到太后,先表示对太后身体健康的关怀,消除了她的怒气。接着谈自己爱子问题,让赵太后找到爱子的认同感。然后触龙又用赵王和诸侯的子孙为例,指出疼爱孩子,是要为孩子的长远打算,而不仅仅是给他们领地、财物。所以,送长安君去齐国做人质,是为他做长远打算,是为了长安君着想。这样的真诚沟通,自然能够打动赵太后,说服她送长安君去齐国。

2. 面对危乱局势,触龙在第一时间反应,做好应对的计划和策略,化解了赵国的危机。面对危乱局势,触龙审时度势,仔细分析赵太后的心理,在第一时间做出决定,最终化解了危机。而且,他也采取了最好的策略——打攻心战。在赵太后不同意送长安君去齐国做人质又阻止大臣们劝谏的时候,触龙马上做出决定,并制定了打攻心战的策略,最终说服了赵太后,化解了危机。

正是因为"莱温斯基事件",克林顿成了美国历史上第二位被弹劾的总统。1998年1月23日,白宫前实习生莫妮卡·莱温斯基因为涉及琼斯性骚扰案,而被曝与克林顿有染。莱温斯基是琼斯性骚扰案中的证人。1994年5月,琼斯起诉当时的美国总统克林顿。她声称,1991年5月18日克林顿在一旅馆对她进行性骚扰。同时,她提出赔偿70万美元的要求。克林顿在接受琼斯案调查时否认与莱温斯基有任何关系。1月28日,独立检察官肯尼思·斯塔尔就莱温斯基同克林顿总统的关系问题开始调查。4月1日,阿肯色州地方法院法官苏珊·赖特否决了琼斯在性骚扰诉讼中的一切指控。但是有许多证据显示,克林顿在这个问题上撒了谎。这些证据包括:包含莱温斯基谈话的录音带、莱温斯基的日记。其中最关键的证据是一件沾有克林顿精液的裙子,而根据对裙子的DNA的化验显示克林顿说谎。这样,面对美国民众和媒体的指责和质疑,克林顿总统面临着巨大的压力。8月17日,克林顿向全国发表电视讲话,承认他和莱温斯基有"不适当"的关系。他还指出他和莱温斯基发生的关系是错误的,而且,他对此将承担全部责任。但是,克林顿强调他没有要求任何人撒谎、销毁证据或者做任何其他违反法律的事情。9月9日,独立检察官斯塔尔宣布结束了关于这一问题的调查。

1998年10月5日,众议院司法委员会通过了共和党提出的一项决议案,这项决议批准对克林顿进行正式弹劾调查。10月8日,美国众议院批准了对克林顿总统进行正式弹劾调查。12月12日,司法委员会否决了民主党委员提出的对克林顿进行斥责以替代弹劾的议案,通过了四项弹劾克林顿的条款。12月19日,美国众议院举行全体会议,会议通过了弹劾克林顿总统的两条理由。理由是:克林顿在琼斯诉性骚扰案中作伪证和妨碍司法。1999年1月7日,参议院开始对美国总统克林顿进行弹劾审判。2月12日,参议院在对克林顿总统弹劾案的最终表决中,否决了对克林顿的第一项弹劾,即"作伪证"的条款;同时,也否决了他"妨碍司法"的第二项弹劾条款。所以,对总统弹劾的控罪不成立。至此,参议院审理克林顿弹劾案宣告结束。

面对弹劾危机,时任总统的克林顿坚持真诚沟通原则,打心理战。在弹劾危机发生后的第一时间,向公众和媒体承认错误,实事求是,不回避问题。这样的态度为他赢得了大部分民众的支持。

面对弹劾危机,克林顿审时度势,认为在现有的局势下,只有采取攻心战术,以退为进,才能挽回败局。所以,他在1998年的全国电视讲话中承认这是一个巨大的错误,而且表示个人将会对这个问题负全部的责任。他的讲话表明了,总统也可能犯错误。所以,他之前的不诚实举动,好像是他恐惧和自我保护的本能反应。在面对相似的问题时,我们自己也可能犯这样的错误。他的这种忏悔意识和深感内疚的表态,迎合了美国民众对他的同情心理。这种低姿态赢得了大部分美国民众对他的认可。所以,当时主流的民众意见就是,应该对克林顿总统进行谴责,弹劾他迫使他辞职则是不必要的。

三刻拍案

拍案一 宗庆后对抗达能

2007年4月8日,达能强购娃哈哈事件被爆出,娃哈哈集团与达能集团的矛盾公开化。2007年4月9日,达能正式向宗庆后发出通告,要求其作为合资公司的董事长,在30天内对"非法"成立的非合资销售公司准备启动法律诉讼程序。但在30天的期限内,娃哈哈合资企业的管理层未对非合资企业采取任何行动。1996年,达能集团与娃哈哈集团开始合作。但是,在2007年双方发生纠纷风波。这个事件就是"达能强购娃哈哈事件"。

争议源起于1996年的一份协议。1996年,达能集团与娃哈哈签署了《商标转让协议》,协议决定将"娃哈哈"商标转让给达能、娃哈哈合资公司。当时国家商标局对此并没有核准。1999年,双方签订《商标使用许可合同》来替代1996年的《转让协议》,规定准许达能、娃哈哈合资公司使用"娃哈哈"商标。2007年,双方发生一些纠纷。所以,达能就协议向娃哈哈提出要求,要求娃哈哈将商标转让给合资公司。但是,娃哈哈方面认为,娃哈哈没有义务转让商标。因为国家商标局没有批准《商标转让协议》,而且双方已经签订《商标使用许可合同》终止了《转让协议》。应娃哈哈提出的仲裁申请,2007年12月,杭州仲裁委员会做出认定《转让协议》已终止的裁决。在娃哈哈提起仲裁后,达能向仲裁委员会提出,由于国家商标局不批准,导致《转让协议》终止;但在境外注册的"娃哈哈"商标娃哈哈有转让的义务,而且境外的转让不需要国家商标局审批,因此,娃哈哈需要向达能集团转让其在境外注册的商标。2008年9月,杭州仲裁委员会驳回了这一请求。但是,达能不服裁决,向杭州中级人民法院申请撤销裁决。2009年5月,杭州中级人民法院做出裁定,肯定了仲裁委员会仲裁决定的合法性和公正性,决定维持原裁决。无论是在国内注册的还是在境外注册的"娃哈哈"商标,现在都归属杭州娃哈哈集团所有。至此,娃哈哈与达能的纠纷,娃哈哈胜出。

点 评

　　由于1996年签署的合同,娃哈哈面临着极大的压力。但是,宗庆后和娃哈哈公司通过一系列的危机公关工作,解除了危机,赢得了信任。下面就看一下娃哈哈公司在这个过程中的公关作为。

　　1. 面对危机,宗庆后打民族牌,坚持真诚沟通原则。面对品牌被强购的危机,宗庆后在分析各种情况和条件的基础上,坚持打民族牌,取得了舆论和国内民众的支持和认同,形成对达能的强大压力,从而取得了危机公关的成功。在这个过程中,宗庆后坚持真诚沟通原则,在事件发生后的第一时间,向公众和媒体解释真实情况,实事求是,不回避问题和错误。这样的真诚沟通态度,为企业品牌赢得了信任和支持。这些都体现了娃哈哈公司在真诚沟通方面的工作,而这些工作也是公司品牌危机最终解决的重要原因。

　　2. 面对危机,娃哈哈坚持第一时间反应原则。面对出现的危机,企业要坚持快速应对原则,在第一时间做出反应,制定相应的措施和策略。在强购事件发生后,宗庆后在分析客观情况的基础上,迅速采取在第一时间通过媒体公开事件内幕,打民族牌,实施心理战术,争取舆论和国内民众的支持。这些工作,提高了公众和媒体对娃哈哈的心理认可度,扩大了娃哈哈的品牌影响力,为最终解决事件奠定了基础。

　　3. 面对危机,娃哈哈可以从危机中找到机遇,实现企业品牌的提升和发展。品牌出现危机,是一个不小的灾难。但是,企业要善于抓住危机背后的机遇。在危机事件引发的舆论和公众关注的同时,企业应该利用这种关注带来的机会,优化企业的品牌,扩大品牌的影响力,提高公众和媒体对企业品牌的认可度和信任度。本案例中,娃哈哈在处理危机的同时,通过事件带来的关注度,提高了品牌的影响力。这就是抓住了危机后的机遇。

拍案二　M快餐店的"蚀心水"

2003年7月12日,广州的一个M快餐店内,两位消费者点了两杯红茶后发现其中有非常浓的消毒水味道。现场副经理解释,可能是因为店员前一天对烧开水的大壶进行消毒后,忘记把残余的消毒水洗清导致的。该副经理表示,7时15分该店长和该地区督导会赶到现场解决此事。但直到9时多,店长和督导才相继出现在现场。而在这中间的一段时间内,该店的员工多次与这两位消费者发生肢体冲突。

这两位消费者就此事提出要求,要求M快餐店向他们做出合理的解释和相应的赔偿。M快餐店方面做出的答复是,向两位消费者各赔偿500元,但是拒绝就此事件做出调查。面对M快餐店的怠慢,两位消费者决定曝光此事。媒体以《"橘淮为枳"?》为题,对该事件进行了报道,报道对M快餐店的管理、食品质量等多方面提出了质疑与指责。这些报道在公众和媒体中引起了广泛的影响。面对这种局势,M快餐店发表了一篇声明,声明中称M快餐店一向遵守中国政府有关部门关于食品安全的规定和要求,保证M快餐店提供的产品都是高质量的、安全的。2003年5月,M快餐店北京某分店也发生过把消毒水当饮料提供给消费者的事件。

点评

一杯"消毒水"变成了M品牌对消费者的"蚀心水",M品牌给消费者和媒体留下了负面的印象。面对品牌出现的危机,M快餐店却没有认真对待,危机公关工作做得比较失败。这是企业危机公关工作必须注意和借鉴的。

1. 漠视消费者的生理和心理健康,不敢勇敢地承担责任,失去了消费者的信赖。消费者喝下了不明成分的液体,M快餐店的第一个正确反应应该是送消费者到医院检查,而不是去和消费者争执。但令人遗憾的是,M快餐店错误地估计形势,只是承诺愿意向两人各赔偿500元,如两天内当事人身体不适要到医院诊治,医药费可予报销。要消费者两天内到医院检查,完全是自恃作为全球最大的餐饮连锁企业凌驾于消费者之上的傲慢自大,何等地漠视消费者的健康与生命!正是由于其对消费者的身心健康的漠视导致了事态的扩大。试想,如果 M 快餐店当即把消费者送往医院诊治,消费者还会如此怒气冲冲吗?如果 M 快餐店一直以一种富有人情味的态度来对待消费者,以积极主动的道歉而不是推脱责任的辩解和说明,会导致目前不好收拾的局面吗?

2. 对媒体和公众不开放,不坦诚,拒绝了与消费者沟通的机会。面对危机,企业的公关部门应该坚持真诚沟通原则,在事件发生后的第一时间,向公众和媒体解释真实情况,实事求是,不回避问题和错误。这既是企业对公众负责,又有利于解决问题。这样才能为企业品牌赢回消费者和媒体对于品牌的信任和支持。然而,时至今日也未见 M 快餐店对媒体和公众做出公开的说明,而有媒体进行采访时,其负责人表示,在事情没有完全调查清楚之前,不会发表任何观点。没有一个字的歉意,没有一丝对消费者负责的精神。面对如此的态度,还会让消费者感受到欢乐吗?

3. M 公司缺乏第一时间反应原则。可口可乐公司在这方面就做得很好,该公司有通畅的反馈渠道和快速反应机制,一旦危机发生,可口可乐几小时内就可以联络到总裁,不管他正在进行高级谈判,还是在逍遥度假。事件发生后的第二天清早,可口可乐员工的电脑里,公司内部互联网就会传来关于事件所有的消息以及危机处理的原则。反观 M 公司,事件发生后,现场副经理早在 7 时 15 分就已通知店长和地区督导赶到现场,结果两人直到 9 时多才相继出现。而这两个小时恰恰是矛盾激化的关键时刻。在"消毒水事件"发生后,M 公司也没有迅速采取公关策略和行动,如在媒体上公开道歉、对相关的消费者赔偿等措施。结果自然是降低公众和媒体对 M 公司的认可度和信任度,影响品牌的影响力。

4. 纠错机制不健全,在同样的地点摔倒两次。实际上早在 2003 年 5 月份 M 公司某北京分店就已发生过把消毒水当饮料提供给消费者的事情,只不过当时的"白开水"摇身一变成了"红茶"!当时消费者向媒体大倒苦水,"没想到他们的态度特别不好,真是让我特失望。连最起码的医药费他们都不愿意出。店长还跟我说什么,现在是特殊时期,他们的压力特别大,希望我能体谅她,今后一定加强内部管理。这是体谅能解决的事吗?"谁知两个月后竟发生了类似的一幕。

拍案三　王老吉的"攻心战"

2008年5月12日，四川省发生"汶川大地震"，举国震惊。全国的民众和媒体都关注着灾区的情况。面对灾情，2008年5月18日，中央电视台举办了《爱的奉献》大型赈灾晚会。晚会上，加多宝集团副总经理代表王老吉公司向四川灾区捐款人民币1亿元。加多宝公司的这个举动，引发了一个全国范围的王老吉消费热。

5月19日，天涯社区论坛出现了一个题为《让王老吉从中国的货架上消失！封杀它！》的帖子。帖子的内容是："王老吉，你够狠！捐一个亿！为了整治这个嚣张的企业，买光超市的王老吉！上一罐买一罐！"帖子马上引来大量的支持者，短短几分钟，网上就出现数十条跟帖。百度贴吧关于王老吉的发帖在三个小时内超过了14万帖。天涯社区、百度贴吧等国内较大的论坛都出现了大量号召购买王老吉、支持王老吉品牌的热帖。6月2日，《让王老吉从中国的货架上消失！封杀它！》在网上的浏览量超过52万，回帖超过5000条。帖子被网民多次转发到网上的其他的论坛。"要捐就捐一个亿，要喝就喝王老吉"、"今年过节不送礼，送礼就送王老吉"等口号出现在网络上，甚至也成了许多人的口头禅。王老吉品牌的影响力大大加强。王老吉品牌几乎一夜之间爆得大名。同时，全国各地王老吉的销量呈直线式的上升，甚至出现了卖断货的情况。2008年，王老吉总销售额达120亿元。

点　评

在汶川地震中，王老吉捐款1亿元，因而备受民众和媒体的推崇。"怕上火，喝王老吉"一时间成为最流行的广告词。下面我们就来总结一下王老吉公关工作的启示。

1. 打情感牌，坚持真诚沟通原则。王老吉捐款一个亿的举动，契合了当时民众和媒体对于企业社会责任感的期待和认可，契合了民众和媒体对于地震灾区民众的同情心和对企业慈善的期待。所以，王老吉的这些工作，抓住了民主和媒体的情感诉求，自然也就实现了品牌的提升和认可优化。这些都体现了王老吉公司在真诚沟通方面的工作，也是王老吉品牌成功的最主要原因。

2. 善于抓住机遇,实现企业品牌的提升和发展。大地震给我们带来了巨大的灾难和痛苦,各个企业纷纷出手援助,王老吉虽然只是一家刚有起色的民营企业,却大方地捐出了一个亿的救灾款,更让人觉得王老吉让人敬佩。同时,王老吉捐款是在备受瞩目的抗震救灾募捐晚会现场,在众多的国内知名企业捐款之后,王老吉以1个亿的捐款额高居榜首,赢得了全国人民的关注,赢得了全国人民的尊敬,为其增添了一份英雄色彩。所以正确的时机和正确的决策是这次网络公关成功的第一步。

3. 坚持第一时间反应原则。2008年5月12日,汶川发生大地震,国人震动。企业应该尽自己的社会责任,为地震灾区贡献自己的力量。王老吉公司坚持快速应对原则,在第一时间做出反应,制定了捐款一个亿的对策,提高了公众和媒体对王老吉品牌的认可度和信任度,极大地提高了王老吉品牌的影响力。

回味隽永

孙子曰:攻心为上,攻城为下。在当今市场经济和信息时代的环境下,这个信条和原则依然有效。所以,企业应该重视情感公关的作用。"后三鹿时代"蒙牛的品牌危机公关对于企业的危机公关工作有重要的启示。

1. 面对危机,企业的公关危机应该打攻心战,坚持真诚沟通原则。面对危机,企业不仅要在品牌"硬件"方面做出改进和提高。同时,企业应该在危机公关工作中,提升在"软件"方面的技巧和策略。攻心为上,企业在情感公关方面下工夫,有时会收到意想不到的好效果。所以,面对危机,企业应该坚持真诚沟通原则,在事件发生后的第一时间,向公众和媒体解释真实情况,实事求是,不回避问题和错误。这样的真诚会为企业品牌赢得信任和支持。在面对因三聚氰胺事件受到的指责和质疑,蒙牛公司打出情感牌。他们的危机公关工作表现出他们的真诚沟通原则,也赢得了公众和媒体的认可和信任。

2. 面对危机,企业应该抓住机遇,提高企业品牌的影响力。面对危机,企业要善于从危机中寻找机遇。品牌出现危机,对于企业来说,不仅要及时解决危机导致的后果,而且要善于抓住危机背后的机遇。在危机事件引发的舆论和公众关注的同时,企业应该利用这种关注带来的机会,宣传企业的品牌,扩大品牌的影响力,提高公众和媒体对企业品牌的认可度和信任度。在案例中,通过事件带来的关注度,蒙牛公司实施了包括提高产品质量、更好地满足消费者诉求等一系列公关工作,大大提高了品牌的影响力。蒙牛公司就是抓住了危机带来的机遇。

总之,在面对危机事件时,企业要重视多方面的因素使危机公关策略多元化,重视与民众和媒体的真诚沟通,加强情感公关在危机公关工作中的比重。只有这样,企业才能更好地面对复杂多变的市场经济环境和问题,更好地存在和发展。

真诚点燃品牌的亮度

——丰田霸道品牌公关案例

  本篇陈述企业要化解危机，必须要真诚，从而提出以"用真诚来修复品牌"为中心，并从中说明真诚取得信任，责任化解危机的观点。在史镜今鉴部分，分别列举了"三顾茅庐"、"张良拾鞋"和"弗莱明"的故事，进一步阐释了"至诚则金石为开"的道理。在拍案环节中分别选取具有代表性的三个经典案例，让大家清楚地认识到，危机并不可怕，关键是在遭受危机时，企业应以持久的真诚去构建自身的免疫力化解危机，从而为自己赢得更多的知名度、美誉度和忠诚度。

开篇导例

品牌,对于企业来说,不仅仅是商标或标志,更是企业的一种文化象征和一项纪律;对于消费者来讲,它是一种归属感和安全感,是企业和消费者沟通的重要手段,保证了企业对消费者信息的准确传达。品牌在带给消费者满意、舒心的产品和服务的同时也为企业赢得了知名度、美誉度和忠诚度,为企业创造了具有长期价值的无形资产。然而,在瞬息万变的市场经济环境下,任何品牌都可能遇到意想不到的变故,一个正在走俏的品牌突然被市场吞噬、毁掉已不是一件新闻;有百年历史的品牌一下子跌入谷底甚至销声匿迹也已不再是耸人听闻的新鲜事。品牌危机这个概念在优胜劣汰的竞技场中变得不再陌生,危机公关则成为化解危机的一把利剑,在维护企业形象,保护企业品牌中发挥了至关重要的作用。曾轰动一时的某口香糖广告引发的品牌危机发生后,正是由于该口香糖与中国民众的真诚沟通并勇于承担责任,才使其扭转了被动尴尬的局面,进而转危为机。

2007年1月3日晚,环球时报驻俄罗斯特约记者吃惊地发现,俄罗斯多家电视台正在播放一则有辱中国国歌的广告。该广告以《义勇军进行曲》为背景音乐,宣传的对象是一种口香糖,画面轻佻滑稽。这则广告一开始是一群黄皮肤的亚洲人伴随着《义勇军进行曲》的旋律匆匆赶往机场,为首的是一位领导模样的人。到达机场后,这位领导站在飞机舷梯边迎候外宾,众随从在他身后一字排开。领导身旁的一个年轻人这时从口袋里摸出两粒口香糖,塞进嘴里,惬意地用俄语说了句"多么清新的味道",随后便自我陶醉地大嚼起来。这时,一名白皮肤的外国女领导人从舷梯走下,她在众人惊诧的目光中直接奔向这名吃口香糖的随从,并献上一个香吻。这一幕让在场所有人惊愕万分。突然,不知是谁放了一个响屁,一直在播放的《义勇军进行曲》旋律戛然而止,所有人都尴尬地静默在那里,茫然地四下环顾。这时,电视屏幕上赫然出现某品牌口香糖及其商标。

这则涉嫌恶搞中国国歌的广告，记者首先在俄罗斯公共电视台体育频道看到，随后换台，发现除该台外，莫斯科 CTC 电视台等多个频道也在滚动播放这则长达一分钟的广告。据记者了解，俄罗斯公共电视台由国家控股，与俄罗斯电视台、俄罗斯独立电视台同属影响较大的主流电视媒体，而莫斯科 CTC 电视台属于私营电视台，影响并不大。然而1月1日至7日是俄罗斯法定新年假期，这几天，几乎所有俄罗斯人都会在家里悠闲地享受新年长假，因此是俄罗斯电视媒体的黄金档期，收视率大大超过平时。

　　之后，中国驻俄罗斯使馆迅速向俄罗斯有关方面进行了交涉，要求对方充分认识问题的严重性，立即停播广告，做出必要解释，保证不再发生类似事件。俄罗斯外交部及有关司局高度重视，并决定采取多项有效措施，在俄罗斯其他相关部门密切配合下，问题得到了有效解决。至1月8日下午17时，俄罗斯有关电视台已全部停播涉华电视广告。俄罗斯外交部有关负责人表示，俄罗斯电视台今后绝不会再播出类似广告。

　　同时，《环球时报》记者迅速向该口香糖厂商在中国的公司了解情况。该公司传播经理表示，该品牌口香糖在中国没有上市，该公司并不清楚在俄罗斯播放的这则广告一事。考虑到此事的严重后果，该公司立即展开行动协助总公司有关方面采取补救措施，一方面马上在俄罗斯停播该广告，一方面通过该报转达美国总公司对中方深切的歉意。1月9日，公司负责人专程赴中国驻俄罗斯使馆，就广告事件进行正式道歉，并递交了致中国驻俄罗斯大使的道歉信。他们表示，十分敬佩和尊重中国的伟大文化及近年来在政治、经济领域所取得的巨大成就，绝对无意损害中国的尊严和形象。之所以出现如此荒谬的失误，主要是由于缺乏对中国的基本了解，竟不知在广告情节中所使用的乐曲是中国国歌。两人表示，已充分意识到所犯错误的严重性，愿采取有效措施补偿，挽回有关广告所造成的不良影响。该公司在致歉信中写道："俄罗斯团队及其广告代理公司对于在广告制作过程中未能明察音乐来源深表歉意。该广告原意在于幽默地呈现一场虚拟的外交会晤，并未特指任何国家或事件。公司秉持最高的道德行为标准，绝不会刻意播放任何可能被解读为对一个国家或其人民不敬的广告。我们在制作广告和进行其他对外传播时也致力于尊重和考虑各地的文化和习俗，并恪守相关管理法规。我们真诚地就这一不幸但并非有意的事件表达歉意，并保证在以后的工作中会更加细心。"另据该公司解释，经内部调查，他们发现除误用中国国歌片断外，该广告并未包含"响屁打断国歌旋律"的内容。公司澄清说，那个声音是欢迎的号声突然停止时的沉闷声响，可能有观众对此产生了误会。

虽然此事件发生在遥远的俄罗斯,但事件的影响力却漫延至国内,从1月3日报道出现到事情尚未有定论之前的这段期间,一石激起千层浪,不少中国消费者均表示已经通过媒体了解到此次事件,并将密切关注此次事件的进展。有消费者称:"我是看到报道才得知此次事件的,并且感到很愤怒!这么一个大公司,竟然完全不顾中国人的感受。"另外,有广告公司的专业品牌策划表示,这样的事件,会对品牌印象大打折扣,将关注该公司对此的补救措施,暂时不会考虑再购买其产品。正如以上两位消费者一样,中国民众出现了抵制的情绪,在许多大超市中该公司旗下的多款产品销量有所下降。直到1月8日俄电视台的所有涉华广告的停播再到9日的该公司相关负责人公开致歉书,此次危机才算得以平息。

综观此次危机,可以说是一起成功的危机处理事件,其中至少有以下几点是值得学习的。首先,真诚贯穿始终。当俄罗斯播出这则广告后,中国驻俄罗斯使馆迅速向俄方交涉,而俄方也非常重视这个问题,马上意识到了问题的严重性,立即采取措施展开调查,并停播涉华电视广告。该公司立即展开行动协助总公司有关方面采取补救措施,通过报纸向中方致歉。其次,采取有效的行动补救,重新获得消费者的支持。美国总公司也主动积极的应对此次危机,采取有效措施补偿,挽回有关广告所造成的不良影响。

如果说正是由于上述口香糖品牌的真诚的态度和勇于承担责任的决心使其品牌能够迅速恢复形象从而化解危机并赢得民众的信任,那么在

第二十六篇 ——真诚点燃品牌的亮度

历史上,不论是中国还是外国,以真诚来取得信任的故事也不计其数,它们同样都是用真诚为自己赢得美誉度。

汉末,黄巾事起,天下大乱,曹操坐据朝廷,孙权拥兵东吴,汉宗室豫州牧刘备听徐庶(三国时豫州长社人,为著名谋士)和司马徽(三国时豫州阳翟人,也是著名谋士)说诸葛亮很有学识,又有才能,就和关羽、张飞带着礼物到隆中(现今湖北襄阳县)卧龙岗去请诸葛亮出来帮助他替国家做事。恰巧诸葛亮这天出去了,刘备只得失望地转回去。不久,刘备又和关羽、张飞冒着大风雪第二次去请。不料诸葛亮又出外闲游去了。张飞本不愿意再来,见诸葛亮不在家,就催着要回去。刘备只得留下一封信,表达自己对诸葛亮的敬佩和请他出来帮助自己挽救国家危险局面的意愿。过了一些时候,刘备吃了三天素,准备再去请诸葛亮。关羽说诸葛亮也许是徒有虚名,未必有真才实学,不用去了。张飞却主张由他一个人去叫,如他不来,就用绳子把他捆来。刘备把张飞责备了一顿,又和他俩第三次拜访诸葛亮。到达时,诸葛亮正在睡觉。刘备不敢惊动他,一直站到诸葛亮自己醒来,才彼此坐下谈话。诸葛亮见刘备有志替国家做事,而且诚恳地请他帮助,就决定出来全力帮助刘备建立蜀汉皇朝。

点 评

刘备三顾茅庐请诸葛亮出山的典故,重在阐发真诚的重要性。诸葛亮之所以能够答应刘备的请求,出山全力帮助刘备建立蜀汉皇朝,就是被刘备的真诚所感动。古时候的圣贤都视真诚为致胜法宝,而立足当代,对现代企业来说,更应如此。要将真诚作为企业文化建设的组成部分,重视真诚的潜在作用,在面对危机时,才能够取得"精诚所至,金石为开"的效果,成功化解企业的危机。

有一天,张良信步出游。当他走到下邳桥的时候,看见一位身穿粗布麻衣的老人站立在桥头,老人的衣着打扮像一个贫苦的人,似乎在等待什么人的到来。张良走过老人身边时,老人故意把自己的鞋子脱落,掉在桥下,然后指着张良说:"孩子!到桥下把我的鞋子取上来。"听着这无礼的要求,张良一股怒火直往上蹿,想:"我与你一点不认识,凭什么要我给你拾鞋?"但当他想到老人年岁已大,身体不灵便,下桥取鞋有困难时,便强压着怒火,到桥下为老人取来了鞋子。看着张良拿着鞋子走上桥来,老人脸上露出了一丝笑容。他慢慢地伸出脚,对张良说:"把鞋给我穿上!"张良想:"既然已经为他拾了鞋,好人做到底,穿鞋就穿鞋吧!"于是,张良挺直身跪在地上,小心地把鞋穿在老人脚上。老人看着张良哈哈大笑,一句话没说,转身而去。老人奇怪的行为,使张良大吃一惊,他看着老人离去的身影,一点也不明白是怎么回事。谁知,过了一会儿,老人又回来了,说:"你这孩子,还值得我来教导,你在五天后天刚亮时,到这儿来等我。"张良对老人的行为虽然感到奇怪但还是恭敬地跪下来说:"是!"五天后,天刚蒙蒙亮,张良急急忙忙向下邳桥赶去,谁知老人早已等候在那里了。老人生气地说:"和老人相约,反而比老人晚到,这怎么能行呢?过五天你早点来等我!"说完,就走了。又过了五天,天还未亮,张良早早起了床,向下邳桥奔去。老人又已等候在那里了。老人大怒,说"怎么又迟到了?过五天再早一点儿来!"又过了五天。张良想:"这次无论如何也不能迟到了。"于是,半夜时分已等候在桥头了。过了一会儿,老人步履蹒跚地走来了。张良急忙上前扶住老人,老人看见张良早早来了,露出了笑容,说:"年轻人就应该如此!"他拿出一卷书说:"这是一本世上少有的奇书,我一直找不到合适的年轻人来传授,现在我把它传给你!读了它,你就会有远大的谋略,实现自己的宏伟抱负。"张良深深谢过老人,接过书一看,原来是《太公兵法》。回去以后,张良反复诵读,认真体会,增长了不少的才智。后来,张良协助刘邦开创了汉朝,立了大功。

点 评

  以史为鉴,可以明得失。张良为老人提鞋,获得了绝世兵法,经过日夜诵读研究,后来成了"运筹帷幄之中,决胜千里之外"的杰出军事家、政治家。在这个故事当中我们看到了张良在几番考验中以自己的真诚换来了老人的信任和肯定。① 为素不相识的老人拾鞋本来就有点恼火,老人又再要求为他穿鞋,可以说老人"戏弄"了自己,张良明知自己比老人强壮,却处处礼让,一再克制自己的不快和冲动,这既表现了对

第二十六篇 ——真诚点燃品牌的亮度

老人的尊重,也表现出自己是一个有度量的人。张良的恭敬从命,赢得了老人孺子可"教"的首肯。② 老人与张良3次相约见面,第一次天蒙蒙亮就去了,老人已在那里等候。第二次天未亮就去了,张良同样还是迟到了。第三次半夜十分张良就等在桥头。如果说前两次的真诚不够,那么第三次真诚已经显现了。从而老人放心地将自己用毕生心血注释而成的《太公兵法》传给了张良。

弗莱明是苏格兰一个穷苦的农民。有一天,他救起一个掉到深水沟里的孩子。第二天,弗莱明家门口迎来了一辆豪华的马车,从马车走下一位气质高雅的绅士。见到弗莱明,绅士说:"我是昨天被你救起的孩子的父亲,我今天特地过来向你表示感谢。"弗莱明回答:"我不能因救起你的孩子就接受报酬。"正在两人说话之际,弗莱明的儿子从外面回来了。绅士问:"他是你的儿子吗?"农民不无自豪地回答"是。"绅士说:"我们订立一个协议,我带走你的儿子,并让他接受最好的教育,如果这个孩子能像你一样真诚,那他将来一定会成为让你自豪的人。"弗莱明签下了这个协议。数年后,他的儿子从圣玛利亚医学院毕业,发明了抗菌药物盘尼西林,一举成为天下闻名的弗莱明·亚历山大爵士。有一年,绅士的儿子,也就是被弗莱明从深沟里救起来的那个孩子染上了肺炎,是什么将他从死亡的边缘拉了回来?是盘尼西林。那个气质高雅的人是谁呢?他是二战前英国上议院议员老丘吉尔,绅士的儿子是谁呢?他是二战时期英国著名首相丘吉尔。富兰克林曾说过,一个人种下什么,就会收获什么。我们如果真诚地待人,别人也会真诚地对待我们。弗莱明因为真诚才让自己的儿子有了成才的机会。老丘吉尔也因为真诚才挽救了自己儿子的生命,并使之成为20世纪影响人类历史进程的政治家。

点 评

左拉曾说过:"真诚能通向荣誉之路",莎士比亚也说过:"老老实实最能打动人心"。可见,真诚应该是每一个内心开放的人所具有的强大的精神力量,这种力量可以让自己变得更强大,让别人对你产生一种

> 无畏的敬仰。做人就是做品牌,同样做品牌就如同做人一样,"至诚则金石为开"。真正的好品牌,是通过持久的真诚来保护其品牌价值从而增强其品牌的免疫力,并能够使其品牌在危机之中得以修复进而转危为安的。

三刻拍案

以真诚来修复品牌的公关企业不止前文所述一家,在"拍案"环节中,我们就以近年来的三个国内外案例为例,看看它们是怎样通过真诚来化解危机,从而使其品牌能够经受住风雨的洗礼的。

拍案一 用真诚来修复品牌:丰田霸道陷入危机风波

2003年11月5日,一汽丰田汽车公司为了推广一款新车——霸道越野车,刊登了一则:"霸道,你不得不尊敬"的广告。画面上,霸道越野车威武地行驶在路上,而两只石狮蹲坐路旁,一只挺身伸出右爪向"霸道"车作行礼状,另一只则低头作揖。看完广告后,网友立即表示异议和愤怒,认为石狮在我国有着极其重要的象征意义,代表权利和尊严,一汽丰田广告用石狮向霸道车敬礼、作揖,极不严肃。更有网友通过石狮联想到卢沟桥的狮子,并认为,"霸道,你不得不尊敬"的广告语太过霸气,有商业征服之嫌,损伤了中华民族的感情。12月2日,《汽车之友》在自己的网站上向读者致歉,表示"由于我们政治水平不高,未能查出广告画面中出现的一些容易使人产生联想的有伤民族情感的图片,广告刊出后,许多读者纷纷来信来电话质询,我们已认识到问题的严重性,在此,我们诚恳地向多年来关心和支持《汽车之友》的广大读者表示衷心的歉意。"同时,《汽车之友》还表示,将停发这两则广告,由于发行原因,将于2004年1月在下一期杂志上正式刊登道歉函。12月3日新华社对"问题广告"进行了报道,随后国内和国外的众多媒体也不同程度地对此进行了追踪,工商局也对这则广告表示关注,并要求投放刊登广告的杂志社提交了书面材料。由于各方反应强烈,一汽丰田的"问题广告"开始向"日资企业在华经营风波"的趋势发展。

12月3日晚上,丰田公司在紧急磋商之后,启动了危机公关程序,对媒体表示了他们的歉意。12月4日上午,日本丰田联合一汽丰田,在新浪等主要网站上,刊登了道歉信。12月4日晚上,丰田的媒体道歉会紧急召开。代表日本丰田汽车公司出席的有丰田中国事务所总代表服部悦雄和公关媒介负责人杉之原等;而代表一汽丰田的有总经理古谷俊男、中方常务副总经理王法长和中方副总经理董海洋等。会议的气氛比较平淡,并没有过激的言语。古谷俊男首先宣读了道歉信,表示,"丰田汽车公司对最近中国国产霸道广告给读者带来的不愉快情绪表示诚挚的歉意。这则广告属纯粹的商品广告,毫无他意","霸道广告的初衷是为了宣传霸道车既有越野性能,又有城市功能的豪华越野车特性。为此,向包括盛世长城在内的5家广告商征集创意,每家广告公司有1个半小时的陈述。最终选择由盛世长城做出具体的广告策划。但由于工作不周,在此广告投放之前因故没有征求日本丰田中国事务所的意见。"一汽丰田副总经理董海洋把责任揽在自己身上,表示作为中方,没能注意民族感情,没有把好广告关是有责任的。12月4日,这则广告的制作公司——盛世长城国际广告公司也公开致歉,表示,"一些读者对霸道平面广告的理解与广告创意的初衷有差异,我们对这则广告在读者中引起的不安情绪高度重视,并深感歉意。我们广告的本意只在汽车的宣传和销售,没有任何其他的意图。"同时,还表示,"对出现问题的这则广告已停止投放。由于12月的杂志均已印刷完成并发布,这则广告将在2004年1月份被替换。"从12月5日起,丰田在全国30家媒体上刊登致歉信,并已就此事向工商部门递交了书面解释。2004年年底,丰田霸道正式改名为普拉多,一汽丰田方面的解释是:同凌志改名雷克萨斯一样,是为了和国际市场接轨。很显然,霸道的改名有着自己的隐衷——抹去一年来霸道广告风波的负面影响。

点评

当品牌危机来临时，公众需要的不是解释，不是推三阻四，而是真诚的沟通和勇于承担责任。态度决定一切，在这个世界上没有完人，所以也不会有十全十美的品牌。面对品牌风波，企业务必要采取积极主动的姿态，以诚相待，不要掩饰自己的错误。如果担心品牌被曝光会影响自己苦心经营的品牌形象，采取捂着压着的错误做法，其结果只会适得其反，从而造成事态的扩大。企业的本质应该是"为人民服务的"，是"以人为本"的，任何时候，企业一定不要忘记：真诚应该贯穿危机公关传播的全过程。勇于承担责任更是一个有社会责任感的企业应具备的一种基本素质。而一汽丰田正是掌握了危机处理的这条最关键的原则，才能够逐渐平息风波，使事件有了转机的余地进而化解危机，使品牌得以继续生存和发展。首先，丰田采取了正确的方法——道歉，而没有去做一些无谓的辩解。其次，在丰田汽车公司的致歉信中，没有为这次事件寻找任何开脱的理由，而是在表达歉意之后表示愿意承担所有责任。最后，在整个危机处理环节系统中其诚挚的歉意得到了中国民众的认可并得到了媒体的嘉许。可见，真诚的力量在化解品牌危机过程中所展现出的强大的魅力。

拍案二　广告风波

2004年9月份的《国际广告》杂志第48页，刊登了一则名叫"龙篇"的某油漆广告作品，画面上有一个古典式的中国亭子，亭子的两根立柱各盘着一条龙，左立柱色彩黯淡，但龙紧紧攀附在柱子上；右立柱色彩光鲜，龙却跌落到地上。画面旁附有对作品的介绍，大致内容是：右立柱因为涂抹了该油漆，把盘龙都滑了下来。评价称："创意非常棒，戏剧化地表现了产品的特点……结合周围环境进行贴切的广告创意，这个例子非常完美。"然而，就是这样一则广告，几天后却在网上掀起了轩然大波，成为各BBS上的热门话题。网民小江在接受记者采访时说："我乍一看还觉得挺有意思，可仔细一想就觉得别扭了。龙是中国的象征，怎么能遭到这样的戏弄！这个创意应该赶快改掉。"更多的网民则认为,"发布广告者别有用心"。9月23日,《北京晨报》刊出报道《国际广告》杂志刊登的某广告公司的作品《龙篇》,由于采用了"油漆滑倒盘龙"的创意,在网上引起争议一事。此事很快引起广告公司和杂志社的高度重视,并先后向报社发来声明。9月24日,《国际广告》杂志社就"油漆广告作品事件"给《北京晨报》发来声明,表示希望通过媒体向广大读者道歉。声明中说,对于由作品《龙篇》引起一些读者的批评、质询等,"我社表示歉意","《龙篇》并非杂志刊登的商业广告,而只是被杂志中的一篇文章提及,发表的初衷仅仅是希望业界能够参考和评价"。同时还表示:"我刊决不会有意做出任何伤害读者情感的事。希望通过媒体向广大读者致歉,并表示将会适时组织专家对此进行深入讨论。"正是由于对"问题广告"的迅速修正和真诚道歉,事态才逐渐得以平息。

点 评

  显然,该油漆公司是遇到了广告危机。当《龙篇》广告遭到众人的质疑,广告制作者遭到了强烈的抨击。对此,制作该广告的广告公司和发布该广告的杂志社并没有沉默以对,相反,他们积极主动地采取措施得到了广泛认可,最后危机得以顺利化解。

拍案三　森马,你在干什么?

  近几年来,国内服饰品牌——森马,借力于谢霆锋等大牌明星的助阵,通过以网络广告为主的宣传方式,在业内迅速蹿红而成为知名时尚休闲服饰品牌。"穿什么就是什么"——这一极富个性号召力的广告语,再加上多位当红演艺界明星的代言,无疑最大化地传达了森马服饰的产品特质,这成为森马迅速成名的关键因素之一。然而,2007年9月3日,一篇由中国矿业大学的一位在校大学生发起的一篇名为《森马,你在干什么?》的声讨文章却使森马陷入了孤立无援的境地。这主要就是由于森马的一则以"至少我好看"为主题的一系列另类广告引起的,其中包括"我没有幽默感,但至少我好看"、"我打球很烂,但至少我好看"、"我管不了全球

变暖,但至少我好看"等。在森马"全球变暖"篇的广告中,画面上,一名年轻人戴着耳机享受音乐,上述广告词占据了显眼的位置。正是这篇广告,使有社会责任感的青年们把矛头对向了森马。那位大学生在博客中表示,作为知名企业的森马,在全球变暖的严峻形势下,利用环保这个社会各界瞩目的焦点来哗众取宠,当众声明"我管不了全球变暖"。他希望森马立即撤销此广告并郑重发表道歉书,并呼吁高校青年及社会各界人士共同声讨这种行为。与此同时,在上海部分高校的 BBS 上,有关这则广告的讨论帖已经被"顶"成热门帖。一些学生网友评论称,森马集团设计的相关广告词,可能是出于年轻人标榜个性的考虑。但该广告体现出的自私让人愤怒,一个有责任感的企业,不应该让类似的广告出现在媒体上。

面对网友的质疑,森马集团就此事迅速通过媒体发表声明,对广告"可能误导部分网友对此产生曲解所带来的负面效果表示道歉,同时表示深深的遗憾"。森马集团在声明中澄清,森马休闲服品牌推出的系列"至少我好看"主题广告创意,包括"我没有幽默感,但至少我好看"、"我没有粉丝,但至少我好看"、"我打球很烂,但至少我好看"等。森马此系列广告意在体现当今时尚青年积极向上的生活态度,所以在"至少我好看"的前面加了各种形式的修辞。森马集团表示,"全球变暖"篇在网络上投放之后引起了部分网友的负面评价,是他们前期没有预料到的。对于出现这次令人遗憾的事件,他们为工作上的疏忽再次表示歉意。

点 评

森马方面的道歉虽说给人以亡羊补牢之感,但其能在广告风波发生之后,较为积极主动地承认错误,并且态度比较坦诚,这是危机事件发生后,当事企业所必要采取的应对措施。因此我们也看到了,正是由于森马能够坦然地对待这起意外广告风波,并且以一定的实际行动来证明自己的社会责任感,才使森马走出意外广告的阴影。

回味隽永

以上古今中外的案例,都是因为"真诚"这个主题,而使自己、使企业获得了美誉度甚至是危急中化险为夷。尤其是在"拍案"部分中的几个现代企业的公关案例中,他们都能够在危机发生后迅速地回应民众的态度,主动地承认错误,积极地承担责任,在整个危机处理中用真诚来修复品牌。结合以上案例的观感,我们可以做一下总结。

其一,勇于承认错误。很多知名企业的经营理念是:像做人一样塑造品牌。一个成功的人在其成长过程中,也难免经历挫折,做错事情,古语云:"亡羊补牢,为之不晚","知错能改,善莫大焉"。一个优秀的品牌,首先是一个健康的品牌,而健康与否关键在于这个品牌企业是否拥有"免疫力",即"一颗永远真诚的心"。一个品牌在成长的道路上,在接受鲜花和掌声的同时注定也要接受来自各方面的检阅,这当中也隐含着各种各样的危机。是强者,就要勇敢地去面对危机,解决危机。在确定危机是真实存在并清楚"错在自己"后,要敢于向消费者说"对不起",这是一个优秀的企业应具备的基本素质。"认错"不是丢脸的事,真正可怕的是在作了错事之后连认错的勇气都没有。这样的企业可以说不管之前的品牌塑造得多么成功,一旦这种现象发生后,它的品牌形象必定会一败涂地。所以说,危机其实不可怕,相反,它正是优秀品牌提高自身免疫的一次机会。勇敢地承认错误,可能将使企业"因祸得福",使品牌"升值",如果连承认错误的勇气都没有,那到头来可能会遭遇消费者的"抛弃",最终在市场竞争中承受被淘汰的命运。

其二,主动承担责任。品牌塑造犹如造房子,知名度是地基,美誉度是底层,忠诚度是房子上层。知名度是基础,若在打地基时品牌就背负了违背社会道义的骂名,房子也就无法再往上造了。所以,企业只有把社会责任放在品牌建设的每个环节,房子才能建得牢固、美观。社会责任的肩负是企业品牌提升的根本,一个品牌要得到人们的认可,首先要赢得人心,所以企业在塑造品牌形象时必须顺乎人心,顺应社会发展趋势,同样企业必须合乎道义。企业应该肩负起社会责任,这样才能有助于品牌飞翔。当一个品牌遭遇危机时,企业应勇敢地站出来,主动承担应负的责任。因为在大众眼中,越是能肩负社会责任,越是能对自己行为负责的品牌,越是可以信得过的品牌,才能够赢得更多的心智资源,同时也使品牌的知名度、美誉度和忠诚度得到共同提升。

综上所述,持久的真诚和责任是一个好品牌的特质。它们可以铸就品牌,并能修复品牌。所以,一个企业要想做大做强就应以真诚为基本企业态度,以社会责任为己任,用真诚来构建品牌持久的免疫力。

第二十七篇

积极主动　勇于承担
——中美史克PPA风波的处理

在品牌的生存和发展过程中，人们都十分注意对可能发生的危机的预防，力图将危险消灭于可能产生之前。但是，危机却很难轻易避免。主观上和客观上的因素，都可能使品牌在一夜之间遭遇大难。一次主观上的失误可能造成不可逆转的败局，一场自然的突如其来的灾难、一种不利的舆论传播等都会将品牌置于死地。处于危机时期的品牌，必须通过及时有效的公关来力挽狂澜，进行弥补。面临危机之时，应时刻牢记"积极主动、勇于承担"八个字。积极主动地应对，以及勇于负责任的态度，会大大降低解决危机的难度。

开篇导例

2003年7月29日,某电器公司发布了一则《致彩电用户的通知》函称,由于该电器公司有10款特丽珑电视机的零件有瑕疵,它们将在日本召回34万台特丽珑电视机。在中国市场,该公司并没有销售以上10个型号的彩电,但是在1998年1月至1999年6月间,该公司在中国生产的少量21英寸彩电有6种型号也使用了该类电容器件。如有中国用户发现以上型号的该公司彩电出现类似情况,该公司在华顾客服务机构将会负责提供"恰当的检查及维修服务","如因此为您带来任何不便,我们表示真诚的歉意"。

与此同时从该公司2003年第一财政季度,营运利润下降68%至166.7亿日元,去年同期为518.7亿日元。该季度集团净利润下降了98%,仅为11.2亿日元约,7840万元人民币。

国内媒体报道了这两则消息,并且部分媒体对该公司在"召回"上存在的所谓的国别"歧视"进行了猛烈的抨击。针对该公司的利润大规模的下降,国内媒体和舆论开始对该公司的模式以及战略进行"质疑"。该公司显然陷入了危机。

点 评

该公司在中国分公司在处理这次公关危机时显得临阵不慌,主动出击,把可能会扩大的危机尽量弱化和降低扩散性,并正确地引导了媒体的舆论导向,避免了该公司在中国的品牌损伤。我们来看该公司中国分公司在此次危机中的表现。

几乎与日本同步,该公司中国分公司在许多媒体都还不知情的情况下,就主动在自己网站上公布了《致彩电用户的通知》,把出现瑕疵产品的事件的来龙去脉进行了描述,并提出了相关解决的办法。该公司还指定了新闻发言人,保证了信息统一性和畅通性。在致消费者的通知函中,该公司虽含蓄却完整地表达了对消费者的"4R"公关原则:遗憾(Regret)、改革(Reform)、赔偿(Restitution)和恢复(Recovery),即一个组织要表达遗憾、保证解决措施到位、防止未来相同事件再次发生并且提供合理和适当的赔偿,直到安全摆脱这次危机。对于彩电因"瑕疵"出现的问题,该公司实行了"召回"或免费检测和维修策略。

从该公司在其网站上公布"用户函"开始,媒体上出现对于该公司产品的负面报道并不多。该公司在日本利润大幅度下滑,虽然导致了国内部分媒体对于该公司神话的再反思,但是该公司自始至终谦和的态度、与媒体和公众进行开诚布公的沟通、尽可能减少对消费者的损失和危害等,起到了"以柔克刚"的良好效果。最后安然地度过了危机。

该公司在此次危机公关中的表现可圈可点。最值得称道的是公司有着"积极主动,勇于承担"的态度。在媒体越来越市场化的今天,对于像它这样的跨国公司的产品出现瑕疵,对媒体来说无异于一剂关乎民生的"猛料"。因此,该公司要想控制危机并引导舆论的走向就得与时间赛跑。7月29日,该公司中国分公司在许多媒体都还不知情的情况下,主动在自己网站上公布了《致彩电用户的通知》。在整个危机公关的开始阶段,该公司就以积极的态度取得了主动权。我们不妨设想,如果该公司不积极主动地披露自己产品的问题而是被媒体曝光的话会是什么样子?在承担责任方面,该公司也是丝毫不含糊。在致消费者的通知函中,该公司完整地表达了对消费者的"4R"公关原则。对产品问题表示遗憾和歉意,对未来的产品革新的想法,对问题产品的免费维修等,都充分说明该公司是抱着解决问题的态度来处理这场危机的,这更体现了一家跨国公司的管理风范和所应当承担的社会责任。针对在日本生产的彩电出现的问题,该公司实行了"召回",并免费检测和维修。在中国市场上出售的产品部分也存在着"瑕疵",该公司详细地将这些产品型号和生产日期进行了公布,并向消费者表达了"在华顾客服务机构将会负责任地为您提供恰当的检查及维修服务"、"如因此为您带来任何不便,我们表示真诚的歉意"。这其中包含的意思是可以做免费的"检查",并公布了售后维修电话。这种做法充分显示了其勇做责任承担者的角色,赢得了消费者的理解和信赖。因为相比问题本身,消费者和公众更在乎处理问题的态度。这与一些品牌的产品一旦出现瑕疵就任其流入市场,甚至当消费者发现产品有大量瑕疵的时候,竞相推诿,形成了鲜明的对比。该公司在这次的公关危机中表现出的"我们确实有问题,我们正在着手解决这个问题"的态度,在广大消费者心目中树立了负责任、为消费者着想的高大形象。

史镜今鉴

我们可以用几个字来概括一下上述公司成功走出危机的关键,那就是"积极主动,勇于承担"。回首历史的画卷,我们同样可以看到无数类似的精彩画面。

弦高是春秋时期郑国商人,以贩牛为业。当时秦国将领杞子协助镇守郑国的首都——新郑的北门(三年前郑国大夫烛之武离间了秦晋两国,挽救了郑国之后,杞子就被派往郑国协助驻守北城)。公元前627年,晋文公与郑文公先后死去,杞子以为这是里应外合灭亡郑国的好机会,便差人密告秦王:"郑国北门在我手中,若派兵速来偷袭,不难马到成功。"秦穆公接到杞子的密报后,力排众议,认为用兵之道,贵在神速,前怕狼,后怕虎是不能成大事的。于是他任命孟明视为主帅,西乞术、白乙丙为副将,率领兵车三百,偃旗息鼓,悄悄地向郑国进发,一路上竟未遇到什么阻挡。不久便踏入了南接郑国的滑国境内。

弦高此时正赶着畜群去周朝的首都洛阳做生意,走到滑国境内,得知秦师将偷袭郑国,不禁心焦如焚。他想到秦国是虎狼之国,而郑国国君新丧,毫无准备,怎能抵挡得住强大的秦军呢?赶回去报告,已来不及了。国难当头,匹夫有责,一定要设法解救。他急中生智,想出一条缓兵之计:一面派人日夜兼程回郑国报告敌情,一面直接迎上秦军,向孟明视奉上熟牛皮四张,肥牛12头,假托是奉了郑国国君之命前来犒劳秦军的郑国使臣。并友善地说:"敝国国君听说三位将军远道而来,因时间匆促,不及修书,恐迟了有失迎接。特派小臣赶来在此敬候,先赠薄礼一份犒劳贵军,物轻义重,务请赏光。"孟明视听后大吃一惊,只得随机应变,顺水推舟地收下礼物后搪塞说:"听说贵国国君新丧,吾君为防止晋国乘机进犯,故派我来协助防卫。"弦高镇静地说:"郑国处于秦晋大国之间,不得不日夜警戒,不怕有来犯者,请将军放心。"秦军本欲出其不意、攻其不备,与杞子里应外合进行偷袭。如今大军才入滑国,郑国就派了使者前来迎接,又听说郑国早有戒备,估计难以强攻,又怕久围不下,后继无援,陷大军于困境。孟明视便又虚与回应道:"如此说来,郑国不用我们援助了吧?"弦高答道:"敝国虽然实力单薄,为贵军的到来早已经做好了准备,若你们想在郑国驻扎,我们就准备住房和粮草;只是路过,那就负责一夜的警卫。"孟明视只好说:"我们这次来是为帮你们防止晋国侵犯的,既然你们早有防备,我们就班师回国了,你们不必费心,就请回吧!"于是秦军灭掉滑国西还,半道上却被设伏的晋国军队全部歼灭。

再说郑穆公接到弦高的紧急报告,十分震惊,立即布置城防,加强戒备,并派人到北门侦察秦军的动向,了解到秦军正在收拾行装,厉兵秣马,到处笼罩着一片备战气氛。郑穆公当机立断,立即给秦国将领杞子下了逐客令。杞子知道军机已经泄露,只得连夜撤走。

点 评

我们可以假设一下,如果弦高没有假冒使者去犒劳秦军,一语点破秦军的企图,那郑国很可能会遭遇灭顶之灾。弦高在国难当头之际,牢记"国家兴亡,匹夫有责",积极主动地应对出现在眼前的危机,把自己所贩之牛用来犒劳秦军,进而暗示郑国已早有准备,使秦军将领信以为真,从而取消了偷袭郑国的计划,避免了更大的危险。从中我们也可以看到,机智在危机处理中必不可少,但更为重要的是要有积极主动的精神和勇于负责的主人翁姿态。

秦昭襄王一心要使赵国屈服,接连侵入赵国边境,占领了一些地方。公元前279年,他又耍了个花招,请赵惠文王到秦地渑池去会见。赵惠文王开始怕被秦国扣留,不敢去。大将廉颇和蔺相如都认为如果不去,反倒是向秦国示弱。

赵惠文王决定硬着头皮去冒一趟险。他叫蔺相如随同他一块儿去,让廉颇留在本国辅助太子留守。为了防备意外,赵惠文王又派大将李牧带兵五千人护送,相国平原君带兵几万人,在边境接应。

到了预定会见的日期,秦王和赵王在渑池相会,并且举行了宴会,高兴地喝酒谈天。秦昭襄王喝了几盅酒,带着醉意对赵惠文王说:"听说赵王弹得一手好瑟。请赵王弹个曲儿,给大伙儿凑个热闹。"说罢,真的盼咐左右把瑟拿上来。赵惠文王不好推辞,只好勉强弹一个曲儿。秦国的史官当场就把这事记了下来,并且念着说:"某年某月某日,秦王和赵王在渑池相会,秦王令赵王弹瑟。"赵惠文王气得脸都发紫了。正在这时候,蔺相如拿了一个缶,突然跪到秦昭襄王跟前,说:"赵王听说秦王挺会演奏秦国的乐器。我这里有个瓦盆,也请大王赏脸敲几下助兴吧。"秦昭襄王勃然变色,不去理他。蔺相如的眼睛射出愤怒的光,说:"大王未免太欺负人了。秦国的兵力虽然强大,可是在这五步之内,我可以把我的血溅到大王身上去!"秦昭襄王见蔺相如这股势头,十分吃惊,只好拿起击棒在缶上胡乱敲了几下。蔺相如回过头来叫赵国的史官也把这件事记下来,说:"某年某月某日,赵王和秦王在渑池相会。秦王给赵王击缶。"

秦国的大臣见蔺相如竟敢这样伤秦王的体面,很不服气。有人站起来说:"请赵王割让十五座城给秦王上寿。"蔺相如也站起来说:"请秦王把咸阳城割让给赵国,为赵王上寿。"秦昭襄王眼看局面十分紧张。他事先已探知赵国派大军驻扎在临近地方,真的动起武来,恐怕也得不到便宜,就喝住秦国大臣,说:"今天是两国君王欢会的日子,诸位不必多说。"

这样,两国渑池之会总算圆满而散。蔺相如保全赵国不受屈辱,立了大功,赵惠文王十分信任他,拜他为上卿。

点 评

　　我们从这个历史故事中同样可以看到"积极主动,勇于承担"的积极作用。秦昭襄王出言不逊,令赵国蒙羞,这个时候,赵王以及赵国都处于被动地位。若不及时采取措施,这一羞辱将永留史册,无可挽回。赵王也只是"气得脸都发紫"而无法采取行动。蔺相如在这紧要关头,积极主动地拿了一个缶,跪到秦昭襄王跟前,请昭襄王击缶。这也需要极大的勇气:这是秦国的地盘,昭襄王完全有可能将他置于死地。但是蔺相如凭着一颗赤诚的爱国心,勇于承担可能的最坏结果,保全了赵国的声誉。这也无怪赵惠文王会拜他为上卿了。

　　历史上同样也有一些是由于当事者在面对问题时不够积极主动,不敢承担责任而造成令人叹息的结局的故事。

　　1815年6月,拿破仑准备向威灵顿的部队进攻。他反复斟酌了进攻

第二十七篇 ——积极主动 勇于承担

的方案,并充分估计到自己面临的各种危险,即布吕歇尔的军队仅仅是被击败,而并未被消灭。他抽调出一部分部队去跟踪追击普鲁士军,以阻止他们与英军会合。他把这支追击部队交给了格鲁希元帅。

拿破仑的命令是清楚的:当他自己向英军进攻时,格鲁希务必率领交给他的三分之一兵力去追击普鲁士军。同时,他必须始终和主力部队保持联系。

从 6 月 18 日上午 11 时至下午 1 时,法军师团向高地进攻,一度占领了村庄和阵地,但又被击退下来,继而又发起进攻。除了大量消耗以外,什么也没有获得。双方的军队都已疲惫不堪,双方的统帅都焦虑不安。双方都知道,谁先得到增援,谁就是胜利者。威灵顿等待着布吕歇尔;拿破仑盼望着格鲁希。

格鲁希并未意识到拿破仑的命运掌握在他手中,他只是遵照命令于 6 月 17 日晚间出发,按预计方向去追击普鲁士军。但是,敌人始终没有出现,被击溃的普军撤退的踪迹也始终没有找到。

正当格鲁希元帅在一户农民家里急急忙忙进早餐时,他脚底下的地面突然微微震动起来:这是大炮的声音,是远处炮兵正在开炮的声音,不过并不太远,至多只有三小时的路程。格鲁希征求意见。副司令热拉尔急切地要求:"立即向开炮的方向前进!"第二个发言的军官也赞同说:"赶紧向开炮的方向转移,只是要快!"所有的人都毫不怀疑,一次重大的战役已经开始。可是格鲁希却拿不定主意。他习惯于唯命是从,他胆小怕事地死抱着皇帝的命令:追击撤退的普军。

热拉尔只能尽最后的努力。他恳切地请求:至少能让他率领自己的一师部队和若干骑兵到战场上去。他说他能保证及时赶到。格鲁希考虑了一下。他只考虑了一秒钟。

然而格鲁希考虑的这一秒钟却决定了他自己的命运、拿破仑的命运和世界的命运。倘若格鲁希在这刹那之间有勇气、有魄力、不拘泥于皇帝的命令,而是相信自己、相信显而易见的信号,那么法国也就得救了。可惜这个毫无主见的家伙只会始终听命于写在纸上的条文,而从不会听从命运的召唤。

格鲁希使劲地摇了摇手。决定性的一秒钟就在这一片静默之中消逝了,它一去不复返,以后,无论用怎样的言辞和行动都无法弥补。

下午 1 时,拿破仑的四次进攻虽然被击退下来,但威灵顿主阵地的防线显然也出现了空隙。拿破仑正准备发起一次决定性的攻击,他加强对英军阵地的炮击。并给格鲁希写了一封信,命令他不惜一切代价赶紧向自己靠拢,并阻止普军向威灵顿的战场集结。整个下午,拿破仑向威灵顿的高地发起了一次又一次的冲锋。而格鲁希那边却始终没有消息来。格鲁希一直在等待皇帝的命令(在他接到命令的时候已经太迟了)。

倒是布吕歇尔的普军,浩浩荡荡地出现在战场上。这时候,谁都知道,等待拿破仑的,是无可挽回的失败。

这就是历史上有名的滑铁卢之战,且这一战役也成了后代"惨败"的代名词。格鲁希因为在此次战役中的表现而被无数人唾骂。我们不难想象,要是格鲁希当时果断一点,积极主动地去支援拿破仑,历史恐怕就得改写。但历史终究是历史,历史没有假设,我们能做的,就是从历史的惨痛教训中悟出一点什么。

拍案一　中美史克应对PPA风波

2000年11月16日,对于中美史克来说是个黑暗的日子。旗下的"康泰克"及"康德"两种抗感冒药品由于含有可能使人产生过敏反应、心率失常等不适症状的PPA成分(PPA,即苯丙胺醇,是一种收缩血管和中枢神经系统的兴奋药,是感冒咳嗽药处方中的成分之一。服用含PPA的药品制剂后易出现严重不良反应,如过敏、心律失常、高血压、急性肾衰、失眠等症状)被紧急叫停。公司陷入了极大的危机之中。

事件发生后,该公司迅速成立了危机管理小组。经过一番努力,中美史克并没有因此次风波影响到其他产品的正常生产和销售。并在危机发生 292 天之后,成功地走出了阴影,昂首跨进了"新康泰克时代"。

在整个危机处理过程中,中美史克是如何处理危机并体现了较强的危机管理能力的呢?

1. 反应非常迅速。当政府的禁令发布之后,中美史克公司利用其强大的人力资源优势,迅速成立了危机应急中心,并根据危机的实际情况将应急中心细分为 4 个危机管理小组,各小组各司其职、分工合作:危机管理领导小组相当于 CMSS 中的 CM(危机管理者)。沟通小组履行了 CMSS 结构中信息整理部(INCO)、公众与媒体管理部门(PUMO)和咨询形象管理部(IMMO)的职能。市场小组和生产小组履行 CMSS 机构中的指挥协作部(CACO)和战术反应部(TRUs)职能。这样,危机管理小组几乎具备了处理该危机所需要的各项职能,为有效的危机反应打下了基础。当日下午,他们发布了危机公关纲领:① 向政府及媒体表明立场——坚决执行政府法令,暂停康泰克和康得的生产和销售;② 通知各地经销商和客户,立即停止上述两种产品的销售;③ 取消相关合同的执行;④ 停止一系列有关的宣传和市场推广活动。

2. 采取了对消费者负责的态度和措施,维护了公司的形象。政府禁令发布之后,中美史克就立即停止了含 PPA 产品的生产,并回收所有的产品,取消了相关合同的执行,停止了一系列有关的宣传和市场推广活动。这一系列举动令公司损失惨重,但是有效地塑造了公司对消费者负责的形象。

3. 进行了充分而有效的沟通。

(1) 与内部员工的沟通。17 日中午,公司召开员工大会,向员工通报了事情的来龙去脉,并以《给全体员工的一封信》的书面形式保证:不会因为危机的影响而裁员,从而赢得了员工空前一致的团结精神和对公司的忠诚。

(2) 与销售经理的沟通。17 日,五十多位销售经理被迅速召回天津总部,危机管理小组深入其中做思想工作,使他们了解情况,并配合好企业的危机管理工作。

(3) 与经销商之间的沟通。销售经理带着《给医院的信》、《给客户的信》回归各自的分部,做好与医院和药店的沟通。因此才使后续事态的发展没有出现经销商和客户纷纷要求退货的局面,同时也有力地维持了公司其他品牌药品的正常销售。

(4)与消费者之间的沟通。消费者的利益,是危机处理中必须予以特别关注的。为安抚消费者们的不安情绪,公司在极短的时间内专门培训了一批专职接线员,专职负责接听来自客户、消费者的问讯电话,并做出相应的准确且专业化的解答,以帮助对方消除疑虑。

4. 有效的媒体管理。对于新闻媒体此前的不公正宣传,中美史克并没有做过多追究,只是尽力争取媒体的正面宣传以维系企业形象。另外公司很好地发挥了媒体在危机管理中的作用。17日和20日,公司召开了两次媒体恳谈会,通过媒体向公众展示公司对消费者积极负责的态度和坚决执行政府法令的决心,媒体的报道逐渐转向理性。当再次推出新的产品时,公司及时地召开了新闻发布会,详细阐述其为新康泰克重回市场制定的营销和品牌推广策略,并重点介绍了新康泰克的成分构成和药效。

5. 做好品牌延伸,维护品牌资产价值。康泰克品牌是公司经过多年苦心经营所创立的品牌,原有的产品由于受到危机的冲击,已被迫退出市场,如果不及时推出新的产品,那么品牌资产将受到严重损害。从市场调查了解到,由于前一阶段的有效处理,消费者对康泰克品牌仍怀有情结,因此,公司研制了"新药",重返市场时仍取名康泰克,但加上一个"新"字。PPA事件292天后,中美史克公司将新康泰克产品推向市场,以弥补由于老产品的强制性退出而留下的市场空白,减少康泰克这个品牌因危机而造成的损失。

点 评

中美史克冷静的危机处理手段及负责的态度取得了令人瞩目的非凡效果,有效地维护了康泰克的品牌影响力,同时也树立了中美史克勇于承担社会责任的良好形象。由于危机应对得当,中美史克虽然损失巨大,但却没有倒下。

拍案二 H品牌饮料的危机公关

2001年7月中旬,瑞典公布的一份官方报告称,他们正在调查3名瑞典年轻人怀疑因喝了H品牌饮料而死亡的事件。据调查,这3名瑞典人中有两个人是在喝过掺有酒的H品牌饮料后死亡的。而另一个人是在繁重工作后,连喝了数罐H品牌饮料,之后因肾衰竭而死亡。瑞典的这则报告引起了一些国家卫生部门的高度重视,也引起医学界的广泛关注,一些医生开始评估这种饮料对人体健康的影响。有部分对功能饮料持反对意见的营养学家发出警告,H品牌饮料与酒混合饮用会引起脱水,损害心脏和肾,而且喝这种混合饮料会让人处于持续亢奋状态,会导致更多的危险。

7月20日,我国许多媒体报道了这一事件,H品牌饮料风波被炒得沸沸扬扬,从而引发了H品牌饮料在我国的一场安全危机。作为H品牌饮料比较大的销售市场的中国地区,中国公司又是如何配合总公司的行动做出处理的呢?

7月24日下午,H品牌维他命饮料有限公司在北京华彬国际大厦召开了新闻媒体恳谈会,对沸沸扬扬的风波做出回应。面对众多报纸、电视的采访,公司有关负责人不厌其烦地向公众解释,H品牌虽然是个国际品牌,但考虑到各个国家人民口味不同,在各国采取的是不尽相同的配方。中国的H品牌饮料和瑞典的尽管属同一个品牌,但它和欧美的产品在成分上有所不同。这样一来,就首先稳住了中国地区广大消费者的心。

H品牌维他命饮料中国公司在营销策略上也开始更为积极地推进:电视报纸上,H品牌的广告又多了起来,更突出作为功能饮料提神醒脑、补充体力的作用;户外街头,H品牌公司专门赶制了一批遮阳伞分发给各个报摊。这一策略,既为H品牌作了广告宣传,更体现了H品牌公司的一种人文关怀,这和它所提倡的健康饮料的口号也是一致的。

随着这些宣传的逐步开展和推进,H品牌的形象非但没有遭到破坏,有些地区的销售反而比事发前还要好。这不能不说是H品牌及时做出有效反应的结果。

点 评

确切地说,这次危机事件对于H品牌的负面影响是存在的,而且如果引导不当还极有可能扩大。但是作为危机公关者来说,最重要的原则就是减少这种危机的程度,并尽可能地化"危"为"机"。综观H品

> 牌饮料公司的整个危机公关过程，不难发现，它体现了 H 公司良好的危机公关素质，正是这种素质使危机对品牌和公司的损失降低到了最低限度。危机之后沉着冷静的态度和积极主动的公关对于企业顺利渡过危机不可或缺，我们可以从以上的案例中窥见一斑。而有的企业在品牌遭遇严重危机的时候无所作为，最终造成无可挽回的损失。三株即为一个令人叹息不已的活生生的例子。

拍案三　三株帝国的陨落

与 Q 公司应对泰莱诺尔中毒事件时迅速启动"作最坏打算的危机管理方案"形成鲜明对比的是，神话般崛起的三株企业轻易地被一场官司打垮。特别是"危机公关"在这其中几乎不见身影，这令无数人扼腕。

1994 年 8 月，吴炳新、吴思伟父子在济南用 30 万元的注册资金、不到 3 年的时间，撬起了一个 80 亿元的大市场，而其使用的杠杆，不过是盛着几十毫升"药水儿"的小瓶瓶。三株的发展绑在火箭头上，面对势不可挡的迅猛发展，吴炳新甚至提出建造三株日不落生物王国的口号。

然而常德事件的爆发，却轻易地将这样一个神话般崛起的帝国击垮了。三株也因此被戏称为是"世界上最绚丽的殉葬品"。

1996 年，湖南常德汉寿县的退休老船工陈某因服食三株口服液死亡。其妻子、儿女一纸诉状把三株告到了常德中级人民法院。1998 年 3 月 31 日，常德中级人民法院做出三株公司败诉的一审判决，要求三株向死者家属赔偿 29.8 万元。

1998 年 4 月下旬开始，三株的全国销售急剧下滑，月销售额从数亿元，一下子跌到不足 1000 万元，从 4 月到 7 月全部亏损，生产三株口服液的两个工厂全面停产，6000 名员工放假回家，口服液的库存积压达 2400 万瓶，相当市场价值 7 亿元。5 月，四处传言，三株已向有关方面申请破产，由于欠下巨额贷款，其申请最终未被批准……

到 1998 年 5 月，三株全面停产。一家年销售额曾经高达 80 亿元、累计上缴利税 18 亿元、拥有 15 万员工的庞大"帝国"就这样轰然倒塌。

虽然 1999 年"湖南常德命案"最终判决三株胜诉，但三株帝国却已经回天无力了。

第二十七篇 ——积极主动 勇于承担

从所发生的事实看,三株的处境显然比Q化妆品公司要好得多。Q化妆品公司泰莱诺尔事件中流言将危机放大至全国范围内有250人因服用该药片得病或死亡,而三株在危机发生后长达一年半的时间是在司法处理的通道中运行,其间并无流言扩散之类的东西。因此,相对来说三株的可控性机会远比Q化妆品公司多得多,但最终的结果所形成的强大反差不能不让人扼腕叹息。

点 评

在市场竞争日益激烈的今天,危机无时不在觊觎着中国企业,威胁着企业的生存和发展。一些看上去非常强大的企业,特别是新兴企业在遭遇一两个似乎很小的危机后便如"多米诺骨牌"那样无情地垮下去,并且一泻千里、无可挽回。三株的极盛而衰,三株的危机之后无所作为带给企业无尽的思考。

回味隽永

在上文古今中外的案例中,我们从正反两个角度看到了"积极主动,勇于承担"在危机处理过程中的重要作用。危机确实不受欢迎,但是成功的企业会将危机当做重要的提升品牌的过程,力图将危机转化成契机。对于品牌而言,在应对突发危机时,要重点注意以下危机公关原则。

1. 主动性原则。任何危机发生后,都应积极地面对,有效控制局势,切不可因急于追究责任而任凭事态的发展。在危机发生之后,要搞清楚什么才是目前最急于解决的。上述电器公司的危机处理就很好地体现了这一点。弦高得知国家有难也是当机立断,主动地走向敌军。而三株却不是如此。三株这样大的一个企业,居然没有专门的公关部门,以至于当问题出现后基本上没有采取比较有力的补救措施。如果三株在常德事件发生后迅速安抚受害人家属,主动公布事实真相,取得公众谅解,恐怕也不会落到如此地步。消费者对企业有了高度信任感,不需花多少时间,损失都会补回来,甚至受益更多。三株一味地寄希望于打赢官司来为品牌昭雪,被动地等待奇迹出现,最终落得回天乏力。

2. 快捷性原则。由于以网络技术为代表的信息社会的到来,使得危机造成的负面影响在极短的时间内传遍世界,带来极为严重的后果。所以企业必须在最短的时间内介入危机,并尽可能争取多方支持,避免事态的无谓扩大。无论是对受害者、消费者、社会公众,还是新闻媒体,企业都应尽可能成为首先到位者,以便迅速、快捷地消除公众对品牌的疑虑。一般来说,企业应该在24小时内公布处理结果。按照危机公关程序,如果一个危机发生时不能在24小时之内对其及时处理,就会造成信息真空,让各种误会和猜测产生。中美史克在应对PPA危机时,以最快的速度,与内部员工、销售经理、经销商、消费者、媒体等各个方面进行了有效的沟通,使信息渠道始终处于畅通状态,因此也就避免了一些无端的误会和猜测,使得危机的解决在一种健康良好的氛围中进行。

3. 诚意性原则。保护消费者的利益,减少受害者的损失,是品牌危机处理的第一要义,断不可只关心自身品牌形象的损失。事实虽重要,态度是关键。在现代社会里,人们对企业承担社会责任的期望越来越高。如果一个企业在发生事件时,不能与公众进行沟通,不能很好地告诉公众它的态度、它正在尽力做什么,无疑会给组织的信誉带来致命的打击。"人非圣贤,孰能无过?"更何况是当今时代的企业呢?在事件发生后,一个企业如果有诚意,那对或错将不再是那么重要。中美史克公司在接到政府禁令之后,立即停止了含PPA产品的生产,并回收所有的产品,取消了相关合同的执行,停止了一系列有关的宣传和市场推广活动。他们在这之中表现出来的对消费者负责任的态度赢得了人们的信任和敬意,这样,危机顺利度过就只是时间问题了。

言路畅通　杞人不忧天

——杞县卡源事件

　　《杞人忧天》这则寓言辛辣地讽刺了那些胸无大志，患得患失的人。"天下本无事，庸人自扰之。"我们决不做"现代的杞人"，而要胸怀大志，心境开阔，为了实现远大的理想，把整个身心投入到学习和工作中去。寓言中那位热心人对天、地、星、月的解释是不科学的，只能代表当时的认识水平，但他那种关心他人的精神、耐心诱导的做法，他的这种公关精神，还是值得称赞的。"谣言止于智者"，智者的及时排疑，没有给更多人造成很大的困扰，没有使个人的疑问变成谣言、现实。但如果我们不注意信息通畅，也会出现现代版的"杞人忧天"。

　　面对自然，我们人类实际上并不那么强大，有时甚至是脆落的。人类社会的发展需要科技力量的支持，然而科技是一把"双刃剑"，它一方面给人类造福，另一方面如果应用不当就会给人类带来灾难，如切尔诺贝利核电站泄漏事故、征服者事件等。当核生态危机发生时，我们需要权威部门的指导，及时公布消息，这样才可能把损失降低到最少。只要我们对科学技术的掌握做到"心中有数"，通过科学的处置，一些人为的悲剧就可以避免。

开篇导例

我们先来讲一个杞人忧天（如图 32-1 所示）的故事。

传说古时候杞国有一个人，他老担心天哪天会突然掉下来，地会塌下去，日月星辰会坠落下来。他常常因此心惊胆战，愁得睡不着觉，吃不下饭。

杞人的一位朋友知道这件事后，就跑来开导他说："天不过是堆积在一起的气体罢了，天地之间到处充满了这种气体，你一举一动、一呼一吸都与气体相通。你整天生活在天地的气中间，怎么还担心天会塌下来呢？"

杞人听了这番话，更加惶恐不安，忙问："如果天真的是由气体堆积起来的，那么日月星辰挂在气体的上面，难道不会坠落下来吗？"

朋友答道："日月星辰也是由气体聚集而成的，只不过会发光罢了。即使掉下来，也绝不会砸伤人的"

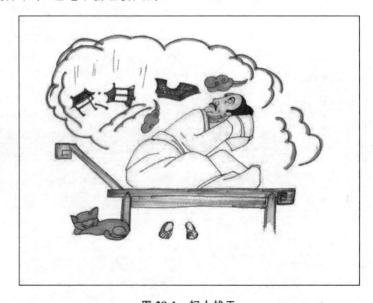

图 28-1　杞人忧天

杞人沉思了一会,又问:"如果大地塌陷下去,那可怎么办?"朋友解释说:"大地也不过是土块罢了。这些泥土、石块到处都有,塞满了每一个角落。你可以在它上面随心所欲地奔跑、跳跃,为什么要担心它会塌陷下去呢?"

经过这么一番开导,杞人恍然大悟,这才放心下来,高兴极了。开导他的人也放心下来,高兴极了。

点 评

这是古代"谣言止于智者"的典型例子,智者拥有很大的权威。智者不仅是一个公正、没有私心的人,而且是一个热心肠的人,能够答疑解惑,为别人服务,为体现自己价值而高兴。虽然,他的解释在我们现代人看来没有什么科学依据。但是,气是道家的思想,当时古人能够认识到这一点,已经是不容易了。

智者及时的排疑,没有给杞国其他人造成很大的困扰。没有使个人的疑问变成谣言,从而没变成一种恐慌现实。但如果我们不注意信息通畅,也会出现现代版的"杞人忧天"。

现代版的"杞人忧天"

2009年07月17日下午开始,杞县百姓大量外迁(如图28-2所示)。"下午6点车过开封县城后,只见一路上大批来自杞县的群众乘坐拖拉机、马车等往市区方向来,导致道路堵塞。"

这里发生了什么事情呢?7月13日有媒体报道了网上热传的河南开封杞县一辐照厂"钴60被传泄漏事件"。16日,环保部发布通告,确认当地环境未发现辐射污染现象。但在当地,17日却上演了现代版的"杞人忧天"——随着"放射源将爆炸"核污染的谣言出现,一些不明真相的群众奔向周边县市"避难":汽车、拖拉机、三轮车等各种车辆堵满了该县通往周边县市的道路。

杞县卡源事件

6月7日,辐照厂的辐照装置在运行中货物意外倒塌,压住了放射源保护罩,并使其发生倾斜,导致钴-60放射源卡住,不能正常回到水井中的安全位置。换句话说,辐射源只能一直处于辐照工作状态。6月14日15时,辐照室内接受辐照加工的辣椒粉由于放射源的长时间照射,温度过高自燃。在消防及环保部门采取灌注水等措施后,引燃物于当晚24时得到控制。当地政府上报上级政府,认为没有危险。

政府其后的公关

面对"逃难"的人,媒体进行了报道,当地政府出来辟谣。17日下午5时许,开封市环保局联合杞县人民政府率先发布辟谣消息,表示"杞县钴60辐射源处在控制状态,没有危险,请大家不要相信谣言,要保持安定"。中国原子能科学院辐射安全部主任、研究员、博士、博士生导师陈凌在现场发布情况:"我们和国家环保部的领导都在杞县钴60辐射源的现场,现在的情况是,不存在辐射源泄露,没有对周边造成污染,肯定没有危险。请大家不要信谣,传谣,安心生产生活。"8时后,开封电视台开始播放"故障现场探视活动",杞县县长在节目中再次澄清,"谣言不属实,钴60未泄漏"。当晚9时,开封市政府再次就"卡源"故障召开新闻发布会,环保部专家陈凌在会上重申放射源处于安全状态。为了稳定民心,7月18日,开封警方宣布拘留了5名被指控造谣者。

图28-2 杞县百姓大量外迁

点评

　　6月7日发生的事件,为何直到一个多月后,谣言四起,媒体曝光,当地才公布事件缘由?杞县县委宣传部长说,故障一发生,县委县政府在第一时间就通报了上级有关部门。上级部门于事发当日上午就派相关人员实地了解情况,最终认定,没有危险。向上级政府报告,把消息局限于有限的范围,这是当地政府传统的行政做法。

　　政府没有及时披露,对于生命攸关的大事,老百姓怎么能不"宁可信其有"呢?对此,群众却有不同的看法:"县政府是关心这事,上级领导也关心这事,难道我们老百姓就不关心这事了吗?县政府知道没事,上级领导也知道没事,但我们老百姓就不该知道没事吗?光顾着通报上级了,怎么就不能及时通知一下百姓呢?"对于一直在民间散播"辐射外泄"、"断子绝孙"、"核爆炸"的谣言,政府没有及时的辟谣。"谣言止于智者"固然不错,但其前提是信息公开。没有政府信息公开,智者如何做出准确判断?在信息封锁情况下,逃生只是人的本能选择而已。

　　从杞县卡源事件中我们不难看出,如果按照国家对辐照事故的分级管理规定,这起事件不属于辐射事故,只能属于"故障"。信息公开不及时导致故障变成了事件。事实也证明,正是因为当地政府的信息封锁,真相无法大白,才导致了"现代版的杞人忧天"。而其后的公关,政府借助媒体的力量,请专家与发布公告,老百姓还是将信将疑,继续"投亲"。这些虽然挽救了政府的形象,但已经对杞县老百姓的生产、生活与出行造成了影响。

史镜今鉴

　　"纸是包不住火的"。对于很多事情内幕,实际上老百姓都是有办法通过小道消息知道的。但是,小道消息毕竟不是正规或权威部门发布的,信息难免鱼龙混杂,真假难分。再加上现代传媒业的高度发达,如果不注意及时获取信息,保证信息公开,不仅仅是工作的被动,而且可能造成更大的损失。

2006年北京时间11月24日,俄罗斯前联邦安全局特工亚历山大·利特维年科中毒3周后在伦敦的一家医院去世。经英国警方调查,利特维年科的死可能与核放射有关。2006年12月2日,英国官方宣布医务人员从利特维年科的妻子玛丽娜和曾与利特维年科会晤过的意大利人斯卡拉梅拉的体内发现了放射性物质钋-210。英国人本已脆弱的心理防线再次遭受沉重打击,利特维年科中毒事件正从单纯的某人中毒死亡事件变成危及整个英国的重大公共安全事件。一个月前,绝大多数英国人根本不知道什么是钋-210,而现在很多人都在担心,是否无意间曾和它擦身而过,与死神接吻。

英面临"公共安全灾难"考验

截至11月30日,警方调查人员已在英国国内的12个地点探测到了钋-210的痕迹。利特维年科发病当天与人会面的伦敦ITSU寿司店和千禧旅馆的松树酒吧,以及得到英国政治庇护的俄罗斯亿万富豪别列佐夫斯基的办公室等处都检测出了微量的钋-210。

11月29日,英国航空公司宣布,警方已从3架往返于英国和俄罗斯之间的飞机上发现了微量的钋-210残留。目前3架飞机都已停飞,其中2架停在伦敦希思罗国际机场,另外1架则停在莫斯科莫杰多沃国际机场等待接受进一步检查。英国方面已经派出一个调查小组前往莫斯科。英航认为,最早一班与钋-210"有染"的航班可能是10月25日从莫斯科飞往伦敦的BA875,利特维年科的朋友亚历克斯·哥德法布称:"这表明,这种物质确实来自莫斯科。"据英航透露,从10月25日到11月29日期间,该公司的上述3架飞机共飞了221个班次,曾在巴塞罗那、雅典、维也纳等近10个欧洲城市降落,涉及乘客可能多达3.3万人。

英国内政大臣约翰·里德11月30日表示,英国政府目前已检测出第五架含有放射性物质的飞机。里德同时承认:"这意味着俄前特工毒杀案正在成为一场事关英国公共安全的'灾难'。"

英数千百姓打爆咨询热线

利特维年科中毒后频频出现在公共场所,这加大了公众感染的风险。英国健康保护局11月25日公布了政府热线电话,呼吁那些在利特维年科中毒后,可能曾和他到过同一场所的人主动与医疗部门联系。一周之内,三千多人拨打了热线电话。政府医务工作者通过问卷调查的方式,判断打电话的人是否有感染的可能性,其中170人到医院接受了进一步检测,24人因有"疑似征兆"而被隔离观察。

此外,曾经搭乘伦敦—莫斯科航线的乘客也是"高危人群"。据英国航空公司透露,5架留有钋-210痕迹的飞机在过去三个星期内,共飞行200余架次,约有3.3万乘客搭乘过这些飞机。尽管英航一再表示飞机上检测出的钋-210并不多,乘客受到污染的几率极低,但他们还是在11月28日公布了热线电话,两天之内近3000名乘客通过这一电话进行了咨询。截至12月2日,已有5500名乘客联系过英国航空公司,对自己的安全表示担忧,英国卫生部门要求其中356人提供尿液样本以供专家检测。

专家还提醒人们应尽量避免到利特维年科曾到过的场所,"利特维年科中毒事件已经影响到英国的公共安全,这是不争的事实"。由于"钋污染"事件时间跨度大,涉及人员多,不少英国人都担心,一些接触过钋-210的人可能已经离开英国,这将给欧洲的公共卫生带来更大隐忧。

俄冷处理核污染风波:外松内紧,加强检查

俄罗斯前特工亚历山大·利特维年科在伦敦中毒身亡,由此引发了英国的"钋恐慌",英俄关系紧张越来越公开化。而此时被英国媒体口诛笔伐的俄罗斯,却呈现出一片安定祥和的景象。

由于英国媒体怀疑两架俄罗斯民航飞机携带放射性物质,11月30日,俄罗斯环空航空公司率先提议对公司飞英国的所有航班进行检查。俄紧急情况部的专家对两架波音-737客机进行了放射性物质污染检测,未发现放射性物质超标现象,加强对国际机场和搭乘国际航班出入境人员的放射性物质检查,加强对在俄中转的外国航空公司航班的监督。俄罗斯消费者权益保护和公益监督局的专家对从伦敦飞来的俄罗斯各航空公司的班机也进行了检测,同样没有发现放射性物质残留。俄航空公司新闻处指出,公司一直定期对航班进行此类检测,但近期检测措施有所加强。俄海关总署也表示,所有通过俄罗斯边境的交通工具均须在海关边防站接受严格的辐射检查。海关总署的官员透露,俄罗斯公路和铁路边防检查站都安装有放射性材料高精度搜寻系统,能够24小时自动发现辐射升高的迹象,可即刻搜寻并隔离放射源。

 点 评

英、俄政府利用现代媒体的力量及时、主动公布钋以及利特维年科各种信息,没有给民众造成很大的影响,民众反而积极支持、配合政府的各项工作,没有对社会造成很大困扰。

在一切都还没有定论之前,俄罗斯政府、科学界对此事件务实、坦诚的态度无疑让热衷推理和想象的西方媒体大失所望。俄罗斯并没有因这件"飞来横祸"蒙羞。所谓俄罗斯有"肉体清除"叛徒的传统,可能是担任过前克格勃官员的时任俄总统普京下令清除了联邦安全局中校利特维年科等说法,在俄罗斯只能被当做笑话谈及。与世界各国媒体的热炒形成鲜明对比,俄罗斯颇有一副"众人皆醉我独醒"的架势。对于英国媒体的种种发难,俄政府官员并未进行言辞激烈的反驳。俄媒体也异常冷静,在全文转载英国媒体有关报道时完全不加渲染。俄普通民众也是照常过日子,既不对英国媒体表示气愤,也不为"钋恐慌"而惶惶不可终日。

在古埃及法老图特卡蒙的陵墓上镌刻着这样一行墓志铭:"谁要是干扰了法老的安宁,死亡就会降临到他的头上。"

所谓"法老咒语"的传言始于英国考古学家霍华德·卡特1922年发掘法老图特卡蒙陵墓之时。1922年11月4日,他发现了凿在岩石上的石阶,通向一道未曾开启的墓门,墓门上写着"图特卡蒙"(古埃及第十八王朝法老)。11月19日,英国探险家、卡纳封勋爵在埃及国特法老的陵墓中进行考古研究,在甬道里见到法老的咒语。11月26日下午,法老图特卡蒙的墓穴被重新打开。主持发掘工作的是英国考古学家霍华德·卡特,陪同一旁的还有工程资助人卡纳冯勋爵。

神秘的图特卡蒙法老陵墓犹如"潘多拉的盒子",在被打开之后灾祸接连发生。1922年11月26日当天晚上,卡特家中精心饲养的一只金丝雀被一条眼镜蛇吃掉。1923年3月,卡纳冯勋爵遭到一只毒蚊子的叮咬,不幸受到感染,被送回开罗。仅仅两个月之后,他便撒手西去,死因据说是重症肺炎。就在卡纳冯勋爵病逝当天,他的爱犬苏茜狂吠不已并于当天追随主人而去。当天夜里,开罗全城大停电,整个城市陷入一片黑暗

之中。到1935年为止,与图特卡蒙陵墓发掘工作直接或者间接相关的至少有二十多名人员先后死于非命,这些人中包括主要发掘人卡特的助手、秘书及其家属等。

数十年来,经过各类电影、电视和小说的大肆渲染,所谓的"法老咒语"被越传越邪乎,不仅令那些盗墓者望而却步,而且连那些考古学者和观光客也不寒而栗。当时的英国《每日快报》这样报道说:"接二连三的不祥之兆使得人们迫不及待地将其解释为法老的咒语显灵了。"英国《每日邮报》的资深撰稿人、古埃及学权威阿瑟·威格尔也推波助澜道:"这是古埃及神灵的诅咒。"

图28-3 法老陵墓

一直以来,考古界曾有人推测法老陵墓(如图28-3所示)中可能存在着一种有害病菌,1999年德国微生物学家哥特哈德·克拉默果真在木乃伊身上发现了足以致命的细菌孢子,它在木乃伊身上可以寄居繁殖长达数个世纪之久。在得知这一重大医学发现之后,哈瓦斯此后每次发掘陵墓时都要在墓室墙壁上钻一个通气孔,等陵墓内的腐败空气向外排放数小时之后再进入。

哈瓦斯勇破迷信的步伐并没有停止下来。经过检测他发现,尼罗河谷诸法老陵墓的石灰墙内普遍充满了一种叫做氡的有害气体,而医学专家早有定论,氡气可以致癌,而也许正是导致部分考古人员患病的诱因!据悉,哈瓦斯公布了其检测结果后,埃及亚历山大大学的科研人员目前正在对5座尚未挖掘的陵墓作进一步气体探测,以便将氡气的危害降至最低。

点 评

依仗科学这把利器,一个个法老"魔咒"正被哈瓦斯逐个破除。其实,支撑他坚定"破咒"的还有一个重要原因:在过去30年职业生涯里,他所发掘的古埃及法老陵墓以及接触到的木乃伊数目要比所有在世的考古学家都多,经过电视的实况转播,电视镜头中他那个头戴印第安纳礼帽、英语口音浓重的形象早已为全球观众所熟悉。虽然屡屡"惊动法老神灵",可是时至今日他依然"健在"。

三刻拍案

科技既有魅力,也有悲哀。核技术就是其中代表,它可以为国防现代化和国民经济建设服务,但又容易造成核污染。核污染是指由于各种原因产生核爆炸以及核泄漏引起的放射性污染,其危害范围大,对周围生态破坏极为严重;持续时期长,事后处理危险复杂。人类是在发现与应用核反应规律的过程中,逐渐认识它的威力及危害的。面对核污染,杞人忧天是必要的。我们至少要懂得放射源、放射性同位素、X射线机及含有放射性核素在自然中的广泛存在,才能采取有效措施进行预防与应对。

拍案一 切尔诺贝利核电站泄漏事故

位于乌克兰北部的切尔诺贝利风景优美,周围松树和白桦树林茂密,森林内布满河流和各种珍禽异兽,而且人口众多。苏联 1973 年开始在这里修建切尔诺贝利核电站(如图 28-4 所示),于 1977 年正式启动。

图 28-4 切尔诺贝利核电站

1986 年 4 月 26 日凌晨 1 时许,随着一声震天动地的巨响,火光四起,烈焰冲天,火柱高达三十多米。切尔诺贝利核电站 4 号核反应堆发生爆炸,其厂房屋顶被炸飞、墙壁坍塌,当场死亡 2 人。大量的放射性物质外泄,使周围环境的放射剂量高达 200 伦琴/小时,为允许指标的 2 万倍。一千七百多吨石墨成了熊熊大火的燃料,火灾现场温度高达 2000℃ 以上。救援直升机向 4 号反应堆投放了 5000 吨降温和吸收放射性元素的物质,并通过遥控机械为反应堆修筑了厚达几米的绝缘罩。

事故初期,苏联政府只是公布核电站发生了火灾,并没有说明发生了核泄漏事故。当地居民通过国外新闻媒体才得知发生了核泄漏事故。为了掩盖事件的真相,苏联政府仍于 5 月 1 日在离切尔诺贝利 140 公里的基辅市举行了传统的"五一国际劳动节"大游行,5 月 9 日按计划举行了国际自行车比赛活动，5月还派歌唱团到核电站进行慰问演出。苏联中央政治局也下发了秘密文件，禁止医生做出事故清理者患病原因与核辐射有联系的结论。

苏联政府在处理切尔诺贝利核事故上不透明的做法受到了国际社会，特别是欧洲国家的严厉批评。东欧国家和邻国因苏联未及时通报灾情，使得原本紧张的关系加剧。世界对苏联核技术的信任大大降低，加之西方媒体大量夸大的报道，使苏联的声誉受到空前打击。

事故发生后，苏联政府立即组建了国家事故调查委员会，调查事故产生的原因。1986年7月3日，苏联科学院院长和库尔恰托夫核物理研究所所长在苏联政治局会议上首次指出，核电站"铀-石墨大功率压力管式"反应堆设计上的缺陷是事故产生的主要原因，工作人员操作失误只是事故发生的诱因。后来苏联核专家进一步得出的结论是，反应堆燃料棒的结构和保护系统不合理是引发事故的直接原因。

切尔诺贝利核电站爆炸释放了大约2.6亿居里的辐射量，大约是日本广岛原子弹爆炸能量的二百多倍。这次事故造成的放射性污染遍及苏联15万平方公里的地区，那里居住着694.5万人。由于这次事故，核电站周围30公里范围被划为隔离区，附近的居民被疏散，庄稼被全部掩埋，周围7000米内的树木都逐渐死亡。在日后长达半个世纪的时间里，10公里范围以内将不能耕作、放牧；10年内100公里范围内被禁止生产牛奶。切尔诺贝利的核辐射通过风力、雨水等传播途径，污染了乌克兰、白俄罗斯、俄罗斯等一些堪称世界上最富饶的土壤。

为了清除核事故的影响，苏联政府在每一个州和地区建立了切尔诺贝利核事故受害者治疗与预防机构，对受害者提供免费医疗帮助。还在莫斯科建立了联邦抗辐射保护儿童科学实践中心，治疗受辐射的儿童。十几年来，诊治的切尔诺贝利事故受害者达几百万之多，其中包括二十余万名儿童。同时，政府还建立了统一的"切尔诺贝利核事故受害者清单"，对受害者身体状况进行跟踪监视。截至2001年1月1日，列入俄罗斯"切尔诺贝利核事故受害者清单"的人超过57万。据统计，切尔诺贝利核事故的受害者总计达900万人。苏联政府用于清理核污染、为受害者提高医疗帮助、社会保障、津贴、建设新的村庄和住宅等方面的预算开支高达230亿卢布。至今在俄罗斯因切尔诺贝利核事故受社会保障法保护的人口仍有210万。消除切尔诺贝利后患成了俄罗斯、乌克兰和白俄罗斯政府的巨大财政负担。

点 评

如果说,事故造成的身体伤害还能被统计的话,那么它带来的心理创伤则是无形的,而且更具杀伤力。作为世界上影响最大的一次民用核泄漏事故,20年前发生在切尔诺贝利的许多细节,已经成为一种集体记忆,成为很多人走不出的梦魇。"直到今天,仍有许多妇女觉得,她们会生出不健康的婴孩。许多人觉得自己终将死于切尔诺贝利事故。"明斯克的物理学家米哈伊尔·马利科如是说。

后来的调查显示,这场灾难缘于反应堆设计缺陷、运行操作人员严重违反安全规程、有关人员缺少必要的安全知识、缺乏必要的核事故应急准备等原因,说是人祸亦不为过。核能可以造福众生,也可以为祸人间,是福是祸,最终取决于人。那些令人或悲伤或动容的故事,其实都是在告诉我们两个词——安全与责任。当人们拿起核能这把双刃剑时,请不要忘记切尔诺贝利那无言的诉说。

拍案二 日本如何预防核污染

1999年10月30日,日本茨城县那珂郡东海村铀加工设施JCO东海事业所转换试验楼内发生一起重大核泄漏事故。当天上午10时35分左右,在制造硝酸铀酰过程中,作业人员为了缩短作业时间,违反操作规程,使用不锈钢水桶进行操作,代替了操作规程中"5"和"6"两个正规的操作工序。它可以将浓缩度小于20%的六氟化铀、核废料以及重铀酸盐沉淀物等铀原料进行转换或回收、精制,从而制造氧化铀粉末或硝酸铀酰溶液。为了进行均匀混合和精制,作业人员又违反操作规程,把不锈钢水桶中浓缩度为18.8%的超过铀临界量的硝酸铀酰溶液加入到沉淀槽中。根据推算,铀的临界量为2.4 kg,而加入到沉淀槽中的硝酸铀酰溶液的铀含量竟达到16 kg。正是由于加入超过铀临界量的硝酸铀酰溶液,使沉淀槽中的物料很快进入临界状态,立即发生了自持链式反应。这时物料发出蓝光,辐射监测报警铃立即鸣响,因此相关人员判明发生了临界事故。随后,几名当班的工人又手忙脚乱地开错了装置,结果使大量的放射性气体逸入居住着33000人的东海村上空。

上午 10 时 43 分，东海村消防队接到报警内容：有急病人，请派救护车。报警时没有说明发生了核辐射事故，因而，急救队员不知实情，部分急救队员没有穿防护服就进入事故现场而受到了辐射。JCO 东海事业所没有监测中子射线的专门仪器，事故发生后对中子射线的测定是在 6 小时以后才实施的。由于对中子射线缺乏防护手段而给救援行动带来很大困难，使参加救援的一些急救队不得不在现场外待命。这次事故中，受到辐射危害的共 69 人，其中，包括 JCO 东海事业所员工 59 人（重伤 3 人，大约两个半月后死亡 1 人，七个月后又死亡 1 人），东海村消防队急救队员 3 人，附近建筑公司员工 7 人。事故发生后，在 JCO 东海事业所周围空气中的辐射剂量是平常值的 7～10 倍。另外，根据不完全统计，事故当天，向避难场所疏散的 120 人也受到了辐射。

点评

该事件按照日本科技厅分析，初步定为 4 级事故，即放射性物质向外释放超过规定限值，工作人员受到足以产生急性健康影响剂量的厂内事故。

事故的主要原因和经验教训是这是一起由于人为操作错误引起的临界事件，核燃料工厂工人的错误操作是造成这次核事件的主要原因，在操作规程和安全文化素养方面也存在着缺陷。工人在操作中违反了操作规则，当班的工人把铀与硝酸进行混合。操作工人把 16 千克的铀投入特制的反应罐中，比规定的临界安全界限整整多出了 13.6 千克。几名工人忙中出错，又开错装置，造成结界事故，此时必须严格实施"临界管理"，避免铀的聚集量超过临界量。JCO 东海事业所的沉淀槽采取的临界管理方式是质量控制的方式，这起临界事故就是因为作业人员没有严格遵守正规的操作规程，向沉淀槽中投入的铀溶液超过了铀的临界量而发生的。通过这起事故可以看出，即使有了完善的设计，还必须加强安全管理，才能保证不发生事故。另外，JCO 东海事业所对员工没有进行有关临界事故的安全教育，并且在该公司内也没有设置预防临界事故的警报系统，这些教训今后我们也应该认真吸取。

此外，应加强对中子射线的监测。发生临界事故时会发出中子射线，中子射线能够穿透一般的混凝土墙壁。从这次事故中可以看出，

> JCO 东海事业所事前没有考虑到对中子射线的监测。另外,由于对中子射线缺乏有效的防护手段,因而给救援工作带来很大困难,使参加救援的急救队不得不在现场外待命。
>
> 最后,应急救援工作要做好辐射防护准备。在应急抢救过程中,由于急救队员不知实情,部分急救队员因进入事故现场而受到了照射。今后,事故报警单位和接警的消防、应急等单位都应该吸取这方面的教训,积极准备应急预案,有效地实施灭火救援等活动,减少辐射对现场人员和救援人员的伤害。

拍案三 好莱坞影星之死之谜

1954 年,美国好莱坞巨片《征服者》一上映,立即引起轰动,由著名影星约翰·韦恩领衔的剧组班子陶醉于成功的喜悦之中。这是一部再现成吉思汗征服中亚的巨片。

但是,谁能料想,伴随着成功的喜悦之后,巨大的不幸也接踵而至。1957 年,正当该片杀青后三周年,在影片中担纲的女影星苏珊·海华身患恶性脑肿瘤溘然而死。事隔 6 年,剧组的另一女影星阿格妮丝·摩海德同样死于癌症。1979 年。当年的主角约翰·韦恩也被病魔夺去了宝贵的生命。然而,悲剧并没有就此中止。到 20 世纪 80 年代初,《征服者》原剧组的 220 人中竟有 91 人患上癌症,其中已有 46 人命归黄泉。悲剧笼罩在好莱坞影城,悲剧更引起全社会的惊诧和关注。

一大批科学家迅速被招来研究影星悲剧之谜。经过反复调查,集中会诊,最后真相大白,原来杀害影星的杀手竟是圣乔治沙漠的沙粒。这还得从《征服者》的拍摄谈起。为了再现成吉思汗征服中亚的历史事件,当时摄影组去外景地圣乔治沙漠紧张地活动了两个月,拍摄了大量的经常镜头。随后他们又用卡车将许多沙子运进摄影棚,继续拍摄内景戏。但人们不知道在圣乔治沙漠 200 公里以外的内华达州,有个美国原子弹试验基地,腾空而起的蘑菇云将放射形物质四处扩散,严重污染了圣乔治沙漠,才导致了众影星罹患绝症的惨剧。

原子弹在爆炸时会产生极高的温度和穿透性很强的辐射,为人类带来巨大的灾难。而且这种放射性物质不仅会沉降在爆炸点附近,而且能飘落到非常遥远的地方,并且对环境的辐射污染时间相当长,几千年甚至上万年都不会消失。

真正的征服者并不是人类,如果忽视自然的规律,大自然会向我们报复。众所周知,美国因率先研制成功原子弹而成为核大国,但这种残酷的杀人武器不仅给日本人民,同样给美国留下了难以愈合的创伤。在核试验场,原子弹爆炸时会产生许多放射性裂变碎片。这些放射裂变产物,有的是短命的,在核爆炸后不久便逐渐衰变为稳定的非放射性核;有的则是长寿的,如铯 137、锶 90、镅 241 等,它们的半衰期有的为几十年,有的长达几百年、几千年,甚至几万年。《征服者》剧组的悲剧就是其中代表,虽然没有当场核试验那样危险,但这些放射物质还是会存在,对人们的生命还是会有危害。《征服者》没有征服人类,反被核污染夺去生命,说明人类文明的发展还有一段路要走。

无论是突发性高剂量照射还是长时间的低剂量照射,都会造成不同表现不同程度的机体辐射伤害,其伤害可分为全身性伤害(辐射病)、局部伤害(如皮肤或视觉器官受损)、复合性综合症及其以后引发的后遗症(如不孕、流产、肿瘤等)。放射性物质能引起人类几乎所有的癌症。凡是放射性照射所能达到的敏感细胞,其相应的组织器官都能引起癌变。

迄今为止,除了切尔诺贝利核泄漏事故以外,英国北部的塞拉菲尔核电站、美国的布朗斯菲尔德核电站和三喱岛核电站都发生过核泄漏事故。除此之外,在世界海域还发生过多次核潜艇事故。这些散布在陆地、空中和沉睡在海底的核污染给人类和环境带来的危害远不是报道的数字能够画上句号的,它给人类和环境带来了无尽的危害。放射性事故只能预防,对事故处置和救援措施得当,损失才能减少到最低程度。

第二十九篇

金秋十月的黑色幽默

——"黑屏"事件企业危机公关

  本篇紧紧围绕"中国化"和"网络公关"等两大热门主题，深入探讨当代企业危机公关的方式和方法。通过"禅宗六祖慧能与佛教中国化"和"艾思奇与马克思主义中国化"两大典型历史案例，着重强调"中国化"的重要性和必要性。同时，通过"'圣雄'甘地领导的'非暴力不合作'运动"提出面临像"黑屏"事件，理性的中国人可以采取的应对态度和妥善行为。在微软一系列弥补"黑屏"事件所带来的负面影响的手段中，最引人注目的是其试图通过掌控博客的方式来平息网络负面舆论。随着科技的日新月异，网络公关似乎成了企业公关不可或缺的一部分。其中，博客公关日益兴起。沃尔玛就利用博客发动维护形象的公关战。但福建企业的网络公关仍有改善和提升的余地和空间。

2009年对于谷歌中国来说是个多事之秋。6月份谷歌中国网页的"涉黄事件"、9月份Google(谷歌)全球副总裁兼中国区总裁李开复宣布离职、10月份谷歌服务器是否撤离中国的四面楚歌、11月份谷歌数字图书馆的"侵权事件"……

其实早在谷歌进入中国之初,美国的反对者就举着牌子在美国国会外强烈抗议,而彼时谷歌的主管却正在国会里进行听证陈述,两者形成了强烈的反差。进入中国四年来,谷歌也一直是个焦点,引发过多种的争议和讨论,表现出了诸多"水土不服"的迹象。有关"谷歌撤离中国"这类显得"悲壮"的声音,在谷歌进入中国的四年里,其实一直没有断过。是不是谷歌特别不适应中国这块土壤,以致表现出严重的水土不服,四年时间依然不能融入中国呢?

谷歌中国前总裁李开复在离职前夕接受时代周报记者采访时,曾意味深长地说道:"谷歌在中国的发展,与其他跨国互联网公司是有很大的不同的,因为他们落地之后就放弃了,我们跟他们最大的差别是我们没有放弃。"

以免费的理念发展新的商业模式,这是谷歌一直所坚持的未来发展模式,但这一理念和模式也让谷歌面临着新旧观念的冲突和矛盾。在全球,谷歌都在挑战传统,在中国,这种挑战所带来的冲突似乎来得更为猛烈,即谷歌在中国跌跌撞撞走过了四年。

尽管"困境"不断,谷歌不仅依然坚定承诺在中国的投入与信心,而且将在中国提供最酷的、独一无二的产品和服务。如在互联网搜索产品和其他产品上做出积极调整,赋予其很多的更新与进步——刚刚发布的iGoogle个性化主页的大学生版本就是一个有力的事实证明,从而更加符合了中国国情的诸多要求。

不可否认,谷歌的理念挑战的是传统的商业价值和传统的商业伦理,"对消费者、网民有利"并不能让谷歌畅行无阻,也不能让谷歌在中国的发展一帆风顺。因此,如何更有效地应对种种困境,更好地在中国这块土壤生存,让自己强大的理念与传统的价值相融合,从而最终达到和谐发展的目标,这是谷歌应该考虑的。

经过四年的摸索前进,可以看出,"中国化"的道路逐渐成了谷歌中国的战略选择。2006年4月12日,Google公司行政总裁埃里克·施密特在北京宣布该公司的全球中文名字为"谷歌"(Google中国对"谷歌"的解释是"播种与期待之歌,亦是收获与欢愉之歌"),而不是其他诸如"咕果"、"古狗"、"科高"、"狗狗"之类的称谓。显然,"谷歌"的称谓更适合中国人的习惯和选择。

点 评

在跨国企业的全球化步伐中,在中国土壤上的企业公关,"中国化"是值得每个企业考虑和深思的重大战略。如果只是一味地强调国际化和全球化,而忽略了对本土文化、习惯、观念、伦理、标准等方面的理解、尊重和融合,跨国企业就很难在幅员辽阔的中华大地上立足。

史镜今鉴

古代,虽然没有像现代社会这样有跨国企业等事物,但是各个国家和民族之间的物质和精神方面的交流和沟通却一直在匍匐前进着,如张骞出使西域、郑和下西洋等。另一方面,外来的文化和思想也在深深影响着中国,如佛教文化和马克思主义。不论是佛教文化还是马克思主义,在影响中国的时候都不可避免地面临着"中国化"的选择问题。

"菩提本无树,明镜亦非台,本来无一物,何处惹尘埃。"这一著名偈语是唐代僧人惠能所作,体现了他明心见性、顿悟成佛的主张。凭借此偈,他接过五祖弘忍的衣钵，成为禅宗六祖，并以此精神掀起了一场佛教革新运动。他不仅融会不同佛教宗派，而且广泛吸纳中国文化的因子，儒道兼采，使外来佛教与中国传统文化密切结合、融为一体，形成具有中国特色的禅宗思想体系，确立了禅宗在佛教界的主流地位，并对中国唐宋以后的文化思想产生了深远的影响。

佛教自两汉之际传入中国，其与中国传统文化的碰撞与融合自此开始。至唐代，印度佛教经典大量翻译引入，信众大为增加，宗派不断创立，佛教界一片繁荣兴旺的景象。不过繁盛背后也隐藏着严重的危机和挑战。一方面，域外思想和佛教哲学与中国传统伦理观念和文化心理的冲突依然存在，如出家与孝亲孰是孰非、尊奉佛祖与维护帝王圣贤权威的矛盾等；另一方面，佛教经典日趋繁琐，渐衍为经师之学，易导致学佛之人舍本逐末，无所适从。惠能顺应时代趋势，创立禅宗南宗，引导人们进入了一个新的佛学领域。

惠能开创的南禅在佛教中国化的道路上迈进了一大步。中华文化是一种兼容并蓄的文化，她以博大的胸怀不断吸纳融合外来文化，使自身臻于完美和多彩。而唐代是中国古代最为辉煌的时代，洋溢着昂扬奋发、开拓进取的时代精神，"盛唐气象"蕴含的自信和开放，极大地促进了文化的交流和融合。正是秉承了这样的时代精神和文化自觉，惠能不拘泥于印度佛教教义，大量融摄儒家的心性学说和人文精神、道家的自然哲学和无为的处世态度以及玄学"得意忘言"等中国文化的思想和方法，以充分的文化自信，用中华传统文化来阐释佛教经典，去除与中国文化冲突的因子，使其符合中国文化和社会伦理，从而成为中国文化的有机组成部分。诚如钱穆所说："从惠能以下，乃能将外来佛教融入于中国文化中而正式成为中国的佛教。"

惠能摈弃繁琐深邃的思辨和深奥艰涩的哲理，倡导"识心见性，顿悟成佛"的简便法门，一改印度佛教僧侣不事劳动、依靠施舍度日的旧俗，发展出"一日不作、一日不食"的农禅并重视传统，适应了不同阶层的人的精神需求，尤其得到了下层群众的拥护，使其获得丰厚的发展土壤，也使得禅宗异军突起、一枝独秀，成为中国佛教的代名词。

 **点 评**

从文化的角度审视,惠能开创的南禅宗既是一种宗教,也是一种生活的态度和智慧;既是一种信仰,也是一种独特的思维方式。它如一股源头活水,为中国文化带来活力和生机。更为重要的是使禅宗基本上建构了儒佛道三教合一的思想体系,并融入了中国文化深层。

艾思奇(1910—1966),中国哲学家,云南腾冲人,早年留学日本,1935年参加中国共产党。毛泽东称他是"党的理论战线上的忠诚战士";人们尊称艾思奇为"人民的哲学家"。

艾思奇为马克思主义哲学中国化做出了杰出的贡献。1937年10月,艾思奇奉党中央调令,与周扬等一起奔赴革命圣地延安工作。为了适应我国艰巨而复杂的抗日战争的革命斗争的需要,更好地用马克思主义哲学武装革命干部和群众,发挥马克思主义哲学的指导作用,1938年4月,艾思奇发表了《哲学的现状和任务》,旗帜鲜明地提出了马克思主义哲学中国化的主张。他说:"现在需要来一个哲学研究的中国化、现实化的运动。""哲学的中国化和现实化!现在我们要来这样一个口号。"艾思奇最先在我国开创性地提出了哲学发展的正确方向和道路问题。

随后,艾思奇按照毛泽东的"使马克思主义在中国具体化"的指导思想、方向和方法,努力进行马克思主义哲学中国化现实化的工作。艾思奇鉴于辩证唯物论是人类哲学史最高的总结,它以极大的包容性吸取一切哲学的合理的精华的结论,认为实现哲学中国化,应以研究新哲学辩证唯物论为中心,注意吸取其他哲学的合理的积极的东西。艾思奇还反复说明,实现马克思主义哲学中国化现实化的目的,也就是要做到善于在中国应用马克思主义哲学理论,正确地研究中国社会的特殊性,把握中国社会的客观现实和客观规律,正确解决中国无产阶级在本国革命斗争中的任务和战略策略等问题。

艾思奇提出的使马克思主义哲学中国化现实化的主张,既为哲学理论工作具体指明了正确的方向和道路,同时又推动他自己在几十年的哲学理论工作中创造了卓越的成绩。他早年写的《大众哲学》已经是马克思主义哲学中国化现实化的良好开端。他到延安后就一直更加自觉地沿着马克思主义哲学中国化现实化的道路前进。他所写的大量的哲学论文，尤其是建国后写的《辩证唯物主义纲要》、受中共中央书记处委托主编的《辩证唯物主义与历史唯物主义》，供全国各级党校和高等院校哲学课普遍使用。这些既是开创性的又是基础性的哲学教科书，都是马克思主义哲学中国化现实化的精品和典范，其中既继承和坚持了马克思主义哲学的基本原理，又体现了毛泽东哲学思想的成果，概括了中国革命实践的宝贵经验，具有中国化的中华民族的特色，对于培育我国哲学理论工作者，教育广大知识青年、干部和群众树立科学的世界观和方法论，推进我国革命和社会主义建设事业，都起到了巨大的作用。

点 评

艾思奇提出的使马克思主义哲学中国化现实化的主张，既为哲学理论工作具体指明了正确的方向和道路，同时又推动他自己在几十年的哲学理论工作中创造了卓越的成绩。可见，对于外来文化不能生搬硬套，需要正确地研究中国社会的特殊性，把握中国社会的客观现实和客观规律。这对于跨国企业在中国生存和发展具有重大的借鉴意义。

我国入世后，越来越多的跨国公司涌入中国，它们带来了先进的管理体制、管理模式和管理方法。同时，越来越多的中国企业也将目标市场由国内扩展到了国外。随着各国经济的相互依赖和相互渗透，各国经济的发展加快和文化的交流加强，但由于各国、各民族都有自己的发展史，不同的政治、经济和文化背景，使东西方国家间的风俗习惯、思维模式、消费需求各异。所以企业在制定公关计划时，需要深入了解和分析当地的特色，开展针对性、个性化和专业化的公关，才是真正有效的公关。

提起印度，许多人马上就会联想到一位苦行僧式的人，他就是印度独立运动领导人、国大党领袖莫汉达斯·卡尔姆昌德·甘地。还在国外时，甘地就开始从事反对种族歧视的斗争。大学毕业后他在南非做律师。非凡的智慧、超人的胆识和坚强的意志使甘地不仅成了一名出色的律师，还成了印度侨民反对种族歧视斗争的领导人。因此，当他回到印度时，便顺理成章地成了民族独立运动领袖。

第二十九篇 ——金秋十月的黑色幽默

印度是一个有悠久宗教传统的国家,佛教和印度教的影响十分深广。这两种宗教教义繁复,但有一点却是共同的:它们都反对任何暴力,主张以忍让和和平的方式解决一切争端。甘地是一个虔诚的教徒,笃信教义。因此他创造了一种独特的争取印度民族独立解放的方式,叫做"非暴力不合作运动"。"非暴力不合作运动"包括两部分内容:"非暴力抵抗"和与英国殖民者"不合作"的态度。具体内容有:辞去英国人授予的公职和爵位;不参加殖民政府的任何集会;不接受英国教育,以自设的私立学校代替英国统治者的公立学校;不买英国货,不穿英式服装,自己纺纱织布;不买英国公债,不在英国银行存款,等等。

"非暴力不合作运动"在 1930 年的"食盐进军"中达到了高潮。这一年,英国殖民当局制定和颁布了食盐专营法,垄断食盐生产,任意抬高盐税和盐价,引起了当地人民强烈不满。甘地号召印度人民用海水煮盐,自制食盐,以此抵制当局的食盐专营法。此时已是 60 岁出头的甘地身体力行,带领一群人,从印度北部阿默达巴德城修道院出发,步行向南,到海边煮盐。一路上,日晒风吹,蚊叮虫咬,甘地却毫不介意,沿路向群众宣传,发表演说。经过 24 天的徒步旅行,到达海边时他的队伍已有上千人。

甘地和他的信徒们在海边坚持了三个星期。每天清晨,他们先在海边祈祷,然后,打来海水、蒸煮、分馏、过滤、沉淀。劳动是艰苦的,对于由于多次进行绝食斗争而疾病缠身,此时已是 60 岁开外的甘地来说更不轻松。但他自始至终参加劳动,直到被捕入狱。

印度各报对甘地的"食盐进军"进行了广泛报道。沿海各地纷纷响应甘地的号召,自制食盐。与此同时,全国各地都开展了反对英国殖民统治者的斗争,罢工、罢课、游行示威、请愿运动一浪高过一浪。殖民当局十分惊恐,他们逮捕了甘地和国大党其他领导人,并下令取缔国大党。

甘地被捕的消息传开,犹如在油锅里加进了水,顿时举国沸腾。数万名自愿者要求与甘地一同坐牢。当局逮捕了 6 万多人,更加激怒了人民。不久,各地爆发了武装起义,有的地方宣布独立,建立自治政权。印度的民族独立运动正脱离"非暴力"的轨道,走向暴力革命。

英国殖民当局吓坏了,他们想起甘地的"非暴力"主张,便改变了策略。1931 年 1 月,殖民当局释放了甘地,撤销了取缔国大党的禁令。随后,与甘地达成了协议:甘地改变不合作态度,停止不合作运动,而当局则释放政治犯,允许沿海人民煮盐。这就是《甘地——艾尔文协定》。

功夫不负苦心人。1947 年 6 月,印度半岛建立了两个独立的主权国:以印度教为主的印度和以伊斯兰教为主的巴基斯坦。经过长期的斗争，印度人民终于获得了独立。在成立印度联邦制宪会议上，甘地被称为"过去30年来的向导和哲学家，印度自由的灯塔"。英国驻印度总督蒙巴顿则称他为"印度自由的建筑师"。

甘地之所以被尊称为"印度自由的建筑师"，是由于他创造了一种独特的争取印度民族独立解放的方式，即"非暴力不合作运动"。甘地应用这种策略，带领他的信徒们在与英国殖民者的博弈中获胜，为印度的民族解放做出了卓越的贡献，是一种有效的公关手段。

这种公关策略对于现在的企业也具有重大的指导意义。所谓"在商言商"，企业本身既要传播自身的商业目的，同时又得兼顾企业的社会责任，而公关就是有效地为企业在这两个博弈点上找到平衡。

拍案一　金秋十月的黑色幽默

"今天你被黑了吗？"这应该是2008年金秋最流行的网络幽默用语。

2008年10月20日起，微软公司在中国启动两项正版增值计划——Windows正版增值计划通知（简称"WGA通知"）和Office正版增值计划通知（简称"OGA通知"）。此项计划被中国用户俗称"黑屏"。所谓"黑屏计划"，实际是远程控制终端用户电脑，验证用户是否使用正版软件程序，来达到微软"正版增值"的目的。另据媒体报道，微软公司将实施逐步投放的策略，预计第一周投放5%的"黑屏"补丁，下一周投放20%，逐步递增最终在一个半月的事件内达到100％。

根据这项计划,如果WindowsXP用户没有通过WGA验证,用户开机进入后,桌面背景将强制变为纯黑色,用户可以重设背景,但每隔60分钟"轮回"一次,将再度被强制"黑屏"。除了一小时黑屏一次外,还包括如果Office用户没有通过OGA验证,在验证失败后第1—14天内,将有弹出式对话框提醒客户所运行的软件不是正版,在转化为正版之前,用户每天首次打开Office和此后2小时分别会收到一次这样的提醒。从验证失败后的第15天开始,如果用的还不是正版,对话框将告知用户如不采取行动,将在14天后(即验证失败后的第30天后),Office软件将被永久添加视觉标记,即在电脑屏幕右下方出现一个永久通知和持续提醒的对话框,显示"您可能是软件盗版的受害者"。

此举是微软自2004年在中国实施反盗版计划以来的一次"最强打击"行动,盗版产业链条涉及的诸多敏感因素让此计划变得备受瞩目和争议,"黑屏"一词就此在网络上流传开来,引起社会各界的强烈反应。中国官方的表态是"支持权利人包括微软等各机构的正当维权行为,但同时需要注意用恰当的维权方式,黑屏方式值得商榷";中国法院网则指责该计划侵犯用户隐私权,是"网络的大规模恐怖主义行动";中央电视台《新闻30分》栏目用"人为刀俎,我为鱼肉"来形容微软盗版用户的处境;《新闻晚报》直言质疑微软:"在微软这种策略面前,中国政府不懈的反盗版努力被边缘化,中国人的道德廉耻被一笔勾销。"

与此同时,超过八成网民反对和批评微软盗版打击行动。有人认为微软的这种行为侵害了软件非营利的家庭用户的正当权利,在技术上涉嫌窃取家庭用户隐私,妨害到个人安全和社会稳定,不可容忍;软件使用者对此更是抵触情绪强烈;还有熟悉法律的人举报"黑屏"涉嫌违法犯罪,以刑法"入侵计算机信息系统罪"的罪名把微软告到司法机关,要求其承担刑事责任;中国网民除了因情绪失调而导致的抗议与声讨之外,还喊出"抵制微软,自觉黑屏"的口号来讽刺和挑战增值计划。总之,"黑屏"这一前无古人的手法招致了难以数计用户的批评,被一片骂声所淹没。强烈反对的评论充斥着各大网站的论坛。

微软"黑屏事件"一石激起千层浪,在引起各界激烈反应和强烈批评的同时,在多方规劝下,微软的行为有所控制,微软的计划有所保留,雷声大雨点小,事态得到有效控制并且逐渐平息。事实上,跨国公司的公关工作一向做得很好,微软尤其如此。

首先,微软发表致用户公开信。10月23日,微软公司向用户发表

《关于Windows和Office正版增值计划致用户的公开信》,指出该计划仅为产品验证工具,目的是协助用户辨别其电脑上安装的Windows操作系统和Office应用软件是否为正版。并明确承诺该计划不会以任何形式收集用户的姓名、电子邮件地址,或任何其他可用于识别用户身份的个人信息,并且该计划不影响计算机任何功能性使用。

其次,利用博客平息事态。在微软一系列弥补手段中,最引人注目的是其试图通过掌控博客的方式来平息网络负面舆论。据媒体报道,微软秘密地把"WGA&OGA计划博文写作"要求发给了一些博客写手,邀请其参与对微软"黑屏"事件进行点评,希望他们能够站在企业的立场解释这两项增值计划,并"说好话"。同时强调"WGA&OGA计划完全不会泄露个人私密信息","用户常年使用微软产品,从习惯上不愿意去换新软件"等说法。

最后,降低正版软件价格。微软中国宣布大幅降低WindowsXP家庭版及Office家庭及学生版的售价,新价格据称已是全球最低。Office卖199元、XP卖399元、Vista卖499元,这些价格都是个人零售市场的价格。除了零售渠道外,消费者通过DIY装机商预装的XP价格比399元还要低,微软内部人士估计只有二百多元。业内分析认为,微软此举是为了善后"黑屏"事件带来的"产品定价未考虑中国国情"的质疑。

回顾整个事件,从执行总部命令的角度出发,微软中国也许无可厚非。虽然微软按部就班地开展了一系列公关工作,包括与利益相关方作了多次沟通,尽可能地将此举修饰得合情合理,却仍然遭受了前所未有的舆论压力。

早在正版增值计划实施之前,微软就此计划的用意——帮助用户识别所使用的微软产品是否为正版,多次向公众做出解释,并将每小时"黑屏"称作是对盗版用户的善意提醒。众所周知,3E策略,即教育(Education)、技术(Engineering)和执法(Enforcement)是微软在中国推动知识产权保护和软件正版化进程的主要政策,其中以教育模式为轴心。不过,业内人士则对微软的"黑屏"教育行为持另一种态度,他们认为,面对庞大的非正版用户群,微软中国的两全之策应该是在出售价格上放低姿态,在增值服务上寻找效益,再配合一定的公关策略,引导个人用户选择正版,而不是通过技术干扰的手段来"教育"用户。在正版增值计划实施之后,微软一直在做一件事情——向媒体和用户进行澄清,设法将"黑屏"风波引发的蝴蝶效应降至最低。但是微软启动的一系列公关行动仅能起到有限的作用。因为对于任何一个品牌,在设计敏感议题之前,一方面要展开大规模的调研活动,与利益相关方做好深入、缜密的沟通;另一方面要对事态的发展有足够的估计,至少要模拟出几个情形,并制定出相应的传播方案。此外,在执行的过程中,要时刻关注利益相关方的反应,站在其角度考虑问题,以便及时调整应急预案。从这些方面来看,微软显然是把沟通环节想得过于简单,不仅没有找到足够的支持同盟,而且还缺乏确凿的舆论调查,对事态的发展也没有做好充分的预测。

事实上,微软在计划启动之前就应该与新闻界进行沟通,不仅要借助媒体教育消费者使用正版软件,而且还要召开新闻发布会,让媒体详细了解该增值计划。对于媒体的真实报道,微软应该正面应对,主动承认;而对于媒体的失实报道,则应该解释澄清,积极引导。因为"得理不让人并不是做公共关系的态度"。

拍案二　沃尔玛利用博客发动维护形象的公关战

据《纽约时报》2006年3月7日报道,为了应对越来越多的批评声音,美国最大的零售连锁公司沃尔玛从2005年底开始直接与网络"新贵"——博客进行合作,招募博主在网上为其声援,发动维护形象的公关战。

布赖恩·皮克莱尔在他的网页上发表了多个帖子,对政府采取法律行动迫使沃尔玛增加雇员医疗保险的做法进行抨击。他的言论看起来就像是沃尔玛官员自己撰写的那种自我辩护的文章。皮克莱尔发表于2006年1月20日以及其他时间的多个帖子中,有些句子和沃尔玛所聘请的一家公关公司向大批博客散发的公关资料完全一样。

报道称,由于工资低下以及员工医疗待遇问题,沃尔玛在美国国内遭到前所未有的抨击。为了应对空前的批评并改善形象,沃尔玛正在将目光投向主流媒体之外,开始直接与博主们合作,向博主们提供沃尔玛正面新闻资料,邀请博主们访问其公司总部,招募博主们参加其公关大战。

与其他利用博客推销产品或塑造公共舆论的公司不同,沃尔玛招募博主不是为了推销某种产品——沃尔玛的生意很好(2005年的销售总额达到3000亿美元),而是为了试图改进其形象和声誉。但这一公关战略引起了不少人的质疑:一向自诩独立的博主们到底应该在网上说什么、不说什么。一些博主们在网上一字不差地发表沃尔玛及其公关公司提供的公关材料,同时却不透露资料来源。在网上为沃尔玛说好话的博主并不承认他们收受了沃尔玛的好处,沃尔玛也不承认向这些博主提供了报酬。

据沃尔玛发言人表示,沃尔玛在2005年年底开始与博主们合作,这种合作是沃尔玛公关战的一个部分。而帮助沃尔玛发动这一攻势的则是埃德尔曼公司。埃德尔曼公司还帮助沃尔玛成立了一个具有政治色彩的作战室,配备了前政界人士,对沃尔玛的批评者进行监控并做出反应。该公司还协助成立了"沃尔玛大家庭"这一新组织,试图在全美国的各城市为沃尔玛赢得民众支持。

实际上,利用博客来塑造公共舆论的不只是沃尔玛,还有很多其他公司。美国通用公司在2005年宣布一项重大投资计划之前,公司总裁首先会见了环境问题方面的知名博主,以赢取其支持。其他公司也求助于博主们来推销某种产品或服务,如微软公司在2005年推出其最新版Xbox游戏系统时,就利用了博客进行宣传促销。

点 评

　　塑造以及维护企业形象的途径和手段是多种多样的,随着现代科技、经济的发展,人们的知识水平逐渐提高。电脑、网络的发展更是深刻改变了现代人的生活方式,网络把全世界的人联系在一起,这种联系使得各种信息快速在人群中流通。传统的信息渠道,如报纸等遭遇竞争。在网络大发展的时期,博客大行其道。博客是一个发表个人化言论的地方,浏览名人的博客更是满足了大家猎奇的欲望,吸引了一大批人的眼球,从而从名人博客里传播出来的言论,就会对社会造成一定的影响。众多企业正是发现了博客的这一特点,便利用博客来塑造、维护公司的形象。正如以上案例,沃尔玛在形象出现问题时,和各领域的博客名人结合,发表各种言论来维护公司的形象。通过博客宣传造势是

> 一种新的塑造维护形象的途径,企业不要将目光局限于传统途径,而是要结合现代社会的发展,去寻求更适合时代需要的企业形象维护危机应对新途径。

拍案三 企业网络公关中的网站建设和推广——以福建网站市场为例

随着科技的日新月异,网络公关似乎成了企业公关不可或缺的一部分。归纳而言,网站的作用大致分为四种:推动产品销售、打造企业形象、方便信息沟通和建立企业诚信。但这几年,网站建设竞争趋白热化,制作费用低廉,使网站策划成为空话。加上网站推广形式单一,网站制作甚至沦为表达企业存在的简单名片。

以福建网站建设市场为例,网站设计公司倒闭现象严重,福州市场甚至有规模的网站设计公司鳞毛凤角。网站设计甚至只是简单套用模板。窥一斑可见全豹,下面谈谈网站建设、网站推广的3个误区。

第一,"随波逐流"建网站,不重视策略。某些中小企业看到竞争对手有"网络门面"就跟风,却不知道企业网站的真正价值和目标。网站建好后不重视后期的推广宣传,使之逐渐演化成"电子公告板",静默在无人问津的角落。

第二,"无的放矢"搞竞价,不合理推广。某些中小企业建好网站后就直接把营销推广的任务外包给搜索引擎公司,自己"守株待兔"等待电话响起或定单传来。结果是网站的无效流量飘红了,有效转换率却不见涨;企业的钱烧光了,产品销量还没提高。推广方式普遍十分单一。

第三,"一厢情愿"做直播,不追求技巧。某些中小企业热衷于用自己的惯性思维模式做传播,不注重了解、体会客户的阅读习惯和心理感受。最终虽能勉强地把企业的品牌和产品信息塞进客户的眼球,却没能在情感上与之引起共鸣。

据统计,福建的网民数量在全国名列第八,福建的民营企业也活跃在全国市场,遗憾的是始终不见福建企业网络营销的成功典范。可以说,福建企业的网络推广尚处在"慢状态"、"浅层面"、"低水平"阶段。综合分析,可从以下三个方面进行优化。

第一,策略优化。版块设计远离"千篇一律",突出企业产品和服务优势,吸引客户"流连忘返";版面布局利于客户舒服阅读,减少视觉"审美疲劳";编辑根据客户需求确定内容,经常发布对客户有价值的信息,及时根据客户反馈的意见进行补充完善,给客户一个"来了还想来"的理由,在策略上回归。

第二,推广优化。竞价排名固然重要,但要善于"巧"取关键词,"准"踩时间点,让推广费用体现价值。同时还可借助"歪招"制胜,如在百度吧进行自问自答式的问答推广、在博客人过留名言过留声的推广、在论坛软文隐性宣传的推广……这些操作都要求网络推广人员有较高的素养,对推广隐蔽性和价值性的拿捏要精准到位。罗马不是一天建成的,企业的网络推广也要重在持续运作,重在改革创新,才可能在茫茫人海与目标消费者"美丽邂逅",成就"和谐买卖"。建议福建中小型企业有需求时借助专业的网络公关机构来运作。

第三,创新优化。在前二项优化推广的基础上,若能让企业的网站拥有一个庞大数量的、相对固定的、经常来逛的目标消费者群体,将是可喜的。在此基础上,企业可加大网络推广的投资力度,开发各种创新促销模式和客户互动功能模块,如建立数据库记录客户资料,及时响应客户需求,建立测试市场反应平台进行新产品发布和推介;建立品牌和产品展示厅提升企业知名度和美誉度等。

点 评

在信息过量的时代,没有明确的定位和良好的公关策略,形式单一、内容雷同的网站必然会沦为信息孤岛。反之,人们对新鲜事物的兴趣从不曾缺失,如何提高关注度,关键要引发人们的兴趣,网站建设要在内容与形式的结合基础上,通过有效的公关手段"走出去"办站,主动吸引潜在客户浏览,而不是仅仅将目标锁定在内部和已有的群体上。立足企业特色,挖掘自身优势,借助有效的创意,整合产品营销,使网站精细化、特色化才能网站赢得精彩!

回味隽永

结合以上这些案例,重新审视"黑屏"事件,我们可以做出以下几点总结。

首先,中国特色。任何企业公关都必须充分考虑中国的特殊国情,并使企业的公关计划"中国化",具有中国特色,而不是一味地强调执行总部命令,否则只会适得其反、弄巧成拙。在"黑屏"事件中,微软的行为,不仅引起了中国网民的普遍反感和强烈反对,而且使行业对手乘虚而入,抢占了自己的市场份额。聪明的中国人采取"非暴力不合作"的态度和行为——发表正当言论、利用法律武器、转投国产软件,如金山、永中、红旗中文、中标软等软件。"黑屏"事件对于国产软件来讲,更重要的是创造了一个让大众了解的机会。2008年11月2日,金山软件携手《华西都市报》举办了"金山WPS绿色换装行动",向市民免费发放了2000套WPS光盘。

其次,网络公关。网络公关包括网站建设、网站推广、博客公关等。其中,博客公关日益兴起。目前邀请博客推销某种产品或服务的案例并不在少数,多数集中在手机、数码产品等快速消费品,甚至汽车、化妆品试用等行业。据国外媒体报道,微软公司曾在推出其最新版Xbox游戏系统时,就利用了博客进行宣传促销。我们不得不承认,将有越来越多的企业通过类似的方式介入到个人媒体里开展营销。但是博客传播有其自身的特性和规则,如果将太强烈的主观意识和自身利益输入博客内容,而该问题本身又涉及众多民众的利益,可能会导致传播失控。企业在设置传播议题时,可以在前期进行一些试点,征集反馈意见,在多方论证和事实衡量的基础上再进行议题传播;议题内容要尽量趋于中性,甚至可以只提供事实,淡化自身利益诉求。

最后,信息安全。在当前网络Web 2.0时代,自主知识产权的计算机操作系统和数据库技术属于民族核心技术,直接关涉到国家信息安全问题。信息技术产业是国民经济的战略产业,而我们恰恰在核心技术受制于人,微软"黑屏"事件就是一个警醒。我们要以这次事件为契机,以企业为主体,以市场为导向,在国家的统一调度下,集中人力、物力、财力,加强科技攻关,力争早日研制出我们自主知识版权的计算机软件操作系统及硬件芯片技术,进而建立我们独立完整的信息技术产业体系,实现跨越式发展。如果国外软件厂商在操作系统中预留"后门",将会给我国信息安全带来巨大的风险。而只有开发拥有自主知识产权的操作系统和数据库,才能在真正意义上维护信息安全。

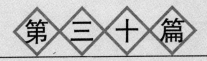

沉着应对　真心贴住

——苏泊尔不粘锅危机公关案例

众所周知，公关的根本方式就是沟通，通过影响人的意识形态以达到影响人的心智的目的。随着大众媒体的发展，人们获取信息的渠道越来越多，也越来越便捷。与此同时，企业、名人等也越来越容易发生危机。危机公关是现代组织战略管理的一项重要内容，是一种专业的公共关系实务，集中体现了一个组织的战略眼光、管理能力、组织效率、公关意识等。危机公关的目的，就是与媒体沟通、与消费者沟通、与社会公众沟通，甚至与政府沟通，以影响其对企业行为的评判，将负面影响控制到最小。

本篇从"贝迷诉讼门"事件入手，以"苏泊尔不粘锅危机公关事件"为主案例进行说明，辅以其它案例，其中有失败的危机公关案例，也有成功的案例。通过对这些案例进行剖析，从中总结经验教训和可供学习的应对方法。

开篇导例

2008年1月15日,贝克汉姆球迷和代理律师在北京召开新闻发布会,指责南京某公司借贝克汉姆之名进行商业炒作,推出相似名称安全套,损害了偶像的形象,伤害了他们的感情,宣称要起诉该公司,要求该商家立即停止销售,并向他们赔礼道歉。贝迷诉讼事件迅速成为新闻热点,几乎席卷了全国各大网站和各地报纸,新加坡、加拿大、新西兰、法国、美国等的媒体也进行了跟踪报道。随着新闻的快速扩散,一时间,巨大的舆论压力铺天盖地而来,对该公司正常的经营活动形成了巨大的冲击,一线的促销人员受到嘲笑,各地经销商因事态的前景不明而停止了进货。

针对球迷的责难和记者的询问,公司采取了"避重就轻"的对策,在回答记者的提问时,只回答一些"家常"的事情,决不涉及商标的实际情况和内涵,并表示将在适当的时候做出回应。

主动承担责任,善于从危机中抓到机会。公司一边忍受着指责,一边暗自策划一次良好的转机。就是在一个时间段里,让其"另一版本"的回应集中出现在公众的视野。在媒体安排上,一方面,网络媒体和报纸等纸媒的运作不同。报纸登载的新闻,网络媒体一般都会转载,即使网络媒体已经登载过类似的内容,它们仍然会转载。针对这一特点,他们先提前一天安排在网络媒体上发布,第二天再安排在报纸上发布,这样网络媒体的曝光率会更高。另一方面,考虑到周末上网的人会更多些,他们选择了在周四、周五两天集中发布。为了获得较高的传播率和转载率,他们从主流网站和报纸入手,在一天的时间内几乎联系好了所有的热点网站和南北几份大的报纸。

公司向贝迷们重新阐释了商标的来源及含义。其配套注册的英文标签是"BECOHAM",由英文"be a coham"缩写而来,意思是要做"安全套中的可汗",即套中之王,可汗英文为"coham"或"kan"。"BECO-

HAM",音译为相似名称,出处并非球星 David Beckham(大卫·贝克汉姆),而贝迷律师的诉讼材料上却将"BECOHAM"错误地当成"BECK-HAM"。公司表示,作为致力于产品出口的公司,他们一直努力把产品做好,并没有利用球星贝克汉姆的影响,无论在产品包装设计上、产品推广宣传上,都不曾利用球星贝克汉姆的元素,更不曾有恶搞贝迷偶像之意。同时,公司还邀请贝迷们到公司实地考察,了解其品牌的运营情况。

真诚沟通,诚意赢得和解。首先,他们通过中间方联系诉讼的贝迷们,进一步就其品牌是"套中之王"的来源和含义进行了面对面的沟通;其次,邀请贝迷代表前往公司实地考察,了解品牌的运作情况。

经过深入的沟通和实地考察,贝迷们决定放弃诉讼。为了消除前期诉讼事件造成的负面影响,他们与公司一起举行了一次和解新闻发布会,并再次获得了媒体和公众的高度关注。

点 评

该案例中,该公司初期采取了"避重就轻"的策略制造悬念,主动承担责任,最后转为危机,是一则成功的处理危机的案例,其中许多处理危机的手段和方法是值得借鉴和学习的。

史镜今鉴

危机无处不在,无时不有。在以前,关于危机应对的案例也比比皆是。以下以"珍珠港事件"、"黄金"号商船的秘密故事以及"白起之死"的故事为例进行说明。

1941年12月7日,日本对美国太平洋军事基地珍珠港发动了突然袭击,从而揭开了太平洋战争的序幕。早在1941年7月初,日本帝国御前会议就通过了"帝国国策纲要"。为了独霸亚洲太平洋地区,"跨出南进的步伐",日本声称"不辞对英美一战"。要进军南洋,首先必须拔掉美国钉在太平洋上的楔子——太平洋舰队基地珍珠港,日本头目山本五十六把偷袭视为锦囊妙计。为了偷袭成功,日本还使用外交谈判的手段迷惑对方。事发前夕,日美友好谈判搞得热火朝天。日本新任驻美大使野村娓娓动听地告诉记者,日美没有任何理由开战,不管两国之间存在什么问题,都能以友好的态度加以解决。在这友好的谈判背后,日本正在磨刀霍霍,加紧准备各项偷袭工作。美国人对日本的行动已有所察觉,但他们错误地认为日本不敢偷袭他们。12月6日,日本还在美国大谈和平,提出要与美国共商解决冲突的良策。而美国也刚刚由驻日大使格鲁向东乡外务大臣递交了一封美国总统罗斯福致日本天皇的亲启电报。在他们的眼里,战争的阴影即将逝去,歌舞升平的太平气氛将布满太平洋上空。因此,美军放心地将珍珠港内的舰艇和机场上的飞机都密集地排列,停靠在一起。其实,罗斯福总统前不久曾接到日本准备空袭美军舰队的情报,但经过最高司令部的分析研究后,该情报被置于脑后,也没有人通知太平洋舰队司令金梅尔上将提高警觉。

1941年12月7日凌晨4时,北太平洋海面上波涛汹涌,苍茫一片,一切都显得很正常。然而,日本海军舰队已经开始偷袭了。这次偷袭历时110分钟,美国军事实力遭受到严重损失,几乎比美国海军在第一次世界大战中所受损失的总和还要大。自此以后,美国太平洋舰队一蹶不振。日本人的不宣而战激怒了美国人,12月8日,罗斯福总统向世界宣布,对日本开战!他一再要求海军参谋长,"一定要狠狠回击日本!"

1942年4月18日,也是一个晴朗的日子。中午,东京街头挤满了熙熙攘攘的人群。12时30分,街上突然响起了警报声,惶恐的日本人开始东奔西跑寻找藏身之所,他们边跑边在心底抱怨:"防空演习偏偏挑在中午吃饭时间!"很快,一批轰炸机从海上飞来,日军以为是自己用于演习的飞机,都静静地看着它们飞近。飞机以超低空飞到东京北郊后,突然投下了炸弹,顿时火光冲天,硝烟弥漫。虽然这次空袭在军事上给日本造成的损失并不大,但却给日本人带来了巨大的心理冲击。而美国却因为这次成功袭击而士气大振。

 点 评

诚信是相互的。日本人用了种种迷惑美国人的战术,突然袭击珍珠港,这种不宣而战的做法其实是很不诚实的,也激怒了美国,最后使其予以有力的回击,日本人只能自食其果。

16世纪50—70年代,西班牙人沿着哥伦布的航迹远征美洲,从印第安人手里掠夺了无数金银珠宝,然后载满船舱回国。然而,他们的行动被海盗们觉察了。于是,海盗们疯狂袭击每一艘过往的商船,残杀船员,抢夺了大量财宝。如山沉重的财宝,海盗们无法全部带走,于是将剩余部分埋藏在洛豪德岛,并绘制了藏宝图,海盗们发血誓表示严守秘密,以图永享这笔不义之财。哪知海盗终归是海盗,哪有信用可言,一些阴谋者企图独吞宝藏,一时间血肉横飞,只留下了具具尸体,胜利者携带藏宝图混迹天下,过着花天酒地、骄奢淫逸的生活。可见,生活中失去了诚信,各种丑恶的现象就会随之发生。

点 评

"黄金"号商船的故事自始至终都贯穿着违背诚信,必将一事无成的处世道理。西班牙人从印第安人手里掠夺了金银珠宝,以暴力的方式敛财,本身就是违背了信誉,置诚信于不顾,是一种错误的做法。海盗的洗劫行为以至后来海盗成员之间的相互倾轧也再次印证了无视诚信的存在,必将一事无成的道理。由此生发开来,现代企业而言,能否妥善处理企业的危机,关键点就在于企业自身的诚信度,只有重视诚信建设的企业,才能在日趋白热化的企业竞争中处于不败之地。

在封建社会,政治往往是十分残酷无情的,它"始于作伪,终于无耻",虚伪的周旋,血腥的倾轧,"你方唱罢我登场",像巨大而深不可测的陷阱,使人们有意无意地葬身其中,留下无尽的痛苦与遗憾。战国时期,秦国文武两大名臣白起和范雎之间的生死劫,可以说是这种丑陋的官场文化的

一个缩影。白起是秦国统一六国的一大功臣，同样，范雎也是。可惜的是，范雎是位心胸狭窄、嫉贤妒能的政治短视者，于是一直对白起的功勋耿耿于怀。这种敌意与矛盾，在秦军长平大捷后顿时尖锐激化起来。长平一战，白起统率秦军全歼赵军主力四十余万，从根本上消灭了关东六国赖以抗秦的有生力量，秦统一天下的道路从此畅通无阻了。白起本人也因此战而功名达到鼎盛。他把握战机，及时进围赵都邯郸，期待一举灭亡赵国，把秦灭六国的事业向前大大推进一步。

然而，对白起的巨大成功，范雎却感到莫大的空虚失落。他的这种心态被纵横家苏代觉察到了。于是他对范雎说："赵国一旦灭亡，亲王便成了天下的主宰，白起也将因功晋升为三公。"还居心叵测地向范雎建议答应赵、韩诸国的求和意愿，放过赵国。范雎为了个人的得失，不顾国家利益，竟向秦昭王建议允许赵国求和。秦昭王听信了范雎的话，下令解除邯郸之围，使得白起灭赵的战略计划功亏一篑，这让白起非常的失望。后来，当秦昭王改变想法，决定重新围攻邯郸时，白起就托病不起，不肯出任主帅。白起与秦昭王的关系越来越僵，而这种僵局正是范雎梦寐以求的。为了彻底铲除白起这个竞争对手，他决定利用秦昭王对白起的信任危机，挑拨离间，进一步强化秦昭王对白起的恶感。秦昭王最终下令将白起贬为普通士卒，逐出京城咸阳。对此，范雎还不是很满意，他的终极目标是要杀死白起，于是又向秦昭王进言："白起之迁，其意尚怏怏不服，有余言。"秦昭王听后顿时火冒三丈，下令逼白起自杀。白起的屈死是出于功臣之间嫉妒、争名夺利等阴暗心理的倾轧斗争。同时也表明，对于功臣夙将来说，最大的危机可能还不在于战场上的明敌，而是暗藏在自己周围的形形色色以同僚面目出现的敌人。

点 评

战国时期秦国的著名将领白起参与了当时秦国几乎所有的对外战争，攻城略地，不可胜数，可谓战功卓著，为秦统一六国立下了汗马功劳，尤其是长平一役，名噪天下，却在流放途中被赐自杀，悲惨地结束了显耀的一生。与其说白起是死在秦王手里，不如说是范雎要了白起的命。对白起来说最可怕的敌人不是在战场上,而是躲在"暗处"。许多历史事件告诉我们,小人谗言不但具有颠倒黑白、嫉贤妒能的作用,也能要了对手的性命。

三刻拍案

"理论界认为:根据一般规律,一个国家人均 GDP500 美元发展到 3000 美元时,往往对应着人口、资源、环境、效率与公平等社会矛盾较为严重的瓶颈时期,比较容易造成社会失序、经济失调、心理失衡等问题,形成一些不稳定因素。现阶段我国正处于经济转轨和社会转型的过程中,改革开放触及到深层次的体制性问题,再加上有些地方政府在工作上和作风上存在一些问题,因此,从领域、频次、规模、组织性等多个维度来看,我国目前处于危机事件的多发期。"

拍案一 苏泊尔不粘锅危机公关

浙江苏泊尔炊具股份有限公司成立于 1994 年 8 月,是中国炊具行业的领军者,是国内炊具行业首家上市公司,主营炊具、电器的研发、生产和营销"苏泊尔"商标是"中国驰名商标"。"苏泊尔"牌不粘锅是"国家免检产品"、"中国名牌产品",其销量列国内第一,在全球有 5000 万左右的家庭使用苏泊尔炊具。苏泊尔不粘锅以及其他大量不粘锅企业都采用了美国杜邦提供的"特富龙"不粘涂料。

2004 年 7 月 8 日,美国《华尔街日报》报道美国环保署(EPA)对杜邦提起行政指控,指控杜邦公司自 1981 年 6 月至 2001 年 3 月间,三次拒绝向该机构提供有关可能对人体健康和环境造成伤害的用于"特富龙"制造过程中的添加剂全氟辛酸铵(PFOA)的资料,违反了有关潜在健康风险的联邦报告要求,并拟对其处以高达 3 亿美元的重罚。杜邦公司否认了环保署的指控,并表示将在 30 天内对这一指控提出正式否认。杜邦称完全遵守联邦报告要求,并否认在上述化工品和人体健康或环境的任何有害影响之间存在任何联系。在美国这只是一项政府行政单位和企业间的行政诉讼,其主要诉讼标的在于杜邦违反了联邦报告的要求。

过了两天,中国中央电视台《新闻 30 分》报道"杜邦特富龙可能给人体健康带来危害"的消息。由于中央电视台特殊的媒体地位和新闻影响力,其报道的新闻往往被认为是一种重要信号。于是国内媒体开始热炒特富龙事件,就特富龙是否有毒、不粘锅是不是毒锅等问题进行深入报道,引起了普通消费者的广泛关注和议论。苏泊尔公司当时收集了 16 个重点城市 73 家报纸媒体、32 家网络媒体、中央电视台、中国国际广播电视台和上海人民广播电台,共 202 条新闻报道(含连载),其中全国性媒体 19 家、区域性媒体 57 家,不包括各省会、地级城市电视媒体报道。媒体报道的特征集中表现为:第一,在报道内容上,95%以上的报道为负面内容,多以"致癌、有害、毒、损害健康"等词语组成内容,而且大多是缺乏依据的猜疑;第二,从爆发性上,媒体危机来势凶猛,仅在一周时间内,便从单一的报道转向多方位的立体报道,中间预热期间隔仅两天;第三,从报道影响范围上,涉及面广。几乎涉及中国所有大城市,50%以上的版面位置在头版和次黄金版,90%以上的报道篇幅在 1000 字以上。

伴随着媒体的大量报道,对苏泊尔形成的负面影响不可估量。在消费者心中,不粘锅几乎成了"有害健康"的代名词,很大程度上影响了人们的消费心理和消费行为。以苏泊尔占主导地位的国内不粘锅市场遭受到了毁灭性的打击,销售量急剧下滑。苏泊尔全国不粘类炊具产品的销售量与去年同期相比下滑了 77.33%,2004 年 7、8 月两个月至少造成直接经济损失人民币 1000 万元以上,其他不粘锅企业销售下滑比例也很大。同时,苏泊尔的品牌形象也遭到了损害,对苏泊尔的股票发行带来很大的冲击,苏泊尔股票上市当天即跌破发行价,给苏泊尔公司以及广大股民和苏泊尔股东造成了巨大损失。

在这生死存亡的关键时刻,苏泊尔采取了一系列积极的应对危机的公关措施,最后不仅扭转了危机,而且还重新赢得了市场,重塑了形象,成为处理危机公关的经典案例。

第一,对事实真相的调查,对危机的正确判断和迅速有效的危机决策。早在 2004 年 7 月 10 日,苏泊尔得知杜邦富特龙事件后,就敏锐地意识到该事件有可能会影响到国内不粘锅企业。随之,苏泊尔内部就召开了紧急会议,讨论"特富龙材料被美国环保署指控可能有害的应急措施",对危机进行评估,并制定了危机管理初步预案,建立了危机管理小组,明确了危机小组的分工,协调公司各部门的计划,并提出了相应的预防措施。这就为苏泊尔在日后危机公关处理中赢得了时间和主动权。

第二,坦诚面对公众,正面面对媒体。当今社会,媒体在传播信息中扮演着愈来愈重要的角色,媒体的言论在很大程度上引导着舆论的走向,影响着公众的认知。在这次危机中,特富龙事件本来只是涉及杜邦行政程序的问题,由于国内媒体对美国法律情况的不了解和对美国新闻的一些内容的过于关注,把事件扭曲成不粘锅的安全性问题。因此,如何使媒体了解到真相,迅速地把事件真相告诉公众,显得尤为重要,苏泊尔也意识到了这点。具体表现在以下几点。

1. 苏泊尔第一时间主动与媒体进行直接和面对面的沟通。针对权威媒体和大众媒体,苏泊尔采取了有层次、有步骤的媒体公关活动。在媒体面前,苏泊尔公司统一了对外传播的口径,通过在杜邦记者会和媒体的交流,以及邀请一些权威媒体召开座谈会,苏泊尔详细介绍了事情的真相,争取媒体的支持。

2. 坦诚面对公众,传达准确而又清晰的信息,争取公众的谅解与信任。针对消费者的恐慌情绪,苏泊尔强调他们的产品是通过中国五金制品质量检验中心检验的,而且特富龙本身并不含毒。苏泊尔承诺,如果国家权威部门鉴定后认定不粘锅系列产品有问题,"苏泊尔肯定会对消费者负责",这体现了一个有担当的大企业形象。同时,苏泊尔市场部对终端导购员进行及时沟通和培训,对售后服务人员和免费电话工作人员也进行了培训,还专门制作了一份书面材料,统一对消费者解析。另外,苏泊尔还公布了《苏泊尔致不粘锅用户函》,真诚地向消费者说明事情真相。

纵览总结苏泊尔公司这一次危机事件公关的策略和方法,其成功的重要原因为两点。

第一,获得权威机构的支持,取得舆论导向的制高点。在危机发生后,苏泊尔与国家权威机构进行了一系列的有效沟通,获得了极大的支持,取得了舆论导向的制高点。

2004年7月13日,苏泊尔服务部人员将公司所有的不粘锅制品送到国家日用金属制品质量监督检验中心(沈阳),再次进行检测。很快,国家日用金属制品质量监督检验中心出具了证明:苏泊尔生产的不粘锅系列产品检验结果均符合标准要求(性能,卫生指标),没有危险。7月20日,苏泊尔危机公关小组走访了国家质检总局和行业协会,与他们就"特富龙"及"不粘锅安全性"进行了充分沟通,并取得了相关证据。

此外,苏泊尔还对中央、北京媒体等进行重点沟通,争取党政及行业媒体的支持,通过这些权威媒体对事件真相及事态发展的报道,获得公众的认同。

第二,团结同行业,同舟共济。危机发生后,苏泊尔总裁苏显泽与杜邦高层领导进行了会晤,双方进行有效的沟通与协商后达成共识,共渡难关。苏泊尔还通过各种行动争取经销商的理解和支持。7月12日,苏泊尔公司发布了《苏泊尔致经销商的函》;7月13日,苏泊尔召开了全国经销商视频会议。经过这些行动,稳住了经销商,这就为市场的稳定,以及不粘锅销售的持续提供了有力的保证。

整个危机事件的最终解决,在于"国家质检总局对外宣布——国内不粘锅产品均未检出PFOA"及"苏泊尔胜诉北京消费者起诉杜邦锅诉讼案"两个重要事件的传播。

点 评

  苏泊尔对此次危机事件的处理,全面而真实地体现了苏泊尔的战略眼光、经营能力、组织效率及公关意识,也展现了一个负责任、讲诚信的企业形象。苏泊尔通过对一系列公关活动的操作,不仅成功地化解了危机,更是转"危"为"机",其处理危机的思路和方法值得借鉴!

拍案二　某品牌精华液过敏事件

某化妆品品牌公司销售网络遍布中国大陆、台湾地区及东南亚地区,该品牌化妆品属中高档化妆品,价格在200~1000元。但在2005年,它们遭遇到了危机,事情缘起于该品牌精华液过敏事件。该精华液被指能让人成瘾,停用后脸部积肿。2005年1月,李女士接到一个朋友电话,告知其不要再用这款精华液,"你停下来,什么也不用,过几天你就知道它的反应了!"于是,李女士满腹担心地按照朋友的建议停止使用了该产品,停用五天之后,李女士的脸一下子肿了起来,据她自己描述,就像发酵的馒头。之后,在上海嘉定地区,至少还有十多人因停用这款精华液而出现过

敏症状。这些出现过敏症状的人的总体特征是：使用这款精华液一般在2—4年之间，在完全停止使用该产品后，出现的症状几乎一样，即脸部红肿，并生出许多小红疹。也有些代理商，如王小姐在代理该产品时，自己也使用该产品，也出现了过敏症状。她后来分析："这款精华液绝对是治疗性的产品，我们的皮肤都对这产品产生了依赖。在接受公司培训时，他们却告诉我这产品只是护理性产品。"事实上，这家公司2004年7月的内部资料已经记录了由该精华液引起的过敏问题，称会使人体免疫力下降。

点评

　　面对一开始消费者的投诉以及各媒体的负面报道，这家企业没能积极有效地应对，更没有给消费者任何解释和说明。针对产品本身的质量缺陷，作为该公司本身，肯定是知情的。由于产品副作用的潜伏期是两年以上，而且是在停用后才会出现症状，公司采用了一再掩饰事实真相的方式，甚至在代理人员培训中，直言其产品是护理性质的。由于消费和生产信息的不对称，使得消费者蒙受精神、肉体和物质的损失。在媒体强大的攻势和消费者一再的追寻下，其产品质量问题才得到公司的承认，而这种承认已经严重变质了，成了被迫而为之，丧失了最佳时间。虽然也采取了相应的应对措施，但是这家企业不够诚信的形象在短时间内无法改变。可见，当危机来临时，应该积极正面的面对，决不能遮盖掩藏，错失良机，给自身带来更大的损失或新的危机。

拍案三　英特尔广告风波

　　2007年，英特尔公司公开发布了公司最新一代芯片平面广告，在广告中，一名老板模样的白人站在办公室里，在他前面地板上有一条起跑线，6名田径选手打扮的黑人蹲地正准备起跑。画面配发的广告词是：提升电脑性能如同增强雇员能量。这条广告公开后，有网友认为这条广告有白人"奴役"黑人之嫌，画面中在白人前跪地的黑人运动员无疑给了观众心理暗示,之后有许多网民也发表评论对这条广告表示不满。鉴于强烈的社会舆论,英特尔公司后来不得不在官网上发表声明,"我们犯了一个严重错误,虽然知道犯错的原因,但那无法补救我们的过错"。声明说,这则广告的初衷是想用具体形象来突出芯片的处理性能卓越。"不幸的是,我们使用了黑人运动员,不但没有传达广告的意图,反而引发了一场种族歧视风波。"随后公司撤下了所有存在争议的广告。

在这起危机事件中,英特尔公司积极应对,及时而又真诚地道歉,并用富有说服力的行动,获得了公众的原谅和继续的支持,从而顺利地度过了危机。

通过对以上案例的分析,我们可以总结出一些处理危机的方法,既起到反省的作用,也可以起到警示后人的作用。

第一,主动承担责任,公布事实真相。危机发生后,企业应该主动承担责任,补偿消费者的损失。同时向社会大众及媒体公布事实真相,控制舆论走向,避免无端的猜测和谣言。在苏泊尔不粘锅危机事件中,苏泊尔公司将部分不粘锅产品送到国家日用金属制品质量监督检验中心(沈阳)检测,还与国家质检局以及行业协会取得联系,证明了苏泊尔不粘锅的安全性,较好地做到了这一点。

第二,真诚地和媒体沟通,处理好与各种人群的关系。当今社会,媒体扮演着越来越重要的传播者角色。很多人获取信息的渠道就是通过媒体,如电视、广播、报纸、杂志、网络等。所以,当危机出现时,企业应与媒体打好关系,避免媒体发布过多关于企业的负面消息,要让他们看到企业的努力与行动,争取从客观、正面的角度来报道,从而稳定消费者的情绪。同时,坦诚地向消费者道歉,不要寻找借口,不要推诿责任,没有什么比真诚的道歉更能安抚人心。另外,还要与经销商、同行业、政府等取得联系,争取他们的支持。在不粘锅事件发生后,苏泊尔公司在第一时间就和媒体取得了联系,同时苏泊尔还获得了同行业的支持,同舟共济,通过各种方法力求消费者的谅解和信任。在安婕妤危机事件中,安婕妤通过参与一些公益活动,重新塑造了安婕妤品牌形象,增加了其美誉度,也获得了消费者的支持。

第三,采取行动,弥补损失。当危机不可避免地发生时,企业不应抱怨,更不应否认。正确的做法应立即采取行动,寻找问题所在,安抚人心,获得支持,把损失降低到最小范围。英特尔公司在遇到广告风波时,迅速地采取了行动,以真诚的态度进行道歉,同时撤下所有有争议的广告。

第三十一篇

公开处理　释疑于众

——杭州的政府危机公关

　　社会性事件伴随着网络的普及，越来越受到人们的关注，政府作为社会管理机构，需要运用公共关系的一般原理、专业方法和独特技巧迅速妥善地处理这些事件。认真地对待和处理公众的质疑，并做出正确回应，这是改善政府形象，增强公众信任感的有效途径，决不可"听之任之"。政府在处理社会性危机的公共关系中，发挥着缓冲、补救和获得谅解的功能与作用。

开篇导例

2009年5月7日晚8时许,年仅25岁的高校毕业生谭某在过斑马线时,不幸被一辆狂飙的三菱跑车撞飞,送医院抢救,医治无效死亡。杭州交警依据肇事者及其同伴的说辞初步认定肇事车辆当时时速只有70公里并控制媒体报道,这一事件立刻成为2009年的网络热点。同时关于肇事者胡某应该是以交通肇事罪起诉还是应该以危害公共安全罪起诉,在民众和法律界也产生了争论。7月20日下午3时30分,杭州市西湖区人民法院对"5·7"交通肇事案进行了一审公开宣判,以交通肇事罪判处被告人胡某有期徒刑三年。此事件刚告一段落,8月4号又发生了保时捷撞死女孩案,很快引起了网民的广泛关注。一次又一次恶劣的交通事故对杭州的社会形象产生了很强大的冲击,同时杭州政府面临信任危机。

点评

随着网络的普及,社会舆论对政府的监督也不断加强,人民从对社会问题的关注转向对政府公共部门特别是执法部门是否公平、公正执法的关注。"5·7杭州飙车案"正是低估了社会舆论的影响力,导致政府职能部门公关操作的失败。

1. 迅捷地做出回应是危机处理的第一要义。危机后危机主体首先要拿出态度来,在事态还不明朗的情况下态度先行,让公众看到你的态度。在飙车案发生后,政府相关部门本应表达对事件的严重关切,同时向公众表态。可杭州政府相关部门一开始并没有注重公众的意愿,市公安局的表态也姗姗来迟,从而引起了公众的普遍质疑。在事故发生的十天后,也就是5月17日,市公安局负责人才表态:对该案的处理,公安机关将以事实为依据、以法律为准绳,依法、严格、公正办理。

杭州相关职能部门的表态速度令社会大众强烈不满,在这十天里公众对杭州政府的质疑足以使之前建立起的信任消失。

2. 相关部门的信息准确度。这也是此次飙车案成为社会关注焦点的关键。杭州警方依据当事人及相关见证人的陈述,初步认定肇事车辆时速为70码,这引起了很多人的质疑。此时,社会舆论的核心已转向对杭州警方是否公平公正处理此事件的担忧上。

3. 案件审理过程的通报情况。7月20日,杭州市西湖区法院一审判决胡某有期徒刑三年。不少人不仅对此结果大为不满,而且认为上庭受审者并非案发现场的胡某本人,即使杭州的司法机关几度"辟谣",胡某替身疑云仍然难以消散。处理胡某案件的整个过程中,充满了公众的质疑,这说明整个案件的公开程度还是不够,也足以说明公众对杭州政府缺乏足够的信任。

回顾"5·7"杭州飙车案,杭州的执法部门处境较为被动,由于其首次提供的信息存在失真与误导现象,从而使其后的每一个行为都被社会舆论质疑,失去了对事件的话语权。每一个网民都是案件处理的观察者与监督者,每一个网民都可以表达出自己的疑问与看法,进而形成强大的舆论攻势,给杭州相关部门造成了强大的舆论压力。

可以说,此次"胡某案"和"保时捷案"中,公众绝大部分的火力指向了政府责任。因此,政府进行危机公关的核心,是如何厘清己身责任,弥补受到重创的政府公信力。此外,政府应当学会对事件处理过程进行公开化处理,及时回应社会舆论的监督与质疑之声。而政府处理事件的信息公开化的前提是公正、公平以及制度的合理化,从而争取主动权并起到引导舆论的作用。

回溯中外历史,我们的先人们却有着应对社会性事件的成功公关案例。

《史记·高祖本纪》:"与父老约,法三章耳;杀人者死,伤人及盗抵罪。"公元前206年,刘邦率领大军攻入关中,到达离秦都咸阳只有几十里路的霸上。子婴在仅当了46天的秦王后,向刘邦投降。刘邦进咸阳后,本想住在豪华的王宫里,但他的心腹樊哙和张良告诫他别这样做,免得失掉人心。刘邦接受他们的意见,下令封闭王宫,并留下少数士兵保护王宫和藏有大量财宝的库房,随即还军霸上。为了取得民心,刘邦把关中各县父老、豪杰召集起来,郑重地向他们宣布道:"秦朝的严刑苛法,把众位害苦了,应该全部废除。现在我和众位约定,不论是谁,都要遵守三条法律。这三条是:杀人者要处死,伤人者要抵罪,盗窃者也要判罪!"父老、豪杰们都表示拥护约法三章。接着,刘邦又派出大批人员,到各县各乡去宣传约法三章。百姓们听了,都热烈拥护,纷纷取了牛羊酒食来慰劳刘邦的军队。由于坚决执行约法三章,刘邦得到了百姓的信任、拥护和支持,最后取得天下,建立了西汉王朝。

点 评

刘邦的"约法三章"可算是古代成功的公关案例,因为他认清了当时民不聊生、百姓希望过安生日子的大形势,施仁政,与百姓约法三章,满足老百姓的需求,最终赢得了天下。与人民的真诚沟通是重要的制胜法宝,尊重人民,并使得人民拥护自己,也是古代许多仁君的治国之道。

《战国策》中记载了一则"三人成虎"的故事:庞恭要陪魏国太子到赵国去做人质。庞恭对魏王说:"有一个人说街市上有老虎,您相信吗?"魏王说:"难以相信。"庞恭说:"有两个人说街市上有老虎,您相信吗?"魏王说:"我有些怀疑了。"庞恭又说:"有三个人说街市上有老虎,您相信吗?"魏王说:"我相信了。"庞恭:"街市上明摆着没有老虎,但是三个人说有老虎,就像真有老虎了。如今赵国到大梁的距离,比我们到街市远得多,而议论我的人早就超过了三个。希望您能明察。"魏王说:"我自己知道的。"于是庞恭告辞而去,但后来魏王果然相信了小人的谗言。当太子结束了人质的生涯,庞恭果真不能再见魏王了。

 **点评**

街市是人口集中的地方,当然不会有老虎。说街市上有虎,显然是造谣、欺骗。但许多人这样说,如果不是从事物真相上看问题,也往往会信以为真。这故事本来是讽刺魏惠王无知,但后世人引申这故事为"三人成虎"这句成语,乃是借来比喻有时谣言可以掩盖真相的意思。判断一件事情的真伪,必须经过细心考察和思考,不能道听途说。否则就会"三人成虎",误把谣言当成真实的。

拍案一 大亚湾核电站危机公关

二十世纪八十年代初,中央政府决定在深圳大亚湾建造核电站,但这一时期世界核电业正面临严峻挑战。1986年4月26日苏联切尔诺贝利核电站发生重大核泄漏事故,引起各方舆论关注。因此,大亚湾核电站的兴建计划遭到香港民众的反对。香港民众组织专门机构发起反对修建核电站的百万签名活动,最终有约125万人参加了这一活动,其民间机构还派请愿团赴京情愿。有关部门认为引起民众不安情绪的原因是我们缺乏对核电站的宣传,使公众误解,因而必须加强公关宣传。

为消除各方顾虑,核电站引进法国的核岛技术装备和英国的常规岛技术装备进行建造和管理,并由一家美国公司提供质量保证。组建公关处,开展知识讲座,对公众讲解、释疑。通过权威媒体发布切尔诺贝利核电站事故原因,中央领导会见请愿团,增强公众的信任感。至此,反对建造核电站的风波逐渐平息,大亚湾核电站终于在1987年动工修建。

 点 评

由于在前期的工作部署过程中,有关部门忽视了信息交流的传播工作,缺乏双向沟通的公关意识,造成香港民众的误解,这一点是值得我们引以为戒的。要取得公众的支持,需要以下几个步骤:传播信息——使公众了解情况——使公众理解行为——获得信任——支持与合作。但之后政府对于大亚湾核电站反对之声的危机处理无疑是成功的。面对危机不应采取"鸵鸟策略",充耳不闻,而应通过公关活动缓解和消除危机。同时我们可以看到有关部门顺应改革开放的历史潮流,逐步意识到了公共关系的重要性。

拍案二　停水事件

2005年11月21日上午,某市人民政府发布公告,宣布自2005年11月22日中午12时起,对市区市政供水管网设施进行全面检修并临时停止供水,检修并停水的时间为4天。这一原因显然不能令人信服,因为对一个城市来说,水是不可缺少的,一旦停水,意味着整个城市将停止运行,是极其严重的城市危机事件。这样的公告,显然不利于该市各级组织和市民充分做好准备,应对迫在眉睫的危机。

因此在公告发布后,民众的恐慌非但没有消除,反而一时间人心惶惶:于是有关地震、投毒、污染等传言不胫而走,在该市的大街小巷广为传播,一些市民采购储藏食物甚至带帐篷户外过夜。

面对这种情形,21日下午,该市政府又发布了公告,宣布停水是因为某石化公司双苯厂爆炸后可能造成水体污染,为保证全市供水安全而采取了停水的紧急措施。第二次公告终于道出实情,在危急时刻道出实情,可以让人们做好更充分的准备,这显然是正确的选择。至此,市民心态才趋于平稳,大家赶紧囤水备荒,一场社会危机逐渐平息下来。

点评

通过此次停水事件,可以透视该市市政府的危机公关能力,其表现有欠缺处,也有值得褒奖处。

1. 信息系统运转不畅。危机事件性质不明是谣言产生和传播的一个重要原因,然而,单个老百姓由于受到各方面的限制,对危机事件的认识和判断难免会出现误差。所以,政府在面对危机时,应该而且必须准确辨析危机事件的性质,并以最快的速度把结论告诉广大人民群众,向他们解释清楚。这既是做出正确决策、找到有效解决办法的根据,也有利于人们形成良好的心理接受基础,有效地抵制谣言的产生和传播并且充分证明了政府保障公众的知情权,对于政府和公众而言,是一件双赢的好事。

2. 掌握舆论主动权。在该市水危机爆发的第一阶段和第二阶段,媒体对水污染一事普遍沉默,信息传递职能缺失导致社会上流传着各种谣言,地震谣言随之而来。人们开始疯狂抢购,储存粮食,逃离城市,不信任媒体,埋怨政府。但当危机报道进入第三阶段,信息逐步公开,信息传递职能恢复正常,混乱不堪的城市平稳渡过了危机。

拍案三 某县学生自杀事件

2008年6月22日,17岁初中学生李某被发现死于河中。当地公安机关的调查结果是死者自己跳河,死者亲属对此表示质疑,并曾多次到相关部门上访。但从22日到28日六天时间里,当地政府和有关部门并未妥善处理此事,致使此事在28日被不法分子利用,最终引发了一场针对当地政府的"打砸抢"事件。作为与人民群众直接接触的地方政府,该县政府并没意识到自己平时的工作失误,致使其在群众心中满意度低、公信力差,也没有试图运用各种手段来改善其在群众心中的形象。此次事件起因偶然、过程暴力、后果严重、影响巨大。国外媒体也竞相报道,扩大了此次事件的影响,造成不良的国际影响。党中央、国务院对此事予以高度重视,迅速做出回应。

　　此事件考验着地方政府信息公开和处置突发事件的能力。从案发到群体性事件发生,整整一周的时间,有关部门对社会舆论满城风雨中酝酿的可能冲突没有引起高度重视,终于酿成一起重大群体性事件。由于地方政府缺乏政治敏锐性,不主动出击收集最新信息,造成信息不畅。正是舆论渠道不畅通,没把真相告诉群众,使得民间舆论传言四处流行,才给别有用心的坏人留下了可乘之机。

　　当然,这个事件的后期处置还是可圈可点的。当地政府及时公开信息、听取各方意见、公开进行遗体鉴定等举措,对迅速平息事件发挥了重要作用。具体来看,有以下三点启示。

　　1. 进行全面报道,维护公民知情权。"公共关系之父"艾维·李曾经说过,"公关就是要告知"。政府公关尤需如此。政府有义务向人民传达政府机关的活动,因此维护公众的知情权是政府公关最基本的目标。新华网在6月29日下午5时48分发布消息称该县发生一起"打砸烧事件",并描述了事件发生过程。这表现了党和国家对于公民知情权的尊重,同时也避免了网络及其他渠道谣言的滋生。而7月1日的新闻发布会,更是将事件发生的起因以及各种传闻阐释清晰。

　　2. 部署策略,稳定民心。政府的任何政令的实施都离不开公众的配合遵守,为了使政府政令得到顺利推行,通常在颁布政令的同时,还需要结合政府公关进行宣传,让普通百姓知道信息。该事件本身反映出民众对当地政府的不信任,若不能及时、妥善得到处理,将严重影响政府形象以及民众对当地政府的信心。6月30日,贵州省委书记、省人大常委会主任专程赶到该县,现场指挥工作。深入了解群众意见,化解社会矛盾,才使事态真正得到控制。

　　3. 严厉处理事件中的渎职干部。个别部门行政能力低下,行政不当也是政府公关的一个重要障碍。在此事件中严重失职渎职的干部被免职,对该县党政主要负责人也做出了调整。这一举措表现了政府承认官员对这次事件的爆发负有不可推卸的责任,遵循了公正、公开的原则。

回味隽永

危机因其突发性和不可预测性往往令人措手不及。与日常公关相比,危机公关具有很大的时间压力和舆论压力,要求政府调动各种资源在最短的时间里使危机造成的损失最小化,不断满足公众的知情权,以塑造良好的政府形象。为此,必须争取从长远出发并站在全局的高度建立危机处理的应急系统和快速反应机制,强化官员的危机管理意识,力争做到防患于未然。具体应做到以下几点。

1. 转变公共行政管理理念。市场经济的发展,要求政府转变职能,找准自己的职能定位,更多地为社会发展、经济发展提供服务保障工作。政府不能再以单纯的管理者的角度去考虑问题,而是要更多地从人民的视角出发,从市场因素考虑,尊重个体权利、提供社会服务,告别传统的指挥式的、命令式的管理。

2. 建立危机公关传播机制。完善的危机公关传播机制可以保证公关工作的顺利进行,成立负责危机公关传播工作的专门机构刻不容缓。世界各国应对危机的经验教训表明,控制危机的最低成本手段就是制定详尽的危机应对机制,这其中就包括危机传播机制。西方发达国家的危机应对机构往往都有一个重要的部门——新闻中心,专门负责危机信息的对外发布工作。

3. 掌握舆论的主导权。危机因具有高度的破坏性而天然地会成为公众关注的焦点,激起他们的兴奋情绪。对此,若引导得好,情况会向着危机管理的有利方面发展;引导不好,则有害于危机事件的处理。媒体既是公众情绪的风向标,也是公众情绪的催化剂。为此,政府要充分发挥媒体在危机公关中的沟通作用。媒体不仅可以及时监视可能导致危机发生的各种潜在因素,而且在危机公关过程中作为政府和公众的代言人也起到沟通信息、疏导情绪的积极作用。公开透明的媒体报道既可以缓解民众的紧张情绪,也可以使谣言在事实面前不攻自破。

4. 改变官员形象。政府的领导者是整个政府的代表和核心,同时也是公众和舆论关注的焦点所在。领导者的言谈举止代表的不仅仅是其个人,而是整个政府。领导者加强素质修养,提高个人形象也是政府公关的重要手段之一。孟子曰:"我善养吾浩然正气。"政府官员应该表现出刚正不阿的浩然正气,体现政府的形象。

5. 开展网络公关。网络的出现为传统公关模式带来了传播方式的改变,网络是政府开展网络公关的重要工具,其交互性为政府公关提供了一个双向交互的平台。值得我们注意的是,在网络时代,一件微小的事情经过网络的传播与扩散,将会演变成为影响巨大的公众事件。这样的影响被称为"网络蝴蝶效应"。因此,政府在开展网络公关的时候一定要谨言慎行,一旦出现偏差或失误,将会损坏政府的形象,甚至造成极为严重的后果。政府在发展网络公关的同时,既要用之,也要避之,趋利避害。

第三十二篇

权威发布　遏制谣言
——海洋浪花公司克兰梅风波

　　权威发布是企业发生危机后所必须采取的重要措施之一，因为此时人们已经对企业产生怀疑和猜测，企业应该找第三方发布关键信息。这个第三方可以是个人，也可以是群体组织，但它必须能够代表该领域的权威，且对公众而言是值得信赖的。此外，权威媒体和企业官方网站也应该被考虑进来。在危机发生后进行权威发布和验证，主要目的一方面在于可以增加信息的可信度，解除公众警戒心理，重拾对企业的信任；另一方面在于可以迅速有效地弄清楚事故原因和事件真相，并及时策划有效的方案。所以说，权威发布是企业化解危机的一只强有力的手，可以引领公众了解真相，推进危机事件的解决。

开篇导例

2006年2月17日,新加坡卫生部发布一则通告说,卫生部调查显示,在新加坡国立大学医院、全国眼科中心等4家当地主要医院近期收治的39名真菌性角膜炎患者中,所有人都佩戴了抛弃型隐形眼镜,而且其中34人使用了"某护理液"。有关部门目前仍在寻找患者真菌感染的真正原因。通告说,该护理液生产公司正在配合新加坡政府有关部门进行调查,并已经主动通知零售商停止销售该产品,直到调查结束为止。2月18日,香港卫生防护中心开始展开调查。但在中国内地,该公司并没有任何打算停止销售的举动。对此该公司的解释是:中国现在销售的护理液98%是本地生产,中国的护理液的生产线是全自动无菌灌装生产线,已通过ISO9002和ISO14001标准及国家医药检验总局的检查。从吹瓶到灌装成瓶一次完成,不接触外在环境。面对媒体和公众的质疑,北京总公司于20日委托其公关公司就相关事宜给媒体发来公告称,中国总公司非常重视这一事件,并采取了三项措施向公众说明情况。首先,加强了消费者热线的接听工作,对打进电话的消费者说明了最新的情况并做了耐心细致的解释工作;其次,与包括药监局在内的政府相关部门进行了沟通,就新加坡的情况和中国总公司采取的措施进行了通报;最后,还派该公司的医学专家到重要销售网点走访,化解消费者的顾虑。该公司在公告中强调消费者要加强预防,以避免同类情况在中国发生。然而在这份声明中,该公司并未就有关销售方面采取进一步措施,也就是说,那些可能致病的护理液仍将正常销售。

2月21日,国家食品药品监督管理局相关负责人对新华社记者表示:食品药品监管局对这一事件有所了解且非常关注,目前已与该公司进行了沟通,今后将继续关注该护理液的使用情况并依法加强监管。

2月23日,该公司委托北京某公关公司给媒体发来最新声明重申:在新加坡和中国香港地区暂停出售护理液是出于自愿,并非回收产品。

截至目前,该公司和中国香港、新加坡卫生部门务求尽快完成真菌导致角膜炎成因的彻底调查。

2月28日,北京雪亮眼镜技术有限公司旗下的八十多家连锁店已将护理液全部下架。同时,北京锋豪也暂时停止了对护理液的销售。对此该公司书面声明表示:"现阶段少部分经销商存有疑虑,我们是能够理解的。但需要强调的是导致此次感染的真正原因还在调查当中,目前尚无确定的科学依据证实润明护理液导致了此次不常见而且仅在特定地区发生的真菌性角膜炎发病。"该公司还强调,护理液符合中国食品药品监督管理局所制定的严格的安全标准及品质监控。

3月17日,马来西亚媒体报道称,该公司在马来西亚撤回护理液。但3月20日,该公司向媒体发声明称该报道失实。"没有任何科学证据显示隐形眼镜护理液是导致在马来西亚、中国香港和新加坡发生的不常见的真菌性角膜炎的原因。目前感染的原因尚未确定。"

4月11日,美国食品药物管理局(FDA)宣布,由于被怀疑可能与眼部罕见疾病相关,该公司将主动暂停旗下护理液的发货,该公司当天在纽约证券交易所的股票价格创下52周以来最低点。而北京总公司相关人士表示,中国地区暂未收到停货通知。

4月13日上午,北京总公司发表了有关在中国停售进口护理液的"更多细节",表示可以对进口产品实行换货处理。同时,该公司又表示,公司正在中国市场上销售的产品基本上为国产产品,中国总公司仅在2005年5到6月间进口过美国生产的水凝护理液。因此,公司预计在两周或更短的时间,即可自行完成对渠道的清理,确保国内市场上不会存在进口产品。

4月13日,在瑞典、芬兰和挪威拥有约300家连锁店的瑞典眼镜经销商"Synsam"公司与另一家眼镜公司"Specsavers"公司同时停售护理液,并建议消费者使用其他牌子的隐形眼镜护理液。

5月11日,中国总公司向媒体发布公开声明表示,从即日起自愿在中国停售国产水凝护理液产品。而另一个品种产品国产新概念除蛋白护理液消费者可放心使用。目前手中持有进口或国产的水凝护理液的消费者都可以到销售点更换等同价格国产新概念除蛋白护理液。中国总公司称,鉴于进口水凝和国产水凝护理液属同一品种产品,消费者可能不容易区分,会给消费者选择带来不便,尽管截至目前没有任何证据证明产品是导致个别国家或地区出现真菌性角膜炎病例异常增长的原因,但中国总公司仍决定主动采取预防性措施,停止市场存量很少的国产水凝护理液的销售,此举已得到了中国国家药监局的认可。

5月15日公司宣布,由于该公司生产的水凝护理液有可能增加使用者感染真菌性角膜炎的危险,公司决定在全球市场永久性回收该护理液产品。首席执行官估计,此次全球回收行动将使公司损失5000万到7000万美元。此外,公司还不得不花费重金用于市场营销,以挽回失去的市场份额。但他表示,消费者的安全是公司最优先考虑的问题。他还指出,由于旗下的其他产品配方与水凝护理液完全不同,因此仍然会在市面上销售。

5月16日,该公司全球副总裁紧急来华进行危机公关。对于该公司在全球永久停产并永久性回收水凝护理液产品,中国总公司对此的回应是:此次的全球停售行为是缘于美国、中国香港、新加坡等地出现的真菌性角膜炎数量与水凝护理液的市场份额不成正比的情况,但此情况目前没有在中国内地出现。

但对于消费者十分关心的能否直接对水凝护理液进行退货的问题,公司相关人士表示,因为没有这种先例,所以公司还要做进一步研究。

5月18日,美国食品和药物管理局(FDA)表示,该公司没有及时通报与其产品相关的眼部感染病例报告,发现问题和通报问题存在数周的时滞。FDA还声称,该公司未向其通报新加坡卫生部长2006年2月份公布的35例镰刀霉角膜炎病例报告,这些病例与该公司的水凝护理液产品相关。该公司2月份将该护理液从新加坡和中国香港市场撤架后也未及时做出通告。另外,FDA在其网站上公布了一篇报告,提到在对该公司南卡罗来纳州格林维尔工厂调查中发现的部分违规行为的细节。

5月24日,该公司在媒体以广告形式发布声明称"以消费者安全为首位","鼓励消费者对水凝护理液进行换货并接受退货"。

 点 评

1. 符合承担责任原则。5月15日,该公司宣布在全球永久停止生产润明护理液,其CEO表示"消费者的安全是公司最优先考虑的问题"。5月24日,公司在媒体以广告形式发布声明称"公司以消费者安全为首位","鼓励消费者对水凝护理液进行换货并接受退货"。

2. 违背速度第一原则。虽然该公司很主动地与媒体进行沟通,但是没有以"把事件扼制在萌芽状态"为原则,结果使此事沸沸扬扬地闹了三个月。该公司 CEO 表示"消费者的安全是公司最优先考虑的问题",如果在 2 月 17 日,新加坡开始对其安全性质疑时说出来,会为该公司挣得不少形象分。三个月的折腾,已经给消费者留下了不好的印象。

3. 符合系统运行原则。该公司一方面和媒体保持着一个良好的配合的态度,另一方面积极寻求政府的支持。

4. 违背权威证实原则。这次风波是各国家或地区的卫生部门所关注和质疑的,但该公司始终无法得到权威部门的支持。

史镜今鉴

发生事故后,无论当事者是组织还是个人,人们对他们的语言或行为的态度都是有所保留的。因为在这种情况下,当事者所做的一切都会被自然而然的认为是在为自己进行辩解,而有失客观。这时一个足以让人信赖(至少公众是这么认为的)的第三方的话语就显得尤为有分量。在古代,人们就已经充分认识到这一点,并且懂得如何利用这种效应为自己服务。

以前有一个卖马的人,在市场上连续站了三天都无人理睬。于是这个人去拜见伯乐,对他说:"我有骏马要卖,在市场上站了三天,无人过问。我现在请你去绕着马看一圈,走的时候再回头看一看。我会给你一定的费用作为报偿。"伯乐答应了这个人。他到市场上绕着那人的马左看右看,走的时候还再三回望。于是,这些马的价钱一个早上便涨了十倍。

 点 评

　　这个卖马人十分精明,他深深懂得如何利用权威效应。他清楚地明白:伯乐是相马界的著名专家,人们普遍认为凡是伯乐看中的马必定是良马,所以只要请伯乐到他的马前转转,做出相中的样子,马的身价必定猛涨,更不愁找不到买主。人们之所以相信伯乐,是因为他曾经成功的相过许多千里马,他俨然是此领域的权威。权威效应在经济相对落后的战国时代就如此有效,更别论在当今经济发展、各种产品充盈的时代。也许在今天人们更相信权威,因为当今社会的生产成果许许多多,我们很难仅凭着自己的经验做出最好的判断和选择,于是需要权威信息或权威人物的辅助与补充。因此,企业在应对危机时,正确运用权威的力量,将会很有效果。

　　1985年底,国内新闻媒体曝出南京有人因使用某热水器中毒死亡;接着又传出兰州和成都也有两位用户在使用该热水器时死亡。消息很快散布开来,因此时有正值全国药、酒打假高潮,该热水器总厂一下子成了众矢之的。事件曝光后的第一时间,该热水器总厂立即着手进行事故调查,发现事故原因在于使用者的违规使用。他们在许多地区召开记者招待会,分析事故原因,并请专家说明安全使用热水器的注意事项。接着,为了进一步打消人们的疑虑,厂里决定把积压的产品发给每个职工使用,这无疑是最好的广告。1986年6月,国家高层领导人来厂参观考察,对其热水器生产表示了鼓励和肯定。该热水器总厂利用此次契机巩固了自己在公众中正面形象,迎头发展生产,终于起"死"回"生"。

 点 评

　　某热水器此次事故的发生是消费使用不当造成的,但作为主要责任主体的厂方不能因此而推卸责任。该热水器总厂选择坦然面对,及时弄清楚事实真相。然后以此为基础,召开记者招待会,利用人们对权威媒体的信任发布信息。危机过后的信息发布只能利用权威媒体,因

为公众较认可权威媒体公布的信息，而不是那些民间小报。如同上文所说，这里的权威也包括那些公众影响力较大的权威媒体（如报刊、杂志、电视节目等）。在权威媒体上发布消息不仅可以引起更多人的注意，更为重要的是能够增加公众对所发布信息的信任度，遏制流言的传播。该热水器总厂的下一步措施是让本厂每个职工都使用本厂产品，现身说法说服公众，利用人们"眼见为实"的心理，突破他们的心理屏障。职工是热水器的直接生产者，热水器质量如何，他们才是最有发言权的人。在1986年该厂又充分利用上级领导人来厂考察的机会造势，更加加深了消费者对其的正面印象。国家领导人来厂考察本身就是最有力的证明，证明该厂是值得信任和支持的，人们对该厂的怀疑会消失，甚至转而赞扬和支持。而这些就源于公众对国家高层领导这个权威的信任和依赖。

1988年2月，美国食品暨药物管理局宣布，在对法国某著名矿泉水的抽样检查中，发现一些产品的苯含量超过标准的2~3倍，长期饮用可能致癌。此结论引起了公众的广泛关注，造成该公司的危机。对此，公司采取一系列应对危机措施。媒体发布消息的第二天，该公司便召开记者招待会，公司总裁在会上向公众致歉，并宣布召回2月9日以后出厂销往世界各地的全部产品，就地销毁。接着，他们公布一系列精确的数字，解释事故发生的原因在于净水处理过程中没有及时更换滤水装置，从而减低滤水能力造成苯含量过高，而不是水源问题，让公众相信这只是个意外事件。招待会上公司总裁还特地拿起一瓶矿泉水一饮而尽。同时，聘请医学专家在会上讲解有关苯的知识，以减轻消费者饮用后的顾虑，证明其产品的安全性。

点评

该公司对此次危机的应对可圈可点，不仅让该公司安然度过危机，而且也为其接下来新产品的推出打下良好基础。事故发生后，该公司以最快的速度向公众表达自己的诚意，并公开说明事实真相和自己将会采取的措施,在全球召回产品更是博取了公众的好感。任何企业发生此类事故时,第一步都应该坦然面对各方的质疑和询问,尽可能地传达自己的诚意和信心。这样才能掌握事件的发展方向,为后面进一步的举措铺路。接下来在解释事故原因的时候,该公司采用通过调查取得、更容易令人信服的精确数字来进行说明。这给了公众一个严谨、科学、认真的好印象,向公众传递"我是值得信赖的"。通过严格的调查取证而得到的精确的数字或资料,也属于这里所说的广义权威范畴。该公司正是利用数字资料的可信度来增加自己的说服力的。此外该公司意识到此次苯超标事件,极有可能会造成公众对矿泉水的误解和心理阴影,因此他们聘请该领域的专家,为人们解说有关苯与人体健康之间的知识。专家代表着该领域的权威,人们更认可专家的评说,认为他们才是科学的、客观的、正确的。这里姑且不论专家的话到底是否可信,与那些外行人以及直接利益相关者相比,我们都更愿意选择相信专家。该公司产品重新受到欢迎就很好地说明了这一点。不过我们也应该认识到假如没有前面的铺垫措施,博取了公众的理解和好感,权威的解释可能也不会有太大的效果。

三刻拍案

在信息日渐开放、人们眼光日益苛刻的当今社会,加上企业处于危机高发期,企业尤要小心慎重的应对危机和公众的挑剔。上文提到利用权威效应是企业应对危机的一个有效途径,但是现今的人们对所谓的权威也很挑剔,因此权威在企业危机公关中的使用要很谨慎。海洋浪花公司克兰梅风波就能很好的说明这个问题。

第三十二篇 —— 权威发布 遏制谣言

拍案一 海洋浪花公司克兰梅风波

克兰梅是美国人感恩节必备的传统食品,因此感恩节前夕是克兰梅食品制造商销售产品的最好时机。可是在1959年11月9日,美国卫生教育福利部长突然宣布,当年的克兰梅作物由于除草剂污染,可能会导致癌症,虽未经证实,但他劝告人们要慎重食用。此公告的公布对专门生产克兰梅果汁果酱的美国海洋浪花公司产生了巨大的威胁。为化解这一危机,他们采取了一系列的公关活动:成立7人小组,深入调查事情真相,并指证该部长的公告是一种误解;召开记者招待会,公布调查全部情况;花费重金在美国全国广播公司《今日新闻》栏目中,安排专访,请有关政府官员、卫生、食品方面的专家学者,以及克兰梅食品的长期消费者对克兰梅食物发表权威性意见;致电该部长,要求他立即采取措施,挽回影响,并告诉他公司已经提出控告,索赔1亿美元;致电当时的总统,要求把所有克兰梅作物区划为灾难区;利用名人效应,请当时知名度很高、正在竞选总统的候选人在电视镜头中享用克兰梅食品。经过这些公关措施,海洋浪花公司及时的赶在感恩节前夕让克兰梅上架。

点 评

几乎所有的组织都有可能遇到危机,这甚至是无法避免的。品牌随着自己的发展,可能遭受的来自不同方面的风险也在增加。因此,企业必须要有足够的危机意识以及应对危机的技巧和方法。海洋浪花公司这次的危机处理值得称赞,很好地通过权威力量来澄清了事实,达到了公关效果。

首先,及时成立调查小组对事故进行深入调查,以了解真相。海洋浪花公司没有一知道公告便盲目采取措施,而是通过调查取证,再根据调查结果做出应对。调查结果显示是该部长的失误,于是公司以最快的速度公布调查结果,澄清事实;如果调查结果显示克兰梅确实致癌,那么公司的第一步措施恐怕应该是召回产品、向公众致歉了。

其次,在有影响力的电视节目中,聘请权威人士发表意见,以澄清公众心中的质疑。他们聘请的权威人士既包括该领域的专家学者和政府官员,也包括长期食用克兰梅的消费者。比起公司自己的宣传和辩解,这些公信力高的人物的发言更能让人信服。在公司发布调查结果后,让这些人发表权威性意见,更进一步地证实了公司的说法,增加它的可信度,人们也更容易接受,且质疑心理也会消除。

再次,利用在公众中颇具影响力的人物的号召作用,进一步打破公众的疑虑。海洋浪花公司充分利用当时正在竞选总统的候选人的号召力和影响力,让他们在电视是上享用自己的产品,这样人们的心理防线不攻自破,甚至会跟风购买,此所谓"名人效应"。其实,无论是利用名人的号召力,还是权威的公信力,都是异途同归,都是运用公众愿意相信的人或组织达到想要的效果。但是值得注意的是,名人及权威的聘用万不可过度或在不恰当的时机出现,这不仅不利于危机的化解,反而易引起公众的反感,给人留下傲慢无情的印象。

最后,提出控告,要求肇事者出面承认错误,厘清事实。海洋浪花公司对整个事件的始作俑者的控告,恐怕不仅是为了索赔,还有更深层次的用意。既然连发布公告的人都承认克兰梅致癌的信息是个失误,那还有什么可需要怀疑的。

海洋浪花公司的克兰梅产品最后依然能及时赶上感恩节这一销售旺季,的确有赖于其成功的公关举措。在这次危机公关中,对权威力量的有效运用是成功的关键。同时也说明权威对公众的感召力不是可以随便取而用之的,必须要把握好时机和维度,否则只会适得其反。

拍案二 某纸业"血汗工厂"风波

2008年4月12日,大学师生监察无良企业行动(SACOM)公布题为《2008年首季香港上市企业内地血汗工厂》的报告,报告中指出的企业名单中某纸业赫然在列,更被指为"港企之耻"。而且SACOM还把这份报告有针对性的寄给该公司的客户及投资者们。此份报告引起全社会的关注和激烈的讨论,该纸业公司立即成为焦点,危机一触即发。危机爆发后该公司一直都没有做出回应,直至4月25日下午公司的董事才接受记者采访,这是公司高管自事件发生以来首次做出正面回应。在4月24日,广东省总工会副主席以及广东省造纸协会、广东侨商投资企业协会的负责人，前往该公司进行调查。其前，该市劳动、工会等部门也进行过实地调查。5月26日，广东省总工会发布调查报告，否认了SACOM对其"血汗工厂"的定位。此外，各方权威包括相关政府部门以及《第一财经日报》等均为该公司进行辩护。5月7日，公司举行媒体发布会，公开回应指责。

点评

危机发生后，该公司一方面积极跟SACOM进行沟通，另一方面召开新闻发布会，邀请全国主流媒体记者与会，向媒体解释事件原因，这些行动是可取的。只是这些动作并没有达到预定的效果，最主要的原因恐怕是该公司错失解释回应的最好时机。事件发生后，公司高层迟迟不肯露面，直至一个多星期后才做出正面回应，这违背危机公关速度第一的原则。在公司迟疑的这段时间已足够使各种负面信息迅速扩散和传播。此次风波的平息不得不归功于权威的辩解。广东省总工会发布的调查报告称虽然该公司在管理等方面确实存在不足之处，但该公司绝不是压榨工人的"血汗工厂"。而且他们还表示该公司工人工作待遇以及工作环境并不像SACOM指责的那样糟糕。《第一财经日报》也指出SACOM对该公司的描述有些夸张。这些政府相关部门以及权威媒体出具的关于事件的正面调查结论对平息舆论向负面扩散起了关键作用。在中国市场语境下，政府部门的支持或定论对于企业平息危机具有极其重要的作用。

不过，权威的支持只能在一定程度上平息风波，作为事件主体的玖龙纸业自身的姿态在很大程度上影响着此次公关的效果。譬如他们一开始的逃避否认、不回应、不合作的态度，在公众中形成了负面印象，引起了人们的反感。因此，权威效应的应用应该放到整个危机公关运行系统中去，同其他各项原则配合使用才能收到预期效果。

拍案三　某品牌电池爆炸事件

2004年9月16日，福建省南平市发生一起某品牌电池炸伤一小学生双眼（左眼致盲）的事件，引起社会广泛关注。经鉴定，这名小孩的"伤残等级相当于交通事故Ⅶ级"。事故发生当天,受害者的监护人立即拿着爆炸电池的外壳到南平市中心检验所,进行产品质量鉴定。但随后赶到的该电池公司代表要求由公司自己进行鉴定。9月17日,该监护人主动打电话询问该公司的鉴定结果,被公司质检科告知说爆炸电池是假冒产品。受害者监护人对此提出强烈质疑,但该公司一口咬定爆炸电池是假冒的,并且提出可以进行"人道主义赔偿",遭到监护人拒绝。10月27日,该监护人再次同该公司交涉,依然没有结果,而且该公司还将"人道主义赔偿"改为"人道主义借款"。直至2005年3月16日,在当地司法机关的干预下,该公司与受害人达成协议,赔偿受害人16万元"补偿金",此次爆炸事件才算平息。

点 评

近年来,有关电池爆炸的新闻层出不穷,作为国内电池产业的龙头企业,该电池公司此次应对危机的做法违背企业危机公关的几大原则:自己产品发生伤人事件,而企业连致歉声明都没有,看不出任何诚意;虽然该公司反应还算迅速,事故发生当天便派人与受害者沟通,但其接下来的态度与做法难以令人接受;该电池公司一再坚持由公司自己对爆炸产品进行鉴定,并且拒绝南平市中心检验所提出的让福建省质量技术监督局鉴定的建议,他们的理由是只有公司才有辨别真假其电池的能力和技术。姑且不论该电池公司最后检验结果的真伪,他们坚持自行鉴定的行为便足以令人生疑了。公众心里一定会认为,如果真的如该公司所说的那样是假冒产品,那为什么公司不愿意让公证的第三方检测机构进行判定呢?进行自行鉴定是该电池公司此次事故处理中的一大败笔。在公众心中自行鉴定这个决定本身就说明了有问题,该公司难逃为了自身利益而公布虚假鉴定结果之嫌。一般发生此类问题时,要想证明自己的清白,最好是能够找来权威检测部门或专家进行鉴定,这样才是说服众人、打消嫌疑的理性选择。

回味隽永

危机事件发生后,仅仅靠企业自己的辩解和行动是不够的,最好还能够找来有分量的第三方的支持与帮助。从认知角度来讲,对于任何事件的发生,人们都不太会完全相信利益直接相关者的说法,都会在潜意识里怀疑这些直接相关人的说辞是否会由于为自己辩解而失于客观公正。与这些人相比,还是与事件不直接相关的第三方更为可信。如果这个第三方还是个权威(无论个体还是组织),那么人们极有可能会毫不犹豫接受权威的说法。对于企业而言,这种效应也是一样的。因此,权威效应在企业危机公关中就显得尤为重要了。

权威效应在应用中应注意以下问题。

1. 在企业危机公关中权威包括哪些内容。这里所说的并不是狭义上的权威,而是从广义的角度进行界定的,主要包括相关领域的专家学者、政府部门或政府机构、相关领导及主要负责人、权威媒体、权威数据或资料,甚至还包括那些有代表性的消费者、职工等。换句话说就是能够增加企业的可信度的、消除公众戒备心理的人或组织都应该属于这里所说的权威范畴。企业进行危机公关的过程中如果采取权威验证的措施,那么这个权威绝不能仅仅局限在专家以及政府官员这个范围内,只要能够引起权威效应的都值得纳入考虑范围。所谓权威效应又称为权威暗示效应,是指个体或组织由于地位高、有威信,受人敬重,那他所说的话及所做的事容易引起别人的重视,并让人们相信其正确性。我国有句古话"人微言轻,人贵言重",即是这个意思。

2. 要想在危机公关中有效发挥权威效应的作用,有几点必须注意。首先,权威人物或组织的发言时机一定要恰当,不可过早,也不可过迟。假如企业在发生危机后的第一时间内立即让权威人物替自己进行解释,这会留下傲慢自大的形象,好像在嘲笑公众的无知;但是如果权威人物的发言过迟,那就没有任何意义了。因为谣言已经传播开来,负面效应已经造成了,这时权威人物的发言恐怕已是亡羊补牢了,其效果将会大打折扣。其次，权威效应必须要与其他措施配合使用方能达到预期效果。权威效应不能单独使用，必须要建立在一定基础之上才能实现最大效用。权威言论发布之前应该已经通过迅速反应、诚意表达、公开坦诚等措施博取了公众的好感和同情，这样权威的出现才不会显得过于突兀。而在权威言论发布之后，企业应该策划好接续的措施，以巩固权威发布的效果，进一步化解危机。否则，达不到预期的效果，甚至还有可能引起人们的抵制，作为公众，估计谁都很反感企业在发生危机后还以权威的高姿态出现。最后，用来制造权威效应的权威应该要经过挑选，不是随便找一个名人便可以的。这些权威最好是公众形象好的、在相关领域内的、影响力较大的人或组织，他必须是能令公众信服的才行。

3. 要重视忠实消费者、典型职工以及权威媒体的作用。如果危机发生后，能有忠实消费者或典型职工的直接参与，则更能解除公众的戒备心理。相对于高高在上的名人而言，消费者或职工会拉近企业与公众之间的距离，从而使人们更易于接受企业的辩解。此外，企业应将对危机所发表的声明、公告之类的信息通过权威媒体进行传播，这样一则能有效地遏制小道消息的流传，二则也能增加企业的知名度和影响力。

后　　记

　　现代社会,人们面临多变的环境和条件,瞬息万变的情况所带来的潜在危机冲击着各种类型的组织和个人,如何在识别危机、防范危机、危机发生前的反应,以及化解危机风险等方面有所作为已成为公共关系的必备内容。危机公关作为塑造组织或个人形象的艺术和与外界沟通的桥梁,伴随着多变的社会发展潮流正日益广泛地深入到各个领域中,成为人们工作中不可缺少的重要组成部分。加强危机公共关系建设,对于提高组织危机防范能力,培育公共关系意识,加强危机公共关系的组织建设,规范危机信息的发布等均有着重要的意义。为此,我们结合危机公关活动的实践需要,编写了《危机公关》(上、下册)一书。通过形象的案例评述,以期能为危机公关活动的开展提供一定的参考和帮助。

　　本书在编写过程中,精心搜集了危机公关的典型案例,力求贯通中外,融汇古今,通过古今中外案例活动的对比、点评,使本书独具特色,达到理论与实践的完美结合。在本书写作过程中我们参考了大量的专著和论文,吸收和借鉴了相关作者的研究精华与学术成果,在此深表谢忱和敬意。

　　本书由福建闽江学院赵麟斌教授担任主编,王少萍、王英灵、王昌逢担任副主编,参编人员及其具体分工如下:赵麟斌制定全书写作大纲,并撰写了第十七篇,福建师范大学的周洲、芦红、苏昌强、王昌逢、沈梓欣分别撰写了第十八、第二十三、第二十八、第三十、第三十二篇,福建师范大学曾海撰写了第十九、第二十九篇,福建师范大学赵胜宇撰写了第二十、第二十六篇,福建师范大学杨杰撰写了第二十一、第二十五篇,福建师范大学王少萍撰写了第二十二、第二十七篇,王英灵撰写了第二十四、第三十一篇。全书由副主编王少萍、王英灵、王昌逢统稿,最后由主编赵麟斌审阅定稿。福建师范大学李恭园、周俊森、苏礼和、潘涛、李雷婷、邱艺远、康婷婷、曹婧等在资料收集、文字编校及其他方面做了大量的具体工作,在此一并表示衷心的感谢。特别感谢北京大学出版社责任编辑栾鸥为本书出版所付出的辛勤劳动。

　　囿于水平,编写过程中出现疏漏和失误在所难免,恳望得到专家学者的指导,欢迎广大读者批评匡正。

编　者

2009 年 12 月

参考文献

[1] 齐小华,殷娟娟.公共关系案例研究[M].武汉:武汉大学出版社,2009.
[2] 金歌.2009金融风暴下的中国[M].北京:中国社会科学出版社,2009.
[3] 张鸫,王刚.中国网事2008[M].北京:中国社会科学出版社,2009.
[4] 林汶奎.华尔街金融危机 危机四伏的全球经济与未来走势[M].北京:中国商业出版社,2008.
[5] 张岩松.危机管理案例精选精析[M].北京:中国社会科学出版社,2008.
[6] 居延安.公共关系学[M].上海:复旦大学出版社,2008.
[7] 庞大鹏.普京八年:俄罗斯复兴之路(2000—2008)(政治卷)[M].北京:经济管理出版社,2008.
[8] 左丘明.左传[M].西安:三秦出版社,2008.
[9] 孟建.中国公共关系发展报告(2007—2008)蓝皮书[M].上海:复旦大学出版社,2008.
[10] 中国国际公共关系协会.第七届最佳公共关系案例[M].北京:清华大学出版社,2007.
[11] 倪剑.危机公关诊所[M].上海:文汇出版社,2007.
[12] 宋鸿兵.货币战争[M].北京:中信出版社,2007.
[13] 郑祝君.外国法制史[M].北京:北京大学出版社,2007.
[14] 司马迁.史记[M].北京:中华书局,2007.
[15] 张晋藩.中国法制史[M].北京:中国政法大学出版社,2007.
[16] 崔林林.外国法制史[M].北京:北京大学出版社,2007.
[17] 李肇翔.世界通史可以这样读[M].沈阳:万卷出版公司,2006.
[18] 碧涛,潘永亮.巧化危机[M].上海:科学技术文献出版社,2006.
[19] 游昌乔.危机公关:中国危机公关典型案例回放及点评[M].北京:北京大学出版社,2006.
[20] 孙国志.现代企业管理要务[M].北京:企业管理出版社,2006.
[21] 傅桃生.环境应急与典型案例[M].北京:中国环境科学出版社,2006.
[22] 秦颂.世界上下五千年(近代卷)[M].北京:北京出版社,2006.
[23] 范祥雍.战国策笺证[M].上海:上海古籍出版社,2006.
[24] 黄朴民.叩问历史[M].南京:广西人民出版社,2005.

[25] 吴兆基.中华上下五千年[M].北京:当代世界出版社,2005.

[26] 赵亚虎.一生要通读的世界上下五千年[M].北京:时事出版社,2005.

[27] 林伟.谁扁谁 经销商十五讲[M].北京:清华大学出版社,2005.

[28] 白山.打造品牌——品牌力决定营销力[M].北京:经济管理出版社,2004.

[29] 白雪.世界历史掌故发现[M].沈阳:沈阳出版社,2004.

[30] 雨弈.道义之债[M]//读者人文读本·高中卷 3.兰州:甘肃人民出版社,2004.

[31] 杨杰.历史悬案[M].北京:中国书籍出版社,2004.

[32] 薛澜,张强,钟开斌.危机管理——转型期中国面临的挑战[M].北京:清华大学出版社,2003.

[33] 郭海鹰.与公关高手过招——公关锦囊168[M].广州:华南理工大学出版社,2003.

[34] 刘乾先.韩非子译注[M].哈尔滨:黑龙江人民出版社,2003.

[35] 王培才.公共关系[M].北京:中国科学技术出版社,2003.

[36] 王思平(注释).晏子春秋·谏下二十四[M].北京:华夏出版社,2002.

[37] 栗玉香.公共关系[M].大连:东北财经大学出版社,2001.

[38] 自然之友.20世纪环境警示录[M].北京:清华大学出版社,2001.

[39] 卞继伟,王广宇.青少年思想品德教育读本[M].北京:中央文献出版社,2000.

[40] 张岩松.企业公共关系危机管理[M].北京:经济管理出版社,2000.

[41] 叶孝信.中国法制史[M].北京:北京大学出版社,2000.

[42] 刘凤军.品牌运营论[M].北京:经济科学出版社,2000.

[43] 车耳.官场谋略库[M].郑州:河南人民出版社,1998.

[44] 王运芳.中共中央移驻西柏坡前后[M].北京:中共党史出版社,1998.

[45] 朱煌武,刘更才.中外典型震害[M].北京:地震出版社,1996.

[46] 杨润生.胜经——兴亡大计[M].北京:中华工商联合出版社,1996.

[47] 陈春燕.海外公共关系纪实[M].北京:人民出版社,1992.

[48] 刘伟力.现代公共关系[M].深圳:海天出版社,1992.

[49] 杨洪璋,狄姚馨.中国传统公关关系初探[M].北京:中国物资出版社,1991.

[50] 吴兢.贞观政要[M].上海:上海古籍出版社,1987.

[51] 刘向.战国策.燕策二.苏秦为燕说齐[M].上海:上海古籍出版社,1985.

[52] 洪星范.代价——人类发展史上最值得铭记的20大教训[M].上海:上海文化出版社,1978.

[53] 李济深,李成勇.走出金融风暴——世界没有末日[M].北京:中国时代经济出版社,2009.

[54] 吉青,来承坦.20世纪十大军事危机[M].北京:解放军出版社,2000.

[55] 诸葛蹇.正说三十六计智慧[M].北京:地震出版社,2006.

[56] [美]陈彼得.谁来拯救美国[M].北京:九州出版社,2009.

[57] [美]萨莉·比德尔·史密斯.白宫岁月:克林顿夫妇传[M].北京:人民文学出版社,2009.

[58] 彼得·科利尔,戴维·赫罗维兹.洛克菲勒家族传[M].周越等译.北京:中国时代经济出版社,2004.

[59] [美]杰里 A.亨德里克斯.公共关系案例[M].董险峰、牛宇闳、成迅歌等译.北京:机械工业出版社,2003.

[60] [俄]米·谢·戈尔巴乔夫.戈尔巴乔夫回忆录(上下册)[M].述弢等译.北京:社会科学文献出版社,2003.

[61] [英]丹尼尔·笛福.伦敦大瘟疫亲历记[M].谢萍、张量译.呼和浩特:内蒙古人民出版社,2003.

[62] [俄]亚历山大·切尔尼亚克.叶利钦传(上下册)[M].周荣广译.沈阳:辽宁人民出版社,2001.

[63] 斯蒂芬·茨威格.滑铁卢的一分钟[M]//人类的群星闪耀时历史特写.北京:三联书店,1986.

[64] [俄]阿·托尔斯泰.彼得大帝[M].朱雯译.北京:人民文学出版社,1986.

[65] [英]迈克尔·里杰斯特.危机公关[M].陈向阳、陈宁译.上海:复旦大学出版社,1995.

[66] 郭懿芝.舍宁对抗戈尔巴乔夫的人去了[J].南方人物周刊,2009(23).

[67] 王樱霖,杨增辉.由"微软黑屏"事件引发的思考[J].法制与社会,2009(19).

[68] 史晓燕.论企业道德责任的培养[J].生产力研究,2009(13).

[69] 郭茜."躲猫猫"事件透析看守所体制亟待改革[J].知识经济,2009(11).

[70] 王立纲.阳光之下真相不能"躲猫猫"——"躲猫猫"事件对新闻宣传工作的启示[J].青年记者,2009(10).

[71] 宗蕴璋,沈怀荣.企业道德化经营[J].中国商界,2009(7).

[72] 福清核电.改变中国核电格局[J].变压器,2009(6).

[73] 秦烨.杭州飙车案是如何演变为公共事件的[J].社会观察,2009(6).

[74] 唐红娟.王老吉:"一根草"引"火"上身[J].新经济杂志,2009(6).

[75] 艾学蛟.王老吉危机公关之道[J].卓越管理,2009(6).

[76] 岳汉景.利比亚的核政策:历史与现实[J].阿拉伯世界研究,2009(3).

[77] 周士新.中东国家核选择动因比较[J].阿拉伯世界研究,2009(3).

[78] 靖鸣,王尧."躲猫猫"事件中政府新闻发布的教训和启示[J].新闻与写作,2009(5).

[79] 解迎春.网络民意表达的现状与发展——由"躲猫猫"事件引发的思考[J].东南传播,2009(4).

[80] 鲁津,徐国娇.论政府危机公关的效益——"躲猫猫"事件的媒介传播案例解析[J].现代传播,2009(3).

[81] 胡象明,唐波勇.危机状态中的公共参与和公共精神——基于公共政策视角的厦门PX事件透视[J].人文杂志,2009(3).

[82] 陈利波.厦门PX事件对我国处理群体性事件的启示[J].法制与社会,2009(3).

[83] 刘洋,景庆虹.从"5.12震灾"透析政府的危机公关[J].现代商贸工业,2009(2).

[84] 魏明孔.唐初对自然灾害的认识及政府赈灾决策述论——读〈贞观政要〉札记[J].学习与实践,2009(2).

[85] 任姗姗.汶川大地震对政府危机公关能力的考量[J].合作经济与科技,2009(2).

[86] 苏喆,朱婷婷,焦明明.自力救济,还是权利滥用?——评微软"黑屏事件"[J].知识产权,2009(2).

[87] 唐黎标.感受日本的煤矿安全管理[J].安全与健康,2009(2).

[88] 闫明.对微软"黑屏"事件的思考[J].赤峰学院学报(自然科学版),2009(1).

[89] 赵志立.从汶川大地震看中国的危机传播[J].中国地质大学学报(社会科学版),2009(1).

[90] 林岳.从蒙牛看乳品行业的后竞争时代[J].广告大观,2009-10.

[91] 阿计.政府和公民都准备好了吗[J].民主与法制,2008(9).

[92] 罗影.房利美、房地美的救赎[J].英才,2008(8).

[93] 曾光,陈靓.从汶川地震看政府危机公关能力的提升[J].东南传播,2008(7).

[94] 李桃,段新端.润物细无声——福清核电科普宣传活动后记[J].中国核工业,2008(6).

[95] 张兴胜,贾知青.贝尔斯登并购案例分析[J].银行家,2008(6).

[96] 孔琳."黑屏"事件的公关博弈[J].国际公关,2008(6).

[97] 沈闻涧.分众传媒身陷短信门,危机公关很幼稚[J].中国乡镇企业,2008(5).

[98] 范履冰,俞祖成.公共危机中的非政府组织功能分析——以厦门PX事件为例[J].理论探索,2008(5).

[99] 游丽敏.格兰仕危机公关"微波炉有害"[J].新闻周刊,2008-05-24.

[100] 景庆虹."虎照片事件"与政府公共关系危机的思考[J].北京林业大学学报(社会科学版),2008(4).

[101] 闫伟杰.公共政策合法化分析——以厦门PX项目风波为例[J].宁波广播电视大学学报,2008(4).

[102] 郭煦.日本"毒饺子事件"始末[J].瞭望东方周刊,2008-04-12.

[103] 彭丽萍.危机事件下媒介差异以及受众诉求——从厦门PX事件为例[J].中国公共安全(学术版),2008(1).

[104] 周林.中国食品威胁了谁[J].瞭望新闻周刊,2007(33).

[105] 田磊.环境危机:阴影下的希望[J].南风窗,2007(24).

[106] 桂楠.芝华士"风波":得失参半[J].成功营销,2007(21).

[107] 陈力丹,吴璟薇.突发事件让媒体发言——从危机传播管理看突发事件应对法第57条的修改[J].新闻与传播评论,2007(21).

[108] 张晴.从哈尔滨水事件看政府危机公关[J].法制与社会,2007(12).

[109] 郭俊.危机公关三要点[J].连锁.特许,2007(10).

[110] 邹洁.厦门PX事件的议题建构[J].新西部(下半月),2007(7).

[111] 王来华.政府如何应对"舆情危机"[J].决策,2007(7).

[112] 张瑞霞.麦当劳:消毒水腐蚀了人心[J].竞争力,2007(3).

[113] 熊先觉.废除〈六法全书〉的缘由及影响[J].炎黄春秋,2007(3).

[114] 陈志勇.香港申诉专员制度的发展与启示[J].云南行政学院学报,2007(1).

[115] 孙春龙.甘肃徽县铅中毒事件调查,村民怀疑专家组被买通[J].瞭望东方周刊,2006-09-12.

[116] 魏珊.个案解读:芝华士12年风波危机管理:细节重于程序[J].当代经理人,2006(3).

[117] 赵蕾.一封信挡住物权法草案?法制史上最"牛"的一封信[J].南方周末,2006-02-23.

[118] 赵琳琳、柯学东.巩献田首次接受采访,回应"叫停物权法"事件[J].广州日报,2006.

[119] 周一.改变中国商业史的20个关键时刻[J].中国企业家,2005(24).

[120] 《中国新时代》记者.肯德基苏丹红事件始末[J].中国新时代,2005(5).

[121] 王琴,王心奎."五四宪法"诞生记[J].文史月刊,2005(2).

[122] 刘宜萍,余学新.试论企业诚信与企业文化的关系及其特征[J].三峡学刊,2005(1).

[123] 游昌乔.危机应对的5S原则[J].中国中小企业管理,2004(9).

[124] 韩大元.关于新中国1954年宪法制定过程若干问题探讨[J].河南省政法管理干部学院学报,2004(4).

[125] 钱焕琦.诚信:从传统走向现代——兼论教育之可能[J].道德教育研究,2004(2).

[126] 李音,王健.从《联邦登记》看美国政府信息公开[J].中国档案,2004(2).

[127] 宫秀川.国际上传媒在现代危机管理中的作用[J].哈尔滨市委党校学报,2004(1).

[128] 李庆四.从SARS冲击看中国政府的危机公关[J].二十一世纪·网络版,2003(18).

[129] 穆兆勇.新中国第一部宪法的诞生[J].南方周末,2003-08-21.

[130] 游昌乔.麦当劳:请珍视企业与消费者之间的纽带[J].南方都市报营销周刊,2003-07-19.

[131] 良言."35次紧急电话"的启示[J].化工质量,2003(2).

[132] 汪澜.成也公关,败也公关——埃克森公司的两次危机公关[J].公关世界,2002(11).

[133] 管理.名人效应与名人公关[J].思维与智慧,2001(10).

[134] 张杨.试论美国对伊朗的核政策[J].西亚非洲,1999(2).

[135] 张玉波.我看危机公关——长沙水与碧绿液的对比案例[J].公关世界,1999(8).

[136] 张岩松.利用名人的公关策划[J].公关与营销,1999(6).

[137] 夏清成,营明军.美国30年代的经济大萧条和罗斯福新政[J].财政研究,1998(12).

[138] Christina Dai.房利美、房地美殃及全球[J].英才,2008(8).

[139] http://www.fainfo.com/puton/lang/lang16/lang1626.htm.

[140] 张金泉.古文二百篇[M].杭州:浙江古籍出版社,2002.

[141] http://www.hudong.com/wiki/%E7%BF%BB%E6%96%B0%E9%97%A8.

[142] http://expert.brandcn.com/hypl/200809/152025.html.

[143] http://health.icxo.com/htmlnews/2010/03/02/1407826.htm.

[144] http://www.cec-ceda.org.cn/channel/qywjgg/contents/634.html.

[145] http://www.allzg.com/n42418c18.aspx.

[146] http://tdxtsg.com:8/contents/20/48_v.aspx.

[147] http://baike.baidu.com/view/67415.htm.

[148] http://www.ce.cn/books/ztjc/csxl/sjqyglcs/ggch/200408/18/t20040818_1542847.btk.

[149] http://finance1.jrj.com.cn/news/2007-10-23/000002822188.html.

[150] http://finance.sina.com.cn/g/20080529/13324924685.shtml.

[151] http://www.hanzhongnews.cn/News/20081029/7765.html.

[152] http://www.tsxian.com/ts_gdzz/_zzys/200908/05_0NMDAwMDAxMzM0NA_2.html.

[153] http://www.xwhb.com/gb/13/2007-6/1/076109100443986_268.html.

[154] 陈利波.厦门PX事件对我国处理群体性事件的启示[J].法制与社会:旬刊,2009(3).

[155] http://news.sohu.com/20070601/n250336988.shtml.

[156] http://info.ceo.hc360.com/2006/09/01140828191.shtml.

[157] http://xzc.cdzsf.com/Article/ShowArticle.asp?ArticleID=21126.

[158] http://blog.kubao.com/article/30932.aspx.

[159] http://society.people.com.cn/GB/8217/112458/.

[160] http://www.hnsc.com.cn/news/2009/09/16/419910.html.

[161] http://www.xwpx.com/article/2008/0304/article_214.html.
[162] http://www.news315.com.cn/20060618/776.h.
[163] http://www.mfchn.com/new_view.asp?id=5760.
[164] http://book.people.com.cn/GB/108221/8302906.html.
[165] http://qe.qe.cn/HTML/300203_3.shtml.